トップコンサルタントの

計数力

TOP CONSULTANT'S CALCULATING ABILITY

船井幸雄 × 山本純子

同友館

本書出版にあたって

船井　幸雄

世間では、私は「経営の専門家」とか「経営のプロ」などと言われています。

いまのところ拙著は４００冊くらいありますが、そのうち百数十冊は経営書です。

私は１９７０年に経営コンサルタント会社を創りました。資本金１００万円、従業員７人で出発したその会社が今の㈱船井総合研究所ですが、いつのまにか大きくなり、いまでは1万有余社の顧問先を抱え、経営専門家を何百人も擁するまでに成長しました。

１９８８年に株式を上場、現在は東証、大証の一部上場会社にもなっています。

この船井総研の経営や経営コンサルタンティングの実務の30有余年を通じて、私なりの経営手法を確立しました。

それは実務的で、すぐに業績を改善する手法などと言われ、80年代からは「船井流経営法」として案外有名になりました。

ですが私は、「船井流経営法」という名称を聞くたびに赤面しており、未だに体系化もしていませんし、それにつきましては一冊の著書には纏めてはおりません。

ともかく現場に行き、経営トップに会い、バランスシートや損益計算書などを見せていただくと、ほとんど瞬間にその会社の現状や問題点、今後の進むべき方向が私にはわかったのです。

これをコトバや文章にするのは至難のことであり、これらを船井総研の社員には実務を通じて覚えてもらいました。

一方、私は２０００年に経営の第一線から退きはじめました。２００３年には船井総研の役員も辞めました。理由は、１９９８年頃から資本主義の将来が気になってしかたがなかったからです。そちらへ注力しはじめたのです。

２００１年に、「まちがいなく、資本主義は２０１０～２０２０年に崩壊するだろう」と思いました。そのときに書いた本が『断末魔の資本主義』（２００２年1月、徳間書店刊）ですが、その後、世の中は同書の記述どおりになってきました。当たりすぎて怖いくらいです。

そこで昨年末『２００９年　資本主義大崩壊！』（２００８年12月、ダイヤモンド社刊）を出し同書にも書きましたが、いまの経済恐慌は、金融恐慌、産業恐慌を経て今年中に生活恐慌に突入するでしょう。そして決して、簡単に回復しないと思われます。その具体的な理由は『２００９～２０１３　資本主義崩壊　最終ラウンド』（２００９年5月徳間書店刊）に詳述しました。

ともかく、私の未来予測はよく当たり続けてきました。それは柳下要司郎著『超人「船井幸雄」の近未来予測』（２００７年10月、あ・うん刊）に書かれているように、過去40年以上、大きな社会的予測を私は１００％的中させてきた実績があります。

しかし、その理由は簡単なのです。

私には、ある分野について、絶対に「まちがわない」、「超プロ」と呼べる親友が百余人もおります。

彼らが、いろいろな情報を与えてくれ、見通しを論理的・体系的に説明してくれるからです。

したがって、多くの分野のこれらの意見を矛盾なくまとめますと、近未来や未来がよくわかるというわけです。

具体的には、経済予測では副島隆彦さんや朝倉厚さんなどが「超プロ」ですが、彼らとは、ほとんど毎週のように情報交換をしています。

また、これからの「世の中がどうなるか?」については、「日月神示」研究家の中矢伸一さんや「聖書の暗号」研究家のＩさん……といったような人と毎週情報交換をしているのです。

ところで、個々の企業の問題点を計数面からとらえる超プロの人といいますと、山本一博「戦略経営研究所」社長と山本純子「ＳＰＬＥＮＤＩＤ 21」社長のお二人です。

お二人はご夫婦ですが、過去10年ぐらいの間、見事にその専門分野においてすべてを的中させています。

そういう意味で、本書は、私と山本女史とで「いま、どうしても企業人に伝えたいことを最低限、わかりやすくまとめたい」と思って共同で執筆した常識論です。

本書を一読していただきますと、経営のポイントがよくわかるはずです。ぜひ、本書によって、皆さんの会社が、この経済恐慌時の中で上手に舵取りをされることを期待します。

２００９年7月（自宅書斎で）

◆目次

第１章

恐慌を生き抜くための「鳥の目」計数力

誰でも「鳥の目」で見てみたいと思うことでしょう。

「鳥の目」の魅力は、なんといっても「見晴らしの良さ」ではないでしょうか。

グローバル化した現代では、遠くの国で起こったことが自分の仕事や生活に大きく影響を及ぼすことを思い知らされます。その原因は、ずっと後になって新聞やテレビで知ります。しかし、他人のフィルターを通して遅くに知るのではなく、自分の目で見るように見回せないものでしょうか。

本章では、「鳥の目」で見たような計数力について考えてみましょう。

第1節　言い当てた経済理論は何か

今をキチンと予知した経済学者はいるか

驚いたことに今はたとえ子供でも、経済環境が自分の生活を脅かすと思っています。それだけ厳しい時代となりました。

なぜこのような時代になったのでしょうか。世界にはあまたの経済学者が日々研究に勤しんでいるというのに、まったく不思議です。

そこで「鳥の目」の視点から、なぜ、今の恐慌が起こったか。その兆候を読むスベはなかったかについて述べてみます。

経済学ではいろいろなモデルで経済の動きをとらえて説明しようとします。たとえば、「金利が下がると投資がしやすくなるので投資が増えます。」など、人間の行動を「こうなれば、人はこうするはずであるから、こうなるだろう。」というようなものです。そして、「金利が下がれば、外国に預金したほうが有利なので、資金が外国に移動します。」というようにいろいろ派生していきます。

そこで、過去40年ほどの間に取り上げられた理論のうち、１９７０年代から現在に至るまで現実に起こった事柄について矛盾なく説明できるモデルをいくつか紹介してみます。

「悪魔のサイクル」にハマった?!

悪魔のサイクルとは怖いネーミングです。これは１９７３年、変動相場制に移行してから起こるようになった、経済の悪循環のことです。これにハマって日本はうまくいかなくなったのです。

１９７３年までは固定相場制でした。１ドル３６０円と決められていて、それが変わることはありませんでした。しかし、１９７３年から変動相場制になり、１ドルの値段はいつも変動するような仕組みなりました。

変動相場制になってから、日本（外国にも当てはまりますが、簡素化のために日本に限定して説明します）の実質賃金率は伸びなくなりました。それは、日本国民が働く割に所得が上がらなくなったということです。働くと豊かになるという発想はとても素直なのですが、それは変動相場制の下ではそうはならないのです。

二宮尊徳の美徳が通じない

日本は生産性を上げて製品をたくさん作り、外国にも売ろうとがんばりました。しかし、輸出が増えると円高になります。円高になると、外国での売値が上がってしまい、売れなくなります。売値を上げなくても大丈夫なように、製造原価を切り詰めます。労働者に支払う賃金を切り詰めるので所得が上がらなくなります。所得が上がらなくなると、欲しいものが買えなくなります。日本人が買えなくなると、企業は国内を諦め、輸出して外国に売ろうとします。輸出が増えると円高になります。あれ？元に戻ってしまいました。

原因は変動相場制です。

輸出が増えると円高になる

まず、なぜ輸出が増えると円高になるか説明しましょう。

輸出すると、商品を買った外国の会社がドルで支払います。輸出した日本の企業はドルを受け取ります。しかし、日本円にしないと困りますので、ドルを売って円を買います。輸出が増えるとドル売り、円買いが多くなり、円の値段が高くなってきます。そのため輸出が増えると円高になるのです。

円高とは、たとえば1ドル150円から100円になることです。

貿易は国を滅ぼす?

今まで日本で300円の商品を外国に2ドルで売っていたとします。1ドル150円なら、日本企業は300円手に入ります。しかし、円高になり1ドル100円になると、3ドルの値段で輸出しないと、前のときのように儲かりません。しかし、2ドルで売っていたものが3ドルになってしまえば外国の人が買ってくれません。それでもっと安く作って売ろうとするため、製造原価を下げようとがんばります。すると労働者に支払う賃金を切り詰める結果となります。

そうなると、国内では所得が伸びないので売れません。国内需要が少なくなってしまいます。

輸出大国は自虐ネタか

それをカバーするために、日本企業はますます輸出をして売上を上げようとします。

そしてまた円高を招き……という悪循環にハマってしまったのです。

これは固定相場制では起こりません。1973年までは固定相場制であったのでこのようなサイクルにはハマらず、実質賃金率は伸びていたのです。ですから国内売上が順調に増えていったのです。

悪魔のサイクルとは、変動相場制が始まった1973年以降の経済悪循環です。「輸出の増加→円高→輸出維持→実質賃金率抑制→消費低迷→超過供給→輸出増加」という悪循環（図表1）です。

生産性の上昇＝供給超過が、実質賃金率の増加＝需要の増加となればよいのですが、変動相場制ではこうならないのです。輸出大国とはどういう意味かわからなくなります。

図表1

ベルリンの壁の崩壊・中国自由化の影響

1989年11月9日、突如、東ドイツ政府が市民に対して旅行許可書発行の大幅な規制緩和を発表し、意味を持たなくなったベルリンの壁が粉砕されました。これが有名な「ベルリンの壁の崩壊」です。このベルリンの壁崩壊も今日の経済に大きな影響を与えました。

この「ベルリンの壁の崩壊」の影響を受けた東欧諸国から、自由経済圏への参入が起こりました。

自由化された中国からも同様です。

彼らの人件費は圧倒的に安かったのです。そして彼らの作った低価格製品が市場に出回り、それによって実質賃金率の抑制に拍車をかけました。

中国製品などが驚くべき安さで日本に入ってきていることはみんな知っています。

これが、実質賃金率の抑制を引き起こしました。貧富の差も激しくなり、格差社会を生んでいったのです（図表2）。

図表2

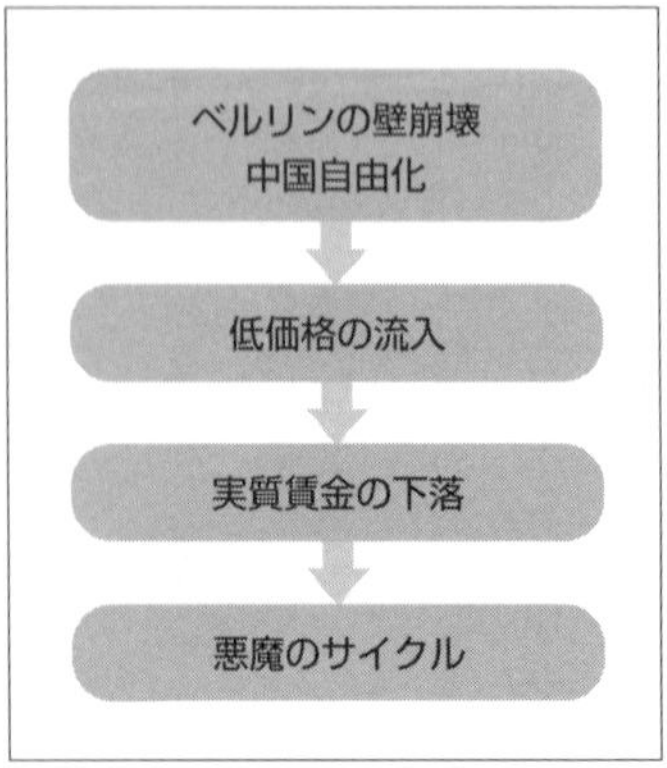

景気悪化の真犯人を間違えた政策

ここまで見てきて、皆さんは景気悪化の真犯人は「消費の低迷」であることがわかったと思います。それではなぜ、消費の対策がなされなかったか、です。

真犯人は「消費の低迷である」と指摘した学者はいました。インド人の経済学者ラビ・

column 1　投資と消費とでは、政策が違う

消費……普通の人にお金を使ってもらって景気を良くする。
人は収入の中から、消費するか、貯蓄するかします。そのため、①所得増加　②消費増加　③貯蓄減少となるように誘導すればよいわけです。

①所得税・消費税の減税は所得を増やします。
所得税減税をして、その穴埋めに消費税率を上げるということでは何をやっているかわかりません。
②①を行うことによって消費が増える効果が期待できます。インフレになっても消費は増えます。値上がり前に買っておこうと行動します。
③日本ではありませんが、貯蓄に対し課税することにすれば、貯蓄が減り、消費に向かうことが期待できます。

投資……企業が設備投資して、工場を建てたり、機械を買ったりして景気を良くする。
企業は借入をして購入しますから、金利を下げると、設備投資などが増えます。

バトラ教授は、この点を１９８０年代から指摘されていました。日本でもテレビや書籍で紹介されました。

しかし、彼の声は届きませんでした。

投資喚起をした結果は…

消費を起こそうとせず、投資を増やそうとしました。それがバブルの原因です。

投資を起こそうと何をしたかもうおわかりですね。金利を下げて、金融緩和をしたのです。

金融緩和で金利を下げれば投資がしやすくなり、投資が増えると考えました。

しかし、「悪魔のサイクル」にハマっている日本国内は消費が減退しているので、企業は設備投資をしませんでした。そして、金融緩和によるマ

ネーサプライの増加は金融資産や不動産に向かったのです。

　これがバブルを発生させました。

バブルは人為的ミスで起こった

　ここで時間を追って再度、バブル生成のメカニズムについて説明しましょう。

　先に述べた変動相場制の導入によって、輸出偏重となり、円高が進みました。

　１９８５年、[1]プラザ合意によって一気に１ドル２４０円から１２０円まで円高が進みました。

　これに対し、日本は一気に円高不況が来ると震え上がり、問題は消費であるのに投資を促進しようと公定歩合を引き下げました。

　これが過剰流動性を生み、つまり市場にお金が出回りすぎて、バブルを起こしました。１９８９年の大納会では日経平均株価

column 2　バブルとインフレの違い

インフレ…一般的な物価が平均的に上がる状態をいいます。たとえば、ガソリンだけ上がる、野菜だけ上がるなどは「個別物価」が上がるといい、インフレとはいいません。

消費者物価（一般物価）が上がること、全体的に上がることをインフレと言います。


バブル……金融資産や土地などの値段が上がること。

金融資産、不動産という個別物価が上がることといえるかもしれません。

1　1985年9月にニューヨーク・プラザホテルで行われた先進5か国財務省・中央銀行総裁会議において、当時のドル高を是正するため、為替市場に協調介入する旨の声明。

が３８９１５円となり、不動産価格は暴騰しました。

その後バブルは１９９１年５月より３回の公定歩合引き上げで終焉に向かったのです。

サブプライム問題は日本の景気に貢献

格差社会は日本より先にアメリカに始まっています。日本はアメリカを追いかけるようにして格差社会に突入しました。

しかし、アメリカと日本では決定的な違いがありました。

アメリカも変動相場制にあり実質賃金は低いのですが、低所得者層は低い実質賃金下で過剰な消費を行いました。サブプライムローンは所得が低く、住宅など買えそうもない人たち向けの住宅ローンです。そのローンをたくさんつけさせてどんどん家を建て、消費をさせていったわけです。

最近日本でも、消費のしすぎで多重債務に悩む人が増えています。しかし、それでもアメリカの比ではありません。

サブプライムローン問題はアメリカ低所得者層の過剰消費と、それに付け込んで儲けようとした富裕層の強欲によって引き起こされました。そのアメリカの好景気のおかげで、日本はアメリカ向けの輸出ができたのです。

「アメリカがくしゃみをすると日本が風邪をひく」といわれましたが、プラスのことも影響を受けているのです。

しかし、アメリカのバブルによって日本の輸出が支えられたわけで、日米両国とも綱渡り的景気拡大を行っていたのです。

第2節　変動相場制の下では財政政策は効かない

財政政策は効き目なし

景気悪化に伴い、いろいろ手は打たれました。

「変動相場制の下では財政政策はあまり効かない。金融政策のほうが効く。」という学説（[2]マンデル・フレミング理論）があります。

財政政策をとろうとすると、その原資として赤字国債を発行しなければなりません。多

2　ロバート・マンデル教授、ジョン・マーカス・フレミング教授の２人の名前をとったもの。1999年ノーベル経済学賞受賞

く発行されれば、当然国債価格が下がり、結果として実質金利が上昇してしまいます。金利が上がれば、それは投資を抑制します。企業が銀行からお金を借りて投資をするのですが、金利が上がるので投資がしにくくなって止めてしまうのです。

政府が財政政策を行って、道路や橋を造っても、民間の設備投資が減ってしまえばその効果は相殺されてしまいます。

図表３

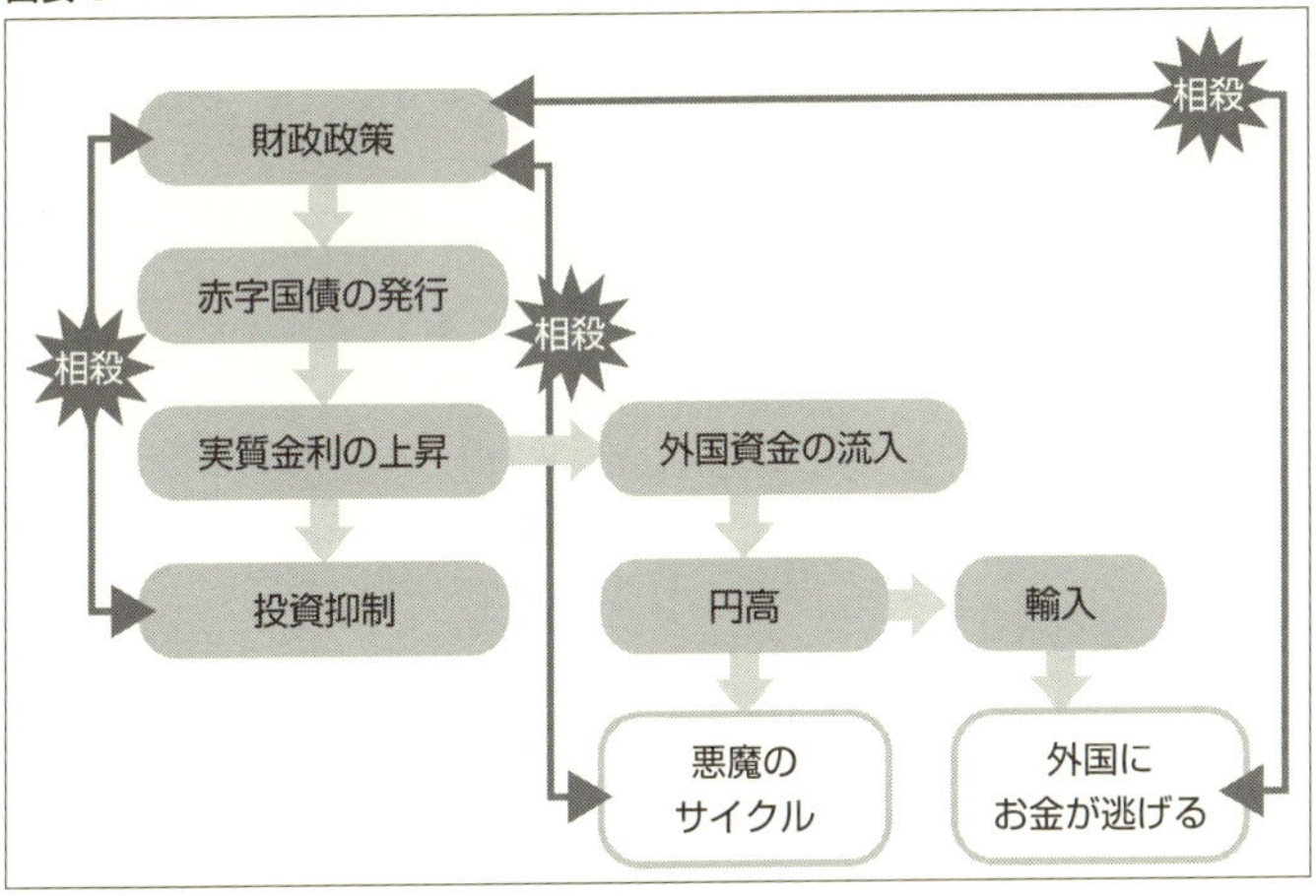

column 3　国債が発行されると金利が上がるわけ

額面 100,000 円の国債が額面金利 1％で発行されたとします。
国債の売買は額面で行われるわけではありません。
たくさんあれば当然安くなりますから 99,800 円で売買されたとしましょう。
実質金利は 1,000 円÷ 99,800 円＝ 1.002％となります。
国債の実質金利は市場に影響を与え、市場金利も上がってしまいます。

また、金利が上がるということは外国から資金の流入が起こります。日本にお金を預ければ儲かるので、外国からの資金が日本に入ってきます。外貨を円に換えて日本の金融資産を買うので、円が品薄になり円高になります。

円高になれば、日本はまた悪魔のサイクルに巻き込まれるというわけです。財政政策の効果は輸出の減退で相殺されてしまいますね。

また、円高になると輸入品が安くなるので、消費は輸入品に向かい、お金は外国に逃げてしまいます。

ケインズ教授の「財政政策の効果」は

一定以上の年齢の方はケインズ経済学に馴染みがあると思います。財政政策は効いて当たり前の感覚でしょう。実際そうだったのかもしれません。前節で述べたように、経済学は、ある前提でモデル展開をしていきます。その前提が変われば、結果が違ってくる可能性があるわけです。

つまり、ケインズ教授の頃は固定相場制であったので、いつも1ドル＝360円なわけです。円高になって「悪魔のサイクル」はあり得ません。

図表４

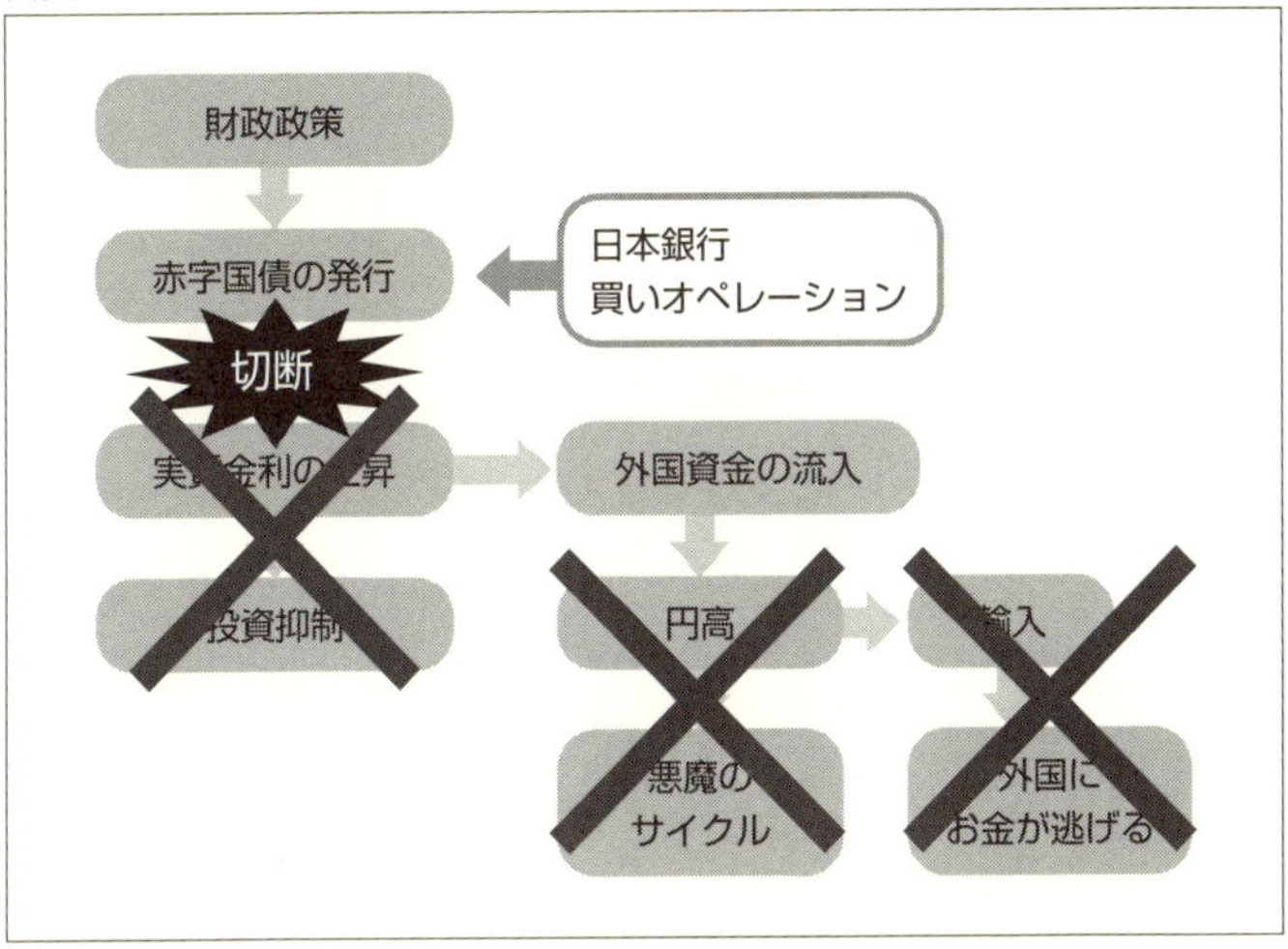

財政政策を有効にするには

マンデル・フレミング理論によれば、財政政策は、投資を減らし円高を招くから効果がない、ということになります。

そうならないために、手があります。それは、赤字国債を発行したとき、買いオペレーションを行い、市場にあふれた国債を買い占めます。国債の代わりにお金が市場にあふれます。銀行も資金調達の必要はなくなり、金利は下がります。

その結果、金利上昇を阻めます。金利が上がらなければ、投資もしやすいし外国から資金が流入せず円高になることを止められます。

それでは、アメリカが自国の政策として

これを行うとすれば日本はどうなるでしょうか。

アメリカの金利は当然下がります。そうすると日本の金利のほうが相対的に高くなり、資金が日本に向かいます。資金は円を買い、ドルを売って、日本に入ってきますので円が品薄になり、円高になってしまいます。

また「悪魔のサイクル」がご登場となってしまいます。

そこで日本はアメリカよりさらに金利を下げて、円高を阻止します。

金利を下げる政策をアメリカがとり、日本がさらに金利を下げないといけないのなら、いったいどこまで行けばよいのでしょうか。

もともと日本の金利はかなり低いのです。

マイナス金利[3]（ゼロ金利中でインフレを起こす）政策が日本再生の道を考えることができるわけです。

マイナス金利政策の有効性

「マイナス金利って、お金を預金したら利息を取られるの？」と驚くかもしれませんが、実質マイナス金利という意味です。

3　米プリンストン大学　ポール・クルーグマン教授がマイナス金利政策を主張　2008年ノーベル経済学賞受賞

column 4　実質マイナス金利＝名目金利－インフレ率

名目金利が１%でインフレ率３%なら　実質　－２%の金利になります。

●ケース１　名目金利１%でインフレ率１%のとき

10,000円預けて１年後に10,100円引き出しました。

１年前10,000円だった商品はインフレで10,100円になっています。

金利をもらった効果はゼロ（実質金利０%）です。

●ケース２　名目金利３%でインフレ率１%のとき

10,000円預けて１年後に10,300円引き出しました。

１年前10,000円だった商品はインフレで10,100円になっています。

金利をもらった効果は２００円（実質金利２%）です。

●ケース３　名目金利１%でインフレ率３%のとき

10,000円預けて１年後に10,100円引き出しました。

１年前10,000円だった商品はインフレで10,300円になっています。

商品は買えず金利の効果はマイナス（実質金利は－２%）です。


「実質」とつくのは、「インフレを考慮した」という意味です。

したがって「実質賃金率」とあるのも同様です。

200,000円の給料が210,000円に上がってもインフレ率が５%なら、実質賃金は変わりません。


「インフレ率＞金利」の状況です。

インフレ率が５%、金利が２%のとき、銀行に１０００円預けて１年後に１０２０円引き出しても、１０５０円に値上がりしてしまった物は買えません。

それならあなたはどうしますか。きっと今すぐ１０００円で欲しいものを買うでしょう。「インフレ率＞金利」の世界では、お金を貯めれば欲しいものがどんどん買えなくなっていくのです。

恐慌にはもってこいの政策に思えてきます。需要が急速に収縮する恐慌には、消費や投資が活発になるような心理状態を作る政策が有効なのです。

昭和恐慌のとき、高橋是清（蔵相）は、通貨流通量の増大（このときに急いで発行されたので紙幣が片面印刷でした）および政府支出の増大によってインフレ状態に変えることで恐慌を沈静化しました。当然、当時は固定相場制で、財政政策も効いたのです。

恐慌とはお金が極度に流れなくなること

今主婦の間では、手許にお金はあっても支払いは金利の付かない限度で最も遅くする、最も安く買うにはどうすべきか、を徹底している方が多いそうです。

消費者がカードで買えば、店側は手数料や金利分などクレジット会社に払わなければなりません。商品の代金も後でしか入ってきません。利益率は圧迫される一方です。

最近では１００００円のプリペイドカードで１０５００円分つけるなど、お客さまに還元する小売店が増えてきました。

この方法なら、お金は先に入ってきますが、やはり利益率は圧迫されます。

個人は自己防衛で貯蓄を増やそうとしますが、個人のそうした行動は社会全体で見れば、お金の流通を阻害します。売上を上がりにくくし、利益を圧迫します。

そうすれば、景気はもっともっと悪くなります。

これを「貯蓄のパラドックス」といいます。個人がお金持ちになろうと貯金をすると、景気が悪くなり、実質賃金率もさらに悪くなり、悪魔のサイクルにハマってしまいます。

減税は有効か

皆さんの中には、減税で可処分所得が増えても、同等額の貯金が増えるだけと思っている方も多いと思います。２００９年の定額給付金についても同様に思っていることでしょう。

恐慌の心理状態では誰もお金を使いたくありません。そのことはみんな知っているのです。

整理して考えてみましょう。

個人は所得を得ます。個人が自由に使える可処分所得は、大きく分けて消費か貯蓄に回されます。

減税や定額給付金は可処分所得を増やす政策ですが、個人がそれを貯蓄に回してしまえば何にもなりません。増えた分だけ消費を増やしてくれないと意味がないのです。

不況の今、消費を増やしてくれることは考えにくいため、その効果に疑問を感じるのです。

貯蓄に課税すれば消費が増える

　問題は可処分所得の金額ではなく、その内訳です。消費を増やそうと思ってもうまくいかないなら、貯蓄しにくくすればよいわけです。すなわち、貯蓄に課税すればよい（図表5）。

　ちょうどマイナス金利政策と同じです。貯金すれば目減りが激しく、欲しいものが買えなくなる状態になります。

　課税の方法は考えなければなりませんが、貯金して税金を取られるのであれば、ほとんどの人は消費に回します。

「日本人の美徳を壊すようなことを提案するな」と言わないでください。

図表５

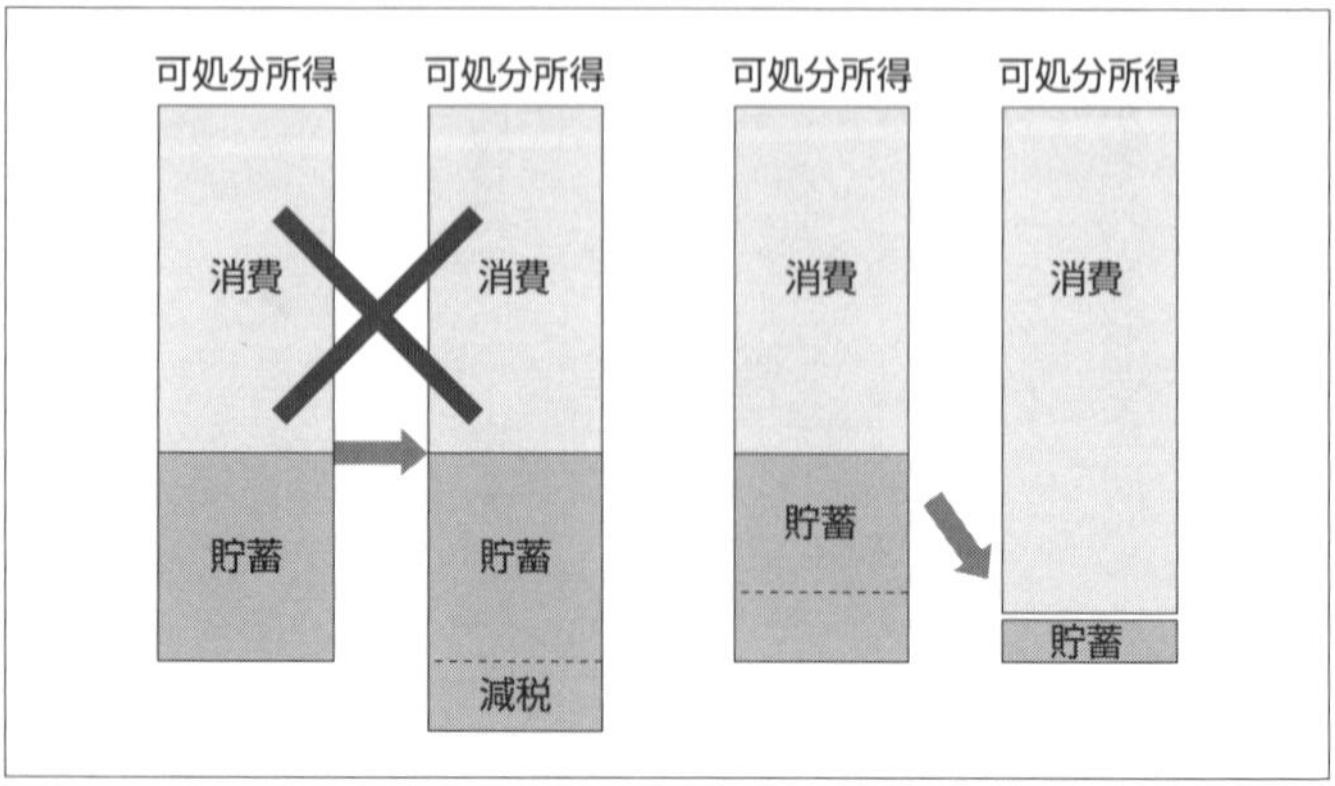

不況を脱出するため一時的に行えばよいのですから。

第3節　景気は金融政策で決まる

金融政策チェックで景気動向を予知

金融政策を中心に読み解くとわかりやすくなると感じませんでしたか。それでは本当に金融政策を見れば景気動向が予知できるか確認してみましょう。いくら矛盾なく過去40年を説明したとしても、実際の動きと乖離していれば、信用して判断基準とすることはできませんので。

内閣府から景気動向指数が発表されています。指数には3種類あります。先行指標、一致指標、遅行指標です。

先行指標は景気の変動に先立って動き出す指標です。最終需要財在庫率指数（逆サイクル）、鉱工業生産財在庫率指数（逆サイクル）、新規求人数などがあります。逆サイクルとは、数値が高くなるほど景気悪化を示す指標です。

一致指標は現在の景気の変動をタイムリーに示す指標です。生産指数、鉱工業生産財出荷指数、大口電力使用量などがあります。

遅行指標は景気の変動から遅れて動き出す指標です。第３次産業活動指数、常用雇用指数、実質法人企業設備投資などがあります。

詳しくはネット[4]で検索してご覧ください。

この中の一致指数が景気の現在の状況を表していますので、この指標を使ってみましょう。一致指数は複数存在します。それらの指標は個々ばらばらに動きます。また、先ほど逆サイクルの指標の説明をしましたが、景気が改善して数値が高くなる指標もあれば、改善して数値が低くなる指標もあります。

それらバラバラに動く指標をまとめ上げて初めて、「今、景気は改善している、悪化している」と判断できるわけです。

グラフ１は複数の一致指数を統合計算し、１本化したグラフです。これをＣＩ一致指数といいます。

折れ線グラフは景気動向指数を表しています。景気が良ければグラフは高くなり、悪け

4 http://www.esri.cao.go.jp/jp/stat/di/menu_di.html

ればグラフは低くなります。

網掛け部分は基準割引率等下落（金融緩和）局面です。全体的に金融緩和局面では、景気は緩やかな改善トレンドであることを確認してください。

短い矢印が引締めに転じた時期を示しています。

日本銀行が基準割引率等を開示しています。詳しくは日本銀行のＨＰ[5]をご覧ください。

１９８９年5月に引締めていますが、タイムラグがあって景気は急激に谷に向かっています。

また２００７年2月に引締めていますが、これも同様です。

金融緩和をすると景気は上向き、引締めを

グラフ１　CI一致指数

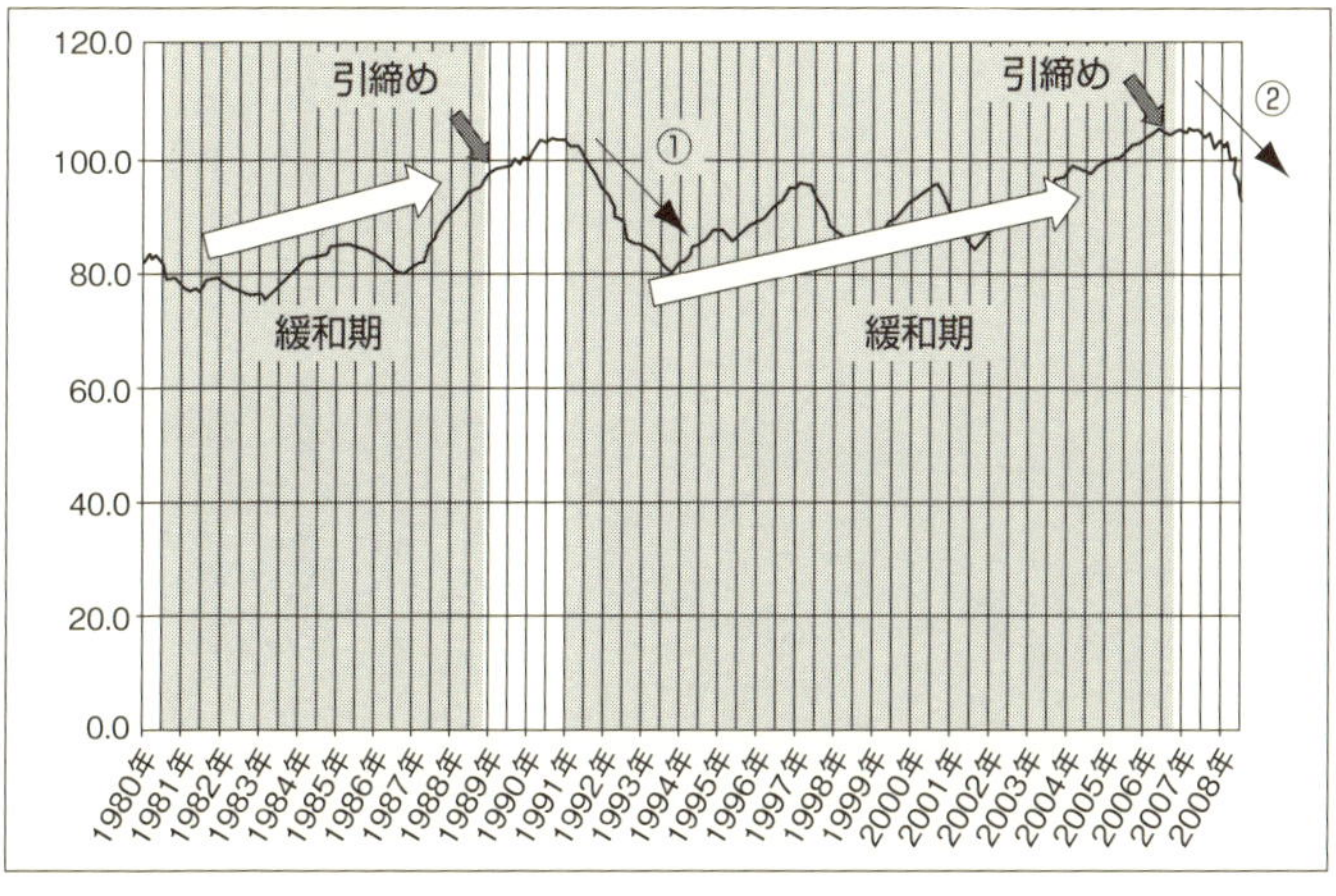

5　http://www.boj.or.jp/theme/research/stat/dl/kinri/prime/index.htm

すると景気は悪化します。

細かく見ていくと、１９８９年５月に引締めを行っており、翌１９９０年11月から景気後退（①矢印）に転じていることがわかります。18か月のタイムラグがあります。

直近では２００７年２月に引締めを行っており、その年の11月から景気後退（②矢印）に転じていることがわかります。引締めを行ってから９か月後に景気後退期に入っています。そして、リーマン・ブラザーズが破たんし、本格的に新聞などで皆が騒ぎ出したのが２００８年９月ですから、数えれば19か月前のことです。

このように景気の大きな流れを把握できます。

ところで改善トレンドの中の小さな景気の山が気になった方はいませんか。それについては第５章で検証します。

第4節「鳥の目」はマクロ経済を見た

「鳥の目」総括

「鳥の目」はマクロ経済を読むのに有効です。本章では、過去40年ほどの経済状況の変化を時系列に流れとしてとらえました。その時系列の流れを示す経済指標を探しました。内閣府がネットで開示しているＣＩ一致指数を年表にして、金融政策を書き込んでいくと、金融緩和時には好景気に、金融引締め時には景気が谷に向かうことを確認しました。金融政策の影響を緩やかに受けて、景気改善、後退が始まることを確認しました。このようにいつも時差がついてまわります。

「鳥の目」計数力の統合計算

景気を表す指標は複数あります。それらは個々に独立した指標なので、バラバラに動きます。個々バラバラの指標を統合計算し、１つの指標としなければ、景気改善・後退を数値としてつかめません。内閣府がこれを統合計算し、ＣＩ一致指数として皆が使えるようにしてくれています。

このことは以降でお話しする「虫の目」計数力でも、同じ問題に行き当たります。「虫の目」は企業を見ます。企業力を測る指標は財務指標です。財務指標は百数十もあり、２期分を比較したとき、改善する指標もあれば悪化する指標もあります。それらを全部統合計算しなければ、企業が良くなったのか悪くなったのか判断できません。

マクロでは「鳥の目」のように内閣府が統合計算をして、結果を見せてくれますが、個別企業の経営指標の統合計算は別にするしかありません。

第2章以降ではそのことについて説明をいたします。

「鳥の目」計数力、「虫の目」計数力は車の両輪

鳥は高いところから世界を見ます。「あの森は青々としているぞ、あっちの林は樹の色が悪いなあ。」そう見えるわけです。そして、自分がどこへ降り立ったら一番多く獲物にありつけるかは、見たらわかります。

人は地面を歩いていていろいろなものを見て「あれはこうだ、これはああだ」と知るわけです。これでは決定的に鳥のほうが有利です。

生きる世界の全体をいかに見るか、動向をいかに察知するかが勝敗を分けます。

第1節から第3節まで、時系列で「鳥の目」をいかに持つかについてお話ししました。残念ながらそれだけでは不十分です。なぜなら、会社をよりよく経営していくためには、もっと細やかな視点で見ていかなければわからないからです。

第２章
計数力不足の現場は収斂のない議論が支配する「虫の目」計数力

虫の目は複眼です。複眼では、有効な指標を一度に数多く見ます。たくさんの指標を一度に見ることができるのです。逆にいえば、多すぎてどうなっているかわからなくなる視点です。ここでは指標をどう整理し統合計算されるかについてお話しします。

細かい話をする前に、現実に会社で起きる現実を見ていきましょう。

第1節　群盲象をなでた報告

あなたの報告は、社長の耳にどう聞こえるか

「社長に報告してもなかなかわかってもらえない。」「重要なので早く対応してくれるといいんだけど…」などと思ったことはありませんか？

「忙しいから」

「重要性がわかっていないから」

果ては「私の評価が低いのでは」など、あれやこれや悩んでいる方もおられるかもしれません。そうかもしれませんが、そうばかりとも限りません。

社長はさまざまなことを部下に指示し、やってもらいます。そしてその結果の報告を受けます。

しかし、報告者のそれは、社長にとって「群盲象の報告」なのです。社長は、「君の報告は君にお願いしている部分の報告」として聞きます。当然のことです。もともと社長はそのつもりで指示しているのです。

社長は企業の全体性が気になってしかたがない

もう少し別の見方をしていきましょう。

社長は企業を成長させる役目です。

企業の全体を見渡して優先順位を決め、順番に実行し完了させようとします。そのため、会社内のすべての部門の状況定義を行っています。そして個々の状況定義をまとめ上げて企業の全体性を見ようとします。

これに対し、報告者は社長に与えられた機能部門の報告を行います。たとえば、

工場長「社長、Ａ工場の稼働率が下がっています。Ａ製品の製造をもっと増やしましょう。設備が寝ています。」

購買部長「Ｂ原料の価格が上がってきています。利益率を圧迫しています。」

営業部長「社長、Ｃ製品が売れています。もっと早くたくさん作ってください。」

経理部長「Ｄ取引先の与信が増えすぎています。貸倒れリスクが高くなっています。」

この場合、Ａ工場をＣ製品のラインに変更すればよいかもしれません。しかし、Ｂ原料の価格が上がってきているのであれば、Ｃ製品に占めるＢ原料の価格を調べ、コストアップがどれくらいか調べなければなりません。また、Ｃ製品が売れている先が、倒産する懸

念のあるD取引先であったらどうでしょうか。

社長は、「B原材料の市況はどうなっているか」「A工場をC製品のラインに変更するにはいくらかかるか」「どれくらいの期間で変更できるか」「D取引先と同じ業界では、拡販の余地があるか」「拡販可能額でライン変更コストは回収できるか」「新規営業をかけるための営業資源は十分か」「C製品のライバル企業の動向・売価動向はどうなのか」など、情報をもっと集めて最も会社が良くなる方向で意思決定をしなければなりません。すぐに返事ができないのはそのためです。

これは会社内部の人間に限ったことではありません。

営業のコンサルタントは「売上高が上がらない理由と対策について」、会計事務所は「法人税の

支払いについて」、財務コンサルタントは「財務安全性について」話をします。

さらに、自社の商品やサービスを売り込みたい営業マンにまで、「この商品は経理部門の生産性を高めますよ。」と言われているのです。

これはあたかも目の見えない人が象の足を触り、「足が太すぎます。今どき流行りません。もっと細くなければカッコ悪くて話になりません。」と進言をするに等しいといえます。細くしたとたんポキンと足が折れてひっくり返る象の姿を想像してみてください。

経営の「見晴らし」の違いがコミュニケーションを阻害する

そこまで極端でないにせよ、報告者の報告は会社の状況の一部分であることが多いのです。

社長は複数の報告者の言葉を総合的に判断し全体を見渡して決断を下します。

社長が進言をすぐに受け入れ、行動に移さない理由の1つはこのようなことではないでしょうか。

これは、報告者がもっと社長にわかりやすい形で報告すべきであるともいえるのです。

報告が会社の全体性を表示し、その危険度・安全度を視覚的に表示し、個々の問題にドリルダウンしながら問題点の優先順位を示していくという形をとるべきではないでしょうか。

これは社長が鳥のように森や湖を見渡したいのに対し、報告者は樹1本の病気や虫食いについて細かな報告をしていることに喩えられます。

これは「見晴らし」の違いといえます。全体を見渡さなければならない人間に、部分を見ている人間が報告すれば、その部分がいかに詳しくあったとしても、その情報は全体の一部に過ぎないというわけです。

あなたの「部分最適」を社長の「全体最適」に

報告者は部分の報告を詳細に行います。そして、何が問題点でどうして欲しいかなどの提案も含めて、話をすることでしょう。

社長にはそのような報告者が複数人いるのです。彼らのそれぞれの話を聞き、全体としてどうなっているのか、そして何が一番の問題点で、どういう手順で取り組まなければならないのかを決めるわけです。

部分最適な報告を聞き、全体最適に変換する作業を社長は自分の頭の中で行っているわけです。

自分の報告が社長の心に届いたかどうか気になる人がいるかもしれません。一生懸命まとめて話したのに…などと思う方があれば、それは全体最適化の過程で優先順位を落とされたのかもしれません。

言い換えれば、社長には、全体性を出して優先順位をつける思考過程があるために、あなたの訴求が社長に届きにくいでしょう。

社長のそのような思考を助けるため、全体性を定義し、「見える化」すること、部分の改善へとミッシー（MECE:

ちょっとブレイク

社長をしていると実に多くの営業活動をかけられます。じゃんじゃん電話がかかってきて、DMも山ほど届きます。突然訪問を受けたりもします。

彼らは何らかのソリューションを持っており、会社で必要であるものが多いため、社長は彼らの話を聞いたりします。

しかし、ソリューションの優先順位は自分で判断しなければなりません。

企業の状態を判断した優先順位どおりに営業マンの提案があれば、こんな楽なことはありません。

逆にいえば、情報を整理し、何が一番必要であるかを訴求すれば営業ももっと効率的にできるのではないでしょうか。

モレもダブリもない状態）で説明できたなら、もっとコミュニケーションが楽になるのではないでしょうか。

数字を根拠に議論

社長に上がってくる情報はきれいに整理され、ミッシーであればよいわけです。しかし、声の大きな人、よくしゃべる人の話ばかりが通る会社も多いのではないでしょうか。

笑えない現実です。

会議を冷静に理論的に進めることを心掛けていると思います。しかし、人それぞれ。

冷静さや理論的な議論のためには、計数を根拠にして話をすることが現実的です。

第2節　状況定義の罠

経営陣の状況定義不一致は命取り

前節では「全体性を見る社長」と「部分の報告者」という関係で考えてきました。

会社の経営を考えたとき、役員はどうなるのでしょうか。役員は社長と同様、経営全体を見渡して経営にあたらなければなりません。しかし、財務担当役員、製造担当役員など、会社の役員は１機能部門が割り当てられている場合が多く、担当機能部門の状況定義ができるのみで前節で説明したようなことが起こり得ます。

そうした場合、役員会がうまく機能しないという事態になります。それは、役員会で有効な議論がなされず適切な手を打てない状況をいいます。

倒産したマイカルやＮＯＶＡがそのよい例でしょう（グラフ2）。企業の力を示す指標を企業力総合評価といいます。２社と

グラフ2　企業力総合評価

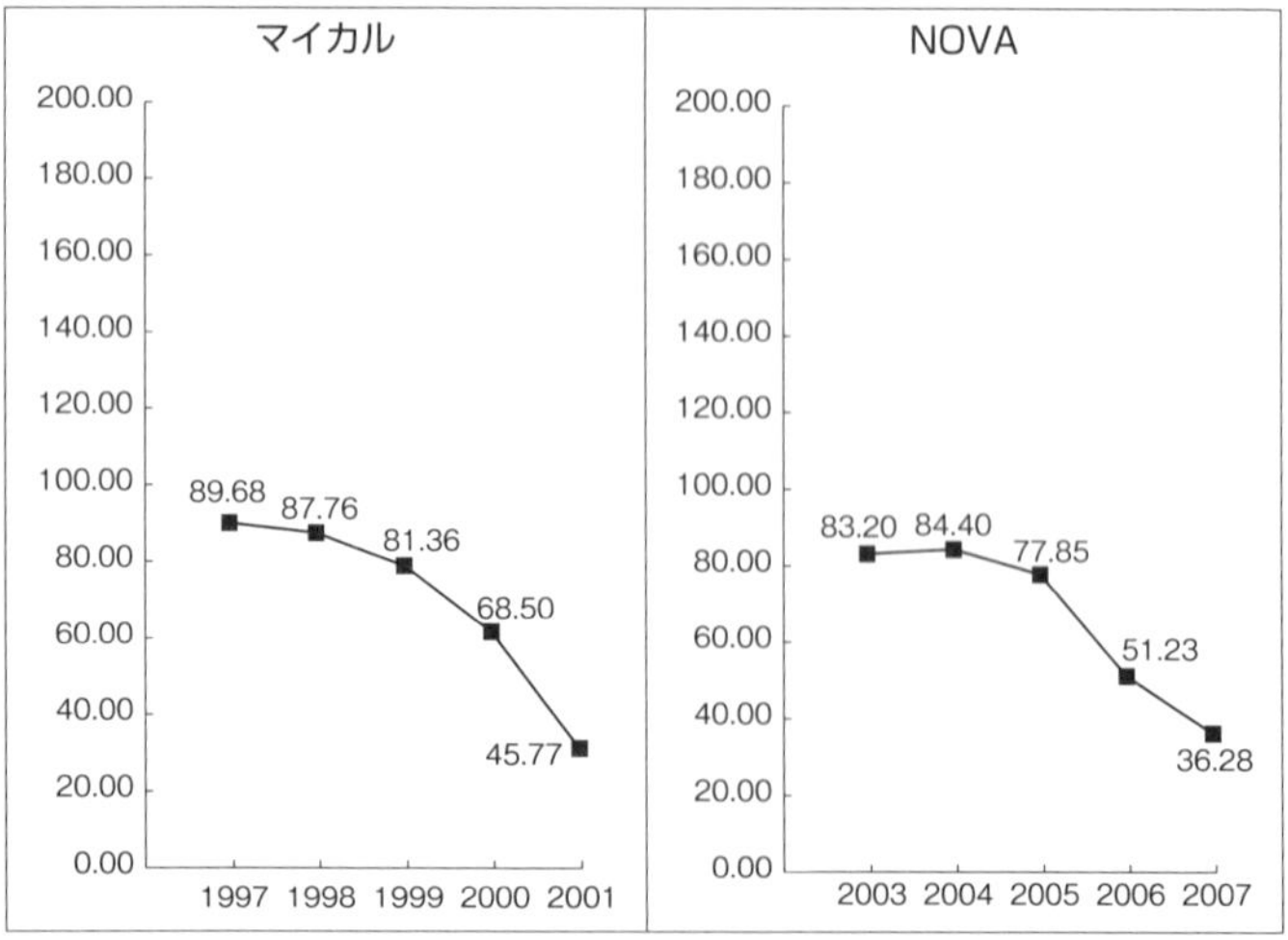

も企業力総合評価が反発することなく、評価を下落させ続けています。１００点以上は正常といえる領域ですが、60点以下になると破たん[6]懸念領域になります。役員会では、企業力総合評価が下落したとき、それを止める手立ての議論をし、実践しなければなりません。グラフに企業力がどれほど下がったか、前期の手立てが有効であったかが評価されず、反省も改善もないまま、無駄に時間を浪費させていった様子が示されています。

もがけば反発する

水に溺れたとき、人はもがきます。もがいて水から顔を出そうとします。企業も危

グラフ３　企業力総合評価

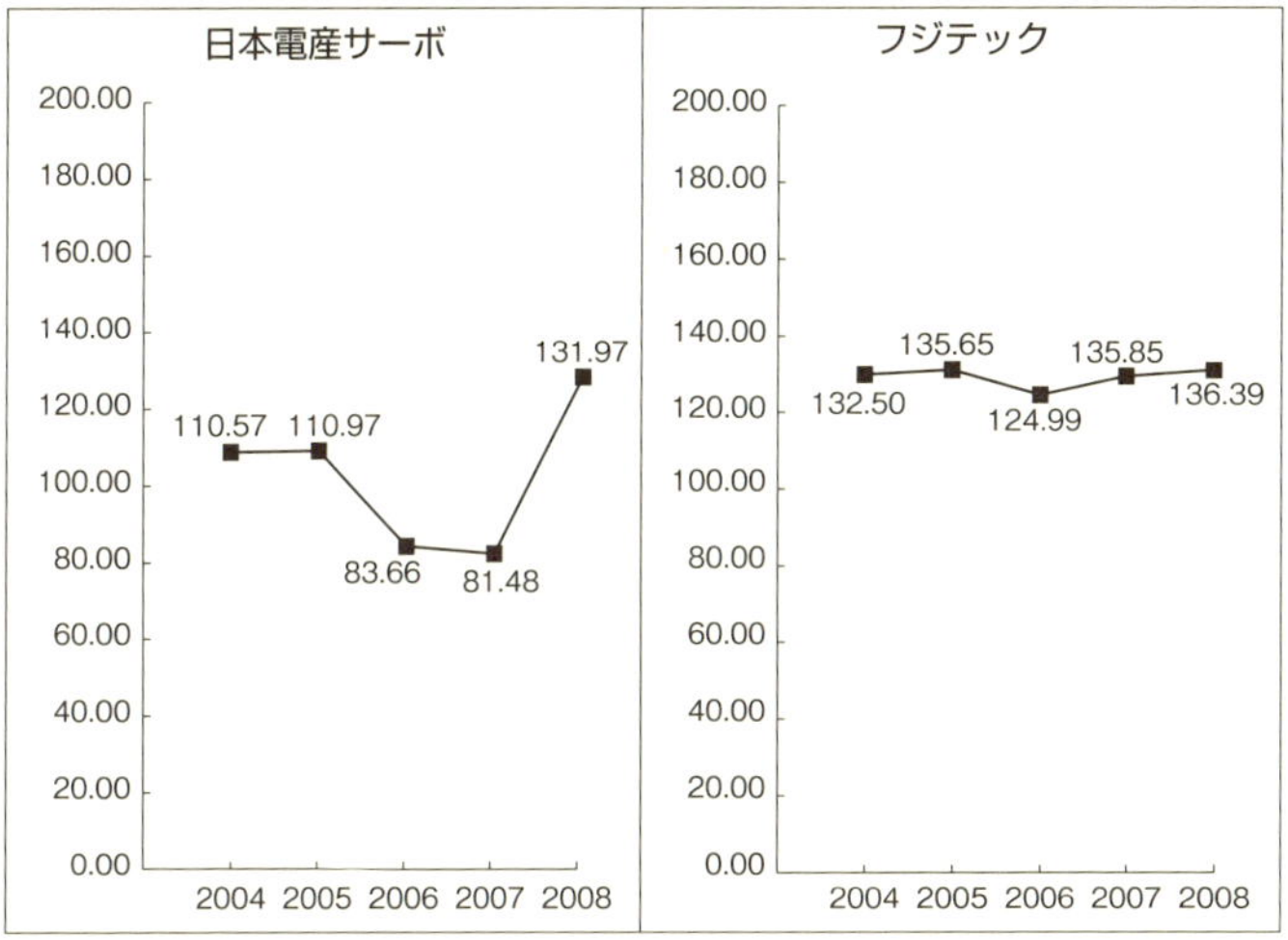

6　横軸は年度を表します。通常５年です。縦軸は評点です。100点以上は正常領域、80〜100点までが要コンサル領域、60点以下が破たん懸念領域になります。決算書の数字と従業員数のみの定量分析です。

なくなるともがいて反発するのです。

会社は企業力が悪化し、それに対処するためにもがく。もがく過程で企業力の反発が見られるのです。

グラフ３に示す日本電産サーボ、フジテックのように反発するものです。

バラバラ役員を簡単チェック

役員間の認識がバラバラであるかどうかのチェックは簡単にできます。

評点レベルを決め、会社の状況を役員に記入してもらうと、その結果はバラバラになります。お互いが記入結果をつき合わせ、なぜこんなに認識が違うのか喧々諤々と議論されるケースによく遭遇します。こんな簡単なチェックで、役員間の会社の状況定義不一致の問題をあぶり出すことができるのです。

会社の点数を、ある役員は２００点満点中１５０点と言い、別の役員は１００点と言います。原因は個々人の会社に対する認識がバラバラであることにあります。

ある者は財務を見、ある者は工場を見、ある者は営業の現場を見ているからです。

さらに広げて５年の時系列で記入を求めれば、乖離はより深刻になります。

これは、1台の車に、別々の位置、別々の経路を示している複数のカーナビを搭載して、出かけようとしているに等しいのです。

危機レベルを「見える化」すればよい

どうしてこんなことになるのでしょうか。たとえば、火事をイメージしてみてください。火事はまさに目の前で炎が燃え上がります。自分の家が燃え始めている。自分の家が燃え盛っている。3軒向こうの家が燃え始めている。など誰が見ても、危機の状況が一目でわかります。

火事であれば誰もが、優先順位を決め、大事なものから順に避難させる行動ができるはずです。

しかし、企業の状況は火事のように一目でわかりうるものではありません。

各役員の状況定義能力が均一である保証はなく、無為な議論を重ねている間ににっちもさっちも行かない状況に陥るリスクは計り知れません。

もう一度マイカル、ＮＯＶＡのグラフを見てください。無為無策のまま放置されていま す。

よい会議のための状況定義の一致を目指す

会社の目的は存続・成長です。誰も異論のないところでしょう。また、どうやってそれを実現していくか、計画を立て実践していかなければなりません。

それでは、目標に向かって計画を立てていきましょう。

目標到達点までの距離と時間軸があって初めて、計画ができます。計画は傾き・変化率なのです。

受験生であれば、自分の偏差値を知り、行きたい大学の偏差値を知り、受験までの日数を知ることで、毎日どれだけ勉強し、偏差値を上げていかなければならないかの計画が立ちます。

経営における距離と時間は「今どういう状況か」「どうあるべきか」そして「いつまで

に達成すべきか」です。

このように考えたとき、企業は今現在の自社の状況定義をしっかり行わなければなりません。

現在の自社の状況定義を表すものに財務指標があります。

財務指標は売上高経常利益率や自己資本比率などといわれるものです。それらの指標は決算書の数字や従業員数から計算されます。

財務指標は、いわば受験生では偏差値のようなものです。数学は55、歴史は61というように、何が強くて何が弱いかを数値で示してくれます。

笑えない福笑い

実は財務指標は百数十もあります。良い指標もあれば悪い指標もあり、個々バラバラに動きます。それらの指標をすべてまとめ上げないと企業の評価は計算できません。

ケース１は売上高利益率の計算です。素直にＢ１社がＡ１社より4倍良い状態といえます。

ケース２は資本利益率の計算です。これも素直にＡ２社がＢ２社より2倍良い状態といえます。

では、ケース3はどうでしょうか。

売上高利益率と資本利益率の2指標をA社とB社で比べただけでも、どちらがどれだけ良いか悪いか、わからなくなります。

百数十の財務指標を全部まとめ上げることなど、到底人間の頭ではできません。ましてや複数の人間の認識が一致することなど、望めるはずはないのです。

それは福笑いのゲームの最初に似ています。目は向こうにあり、口は上のほうに傾いて置いてあり、鼻と眉が手前に縦に並んで置いてあるとします。それを見て、この顔がどんな顔かなど、誰にもわかりません。キチンと並べて初めて、福々しい顔、朗らかな顔など、イメージを持つことができるわけです。

財務指標は個々バラバラです。良い指標もあれば悪い指標もあります。それらをすべて統合計算しなければ全体性は見えてこないのです。

因果関係という接着剤

企業の全体性は財務指標の統合計算で求められるべきです。しかし、百数十ある財務指

ケース 1 どちらが良い会社ですか。

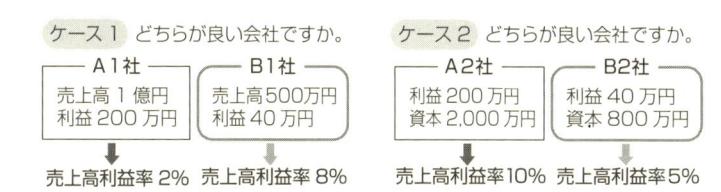

A1社
売上高 1 億円
利益 200 万円
↓
売上高利益率 2%

B1社
売上高 500 万円
利益 40 万円
↓
売上高利益率 8%

ケース 2 どちらが良い会社ですか。

A2社
利益 200 万円
資本 2,000 万円
↓
売上高利益率 10%

B2社
利益 40 万円
資本 800 万円
↓
売上高利益率 5%

ケース 3 どちらが良い会社ですか。

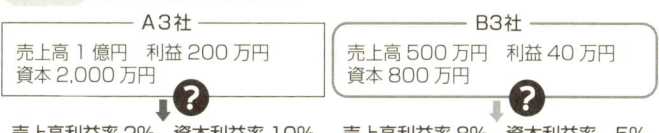

A3社
売上高 1 億円　利益 200 万円
資本 2,000 万円
↓ ?
売上高利益率 2%　資本利益率 10%

B3社
売上高 500 万円　利益 40 万円
資本 800 万円
↓ ?
売上高利益率 8%　資本利益率　5%

2 つの指標を統合して 1 つの評価にまとめてみましょう。

①甲さん 「いくら売っていくら儲かったかが重要」と考えます。
（売上高利益率のウェイト 60%、資本利益率のウェイト 40%の重要性）
A社　売上高利益率 2%×60%＋資本利益率 10%×40%＝520
B社　売上高利益率 8%×60%＋資本利益率 5%×40%＝680
結論「B社のほうが良い会社です。」

②乙さん 「投下資本に対していくら儲かったかが重要」と考えます。
（売上高利益率のウェイト 40%、資本利益率のウェイト 60%の重要性）
A社　売上高利益率 2%×40%＋資本利益率 10%×60%＝680
B社　売上高利益率 8%×40%＋資本利益率 5%×60%＝620
結論「A社のほうが良い会社です。」

さあ、甲さんと乙さん、どちらが正しいですか？

答えられないのは、次の理由によります。

①このケースでは、百数十ある財務指標のうち、売上高利益率と資本利益率を取り出して計算しました。本当はどれを選ばなければならないかがわからないからです。企業の成長・衰退に因果関係の強いものを取り出すのが難しい。

②因果関係の強弱によってウェイトを出さなければなりません。しかし、そのウェイトを計算するのが難しい。

③そのため、全部まとめて出す、企業力は計算できない。

標のうち、企業の成長・衰退と因果関係の強弱を表す指標がどれか、また、その因果関係のウェイトがいくらであるかを正確に計算して統合計算しなければ、到底、解に行き着きません。これは、人間の頭では計算不能です。

人間は生まれたときから全体性をもって生まれてきます。人が人を見るとき、全体性（体全体）が最初に目に飛び込んでくる。そのため、人は「やさしそう」とか「強そう」などと感覚的に全体性をつかむことができます。しかし、人間にも全体性がないとするならば、福笑いの遊びのように、目も鼻も眉もバラバラに置かれ、「やさしそうな女の人かも」と考える人もあれば「やんちゃな男の子に違いない」と思う人もいるはずです。

人間のような全体性を作り上げるためには、各財

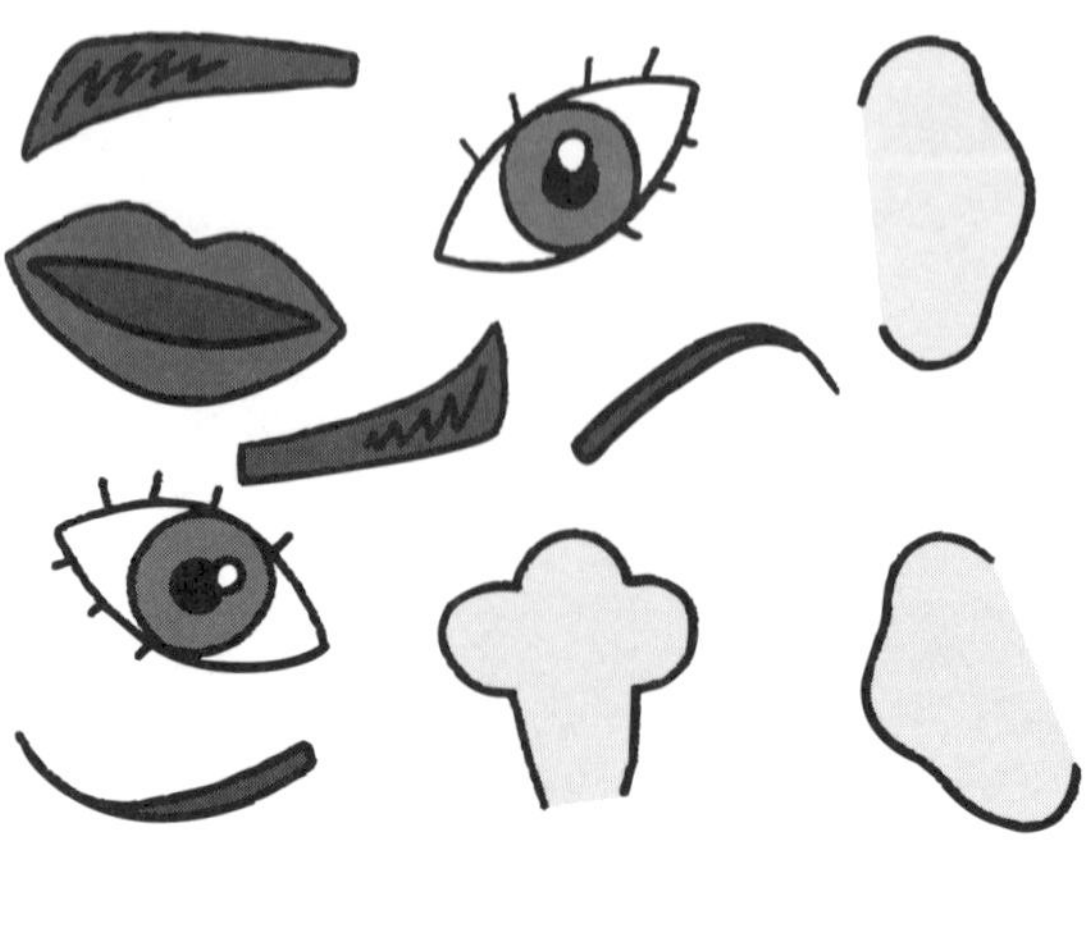

務指標を接着剤でつなぎ合わせ、全体性を作り上げなければなりません。

まず、財務指標のうち、成長・衰退に因果関係の大きいものを選び出します。財務指標は、成長・衰退に因果関係の強いものもあれば希薄なものもあります。そして、因果関係があると認められた財務指標の中のウェイトを計算します。このウェイトは因果関係の強弱でもあります。

それらを掛け合わせ、足して総合評価を計算します。

人はなぜ見抜かれるか、企業になぜだまされるのか

ファーストインプレッション、第一印象はどんな人にもあります。人は人物を把握するとき、大きくこの第一印象に左右されます。

そして、80%それは正しいと確信して、やさしそうな女の人には丁寧に話し、立派そうな男性には敬意を払い、無邪気な女の子にはかわいがります。

人は「全体性をイメージで表現」するから、すぐに見抜かれるのです。

では会社のファーストインプレッション、第一印象はどうでしょうか。テレビコマーシャルをよく見る、本社社屋が立派、社長がベンツに乗っている、従業員の数が多い、行列が

できている、多くの店舗を出店している、などを見て判断します。

それはなぜか。「イメージでわかる」からファーストインプレッション、第一印象になり得るのです。しかし、「イメージ」であって、「全体性をイメージで表現」されたものではありません。

テレビコマーシャルを流していてもあっという間に倒産することもあります。立派な社屋でも多額の借金で建てたかもしれません。

企業の「全体性」を示すには、財務分析を企業力総合評価にまとめ上げるしかありません。

しかし、財務指標は数字の羅列で「難しい」「ごちゃごちゃ」という印象しかありませんので、人間が一瞬で判断できるように「イメージ」化しなければ、見る人によって大きく評価が変わってしまうのです。

第３章
「虫の目」
計数力を探る

複眼でいくつも見える計数、財務指標をどう整理して操るべきなのでしょうか。

第1節　成長が目的であるのに、成長を計数で測定しない経営

計数化されなかった不思議

前の章で企業力総合評価が人間には計算不能であることを説明しました。

それでは過去の決算書と比較してどうなったか、業界内でライバル会社と比べてどうなったかなど、とてもわからないということになります。

以前こんな話を聞きました。Ａ寿司店の社長が「Ｂ寿司店をマネしたら儲からなくなった。」と話しているというのです。Ｂ寿司はいつも行列ができることで有名です。どちらも上場企業でしたので早速有価証券報告書を分析してみました。

すると、企業力総合評価はＡ寿司店のほうが高く、営業効率（儲かったかの指標）もＡ寿司店のほうが上でした。つまり、Ａ社は自社よりも企業力が低く、儲からないＢ社のマネをして自社も悪くなってしまったのです。２００５年のグラフがマネをして儲からなくなった結果です（グラフ４）。

その後Ａ社は大手の飲食チェーンの傘下に入りました。

この例が示すように、上場企業といえどもしっかり分析しないまま、重要な意思決定を行っているように思います。

おかしなもので、経済活動の根幹の組織体である企業の経営状況が係数化され、評価されていないのです。恐ろしく不確かな状況定義になっているのが普通なのです。

貴方が受験生のときを思い出してください。

行きたい大学があって一生懸命勉強していたとします。模擬試験を受けて、国語は合格レベルに達しているが、数学はまだかすりもしないなど、結果を知らされたと思います。

グラフ4

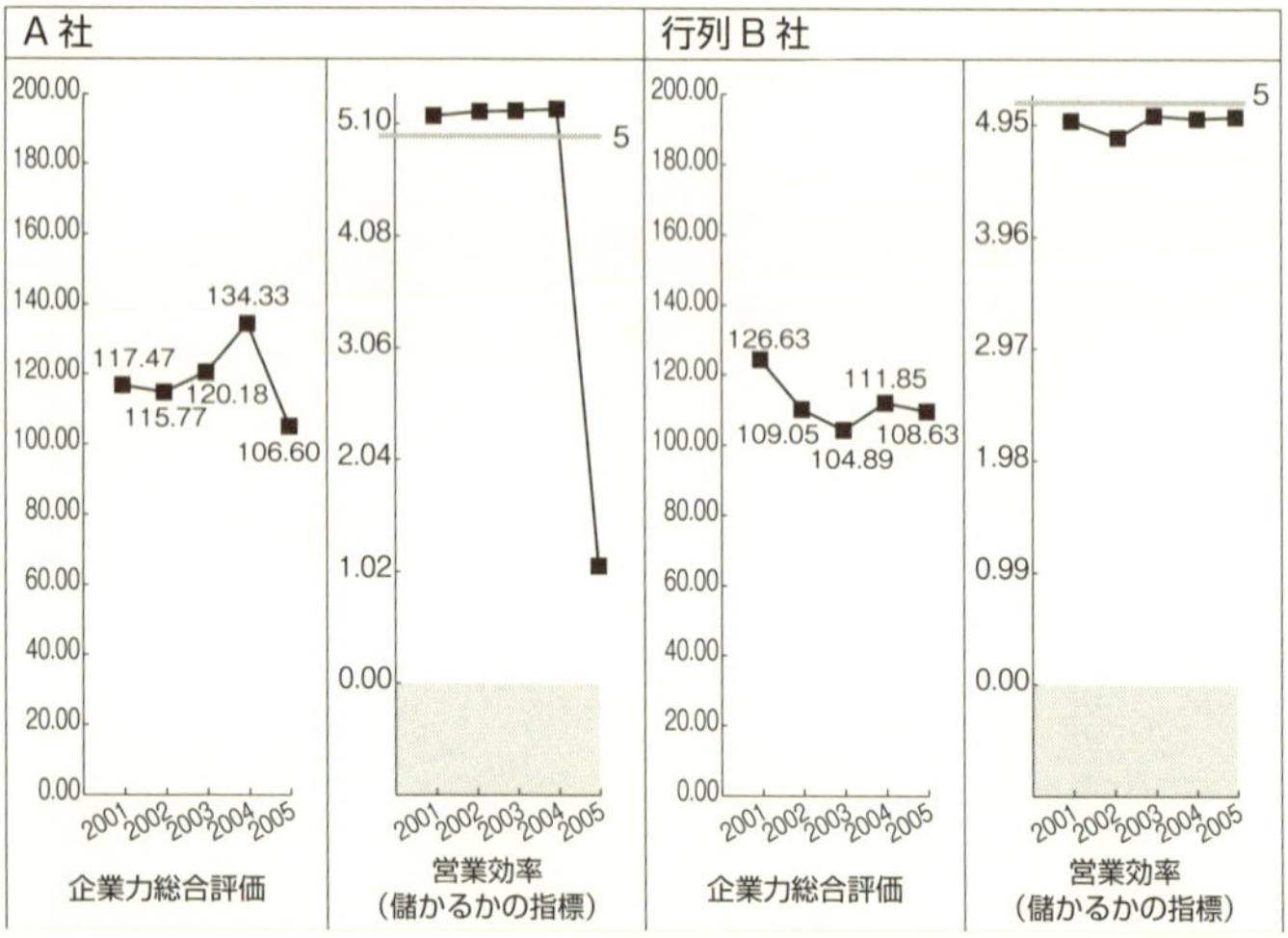

それをもとに再度勉強の予定を立て計画的に点数を上げていったことでしょう。もし模擬試験がなく、自分の力が客観的に評価されなければ試験に失敗する確率が格段に高くなります。

きっと通っている高校のレベルで自分の評価も大きく変わってしまうことでしょう。長い間、企業の経営状態が係数化されないのが当たり前の状態が続きました。その間に多くの人が財産をなくし、経済的困難に陥りました。

第2節　統合計算、ドリルダウンというミッシー思考

計数をまとめ上げて統合化して企業力を見る

百数十の財務指標について統計の演算をかけます。

すると、それらの中から成長・衰退に因果関係の強い指標が選び出されます。

選ばれた財務指標はその性質ごとにグループ別に計算されます。たとえば、売上高総利

益率、売上高営業利益率、売上高経常利益率、売上高当期利益率などは「儲かるかどうか」の指標として出てきます。

その選び出された財務指標をウェイト付けして計算し、掛け合わせてグループ別に親指標を出していきます。

「儲かったか」の親指標は営業効率と名づけます。

親指標は営業効率以外に、資本効率、生産効率、資産効率、流動性、安全性があります。

これらすべての財務指標をまとめ上げて企業力総合評価を算出します。

ここで少し注意してください。財務指標のうち実数で扱われるもの、たとえば、売上高、総資産額、従業員数などは入れていません。実数の財務指標を入れると、中小企業の評価が低くなりすぎるためです。また、経常利益増加率、売上高増加率、総資本増加率、従業員増加率の各指標はまとめ上げて親指標の「成長性」として出しません。ここではあくまで、成長を企業力総合評価が上がることと定義しています。

構造的には図表6のようになっています。

ここでは日本電産サーボ株式会社（精密小形モータの開発・製造・販売）を例に見てみましょう。

日本電産サーボの決算書を見てください。今どのような状況かわかりますか。

決算書を見て、「儲かっているか（営業効率）」、「資本利用は有効か（資本効率）」、「生産性は上がっているか（生産効率）」、「資産の利用度はよいか（資産効率）」、「短期手元資金は大丈夫か（流動性）」、「長期資金に問題はないか（安全性）」、の問いにコメントできますか。

今度は、主要な財務指標をグループ毎に計算しました。

各効率を読んで、「儲かっているか（営業効率）」、「資本利用は有効か（資本効率）」、「生産性は上がっているか（生産効率）」、「資産の利用度はよいか（資産

図表6

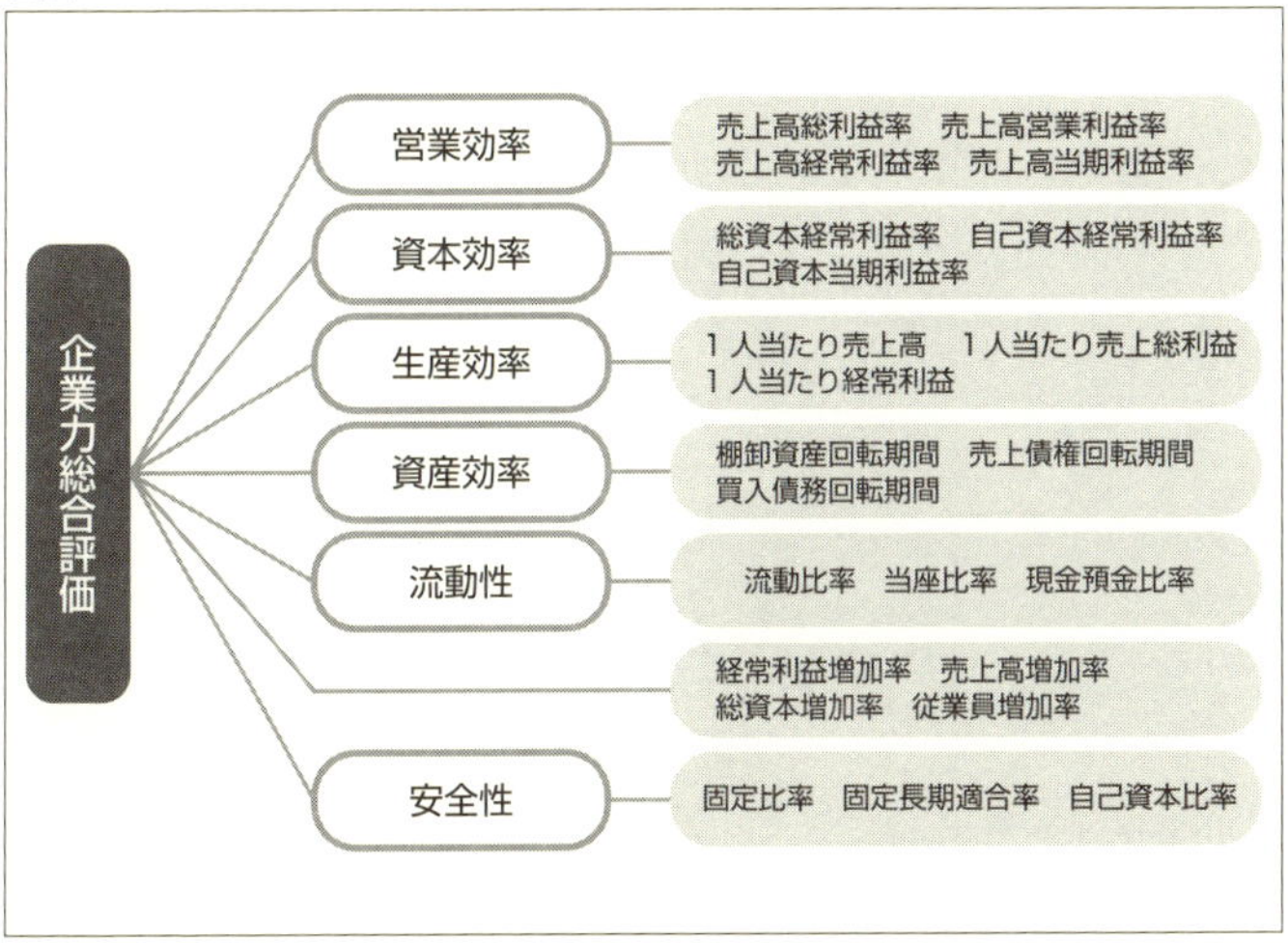

効率）」、「短期手元資金は大丈夫か（流動性）」、「長期資金に問題はないか（安全性）」、についてコメントしてください。

まだ、わかりにくいですね。

分析結果を示しましょう（グラフ５）。「儲かっているか（営業効率）」、「資本利用は有効か（資本効率）」、「生産性は上がっているか（生産効率）」、「資産の利用度はよいか（資産効率）」、「短期手元資金は大丈夫か（流動性）」、「長期資金に問題はないか（安全性）」について赤青ゼロ判別し、総合評価にまとめ上げました。

２００７年度まで悪化トレンドで２００６年、２００７年と危なかったで

グラフ５

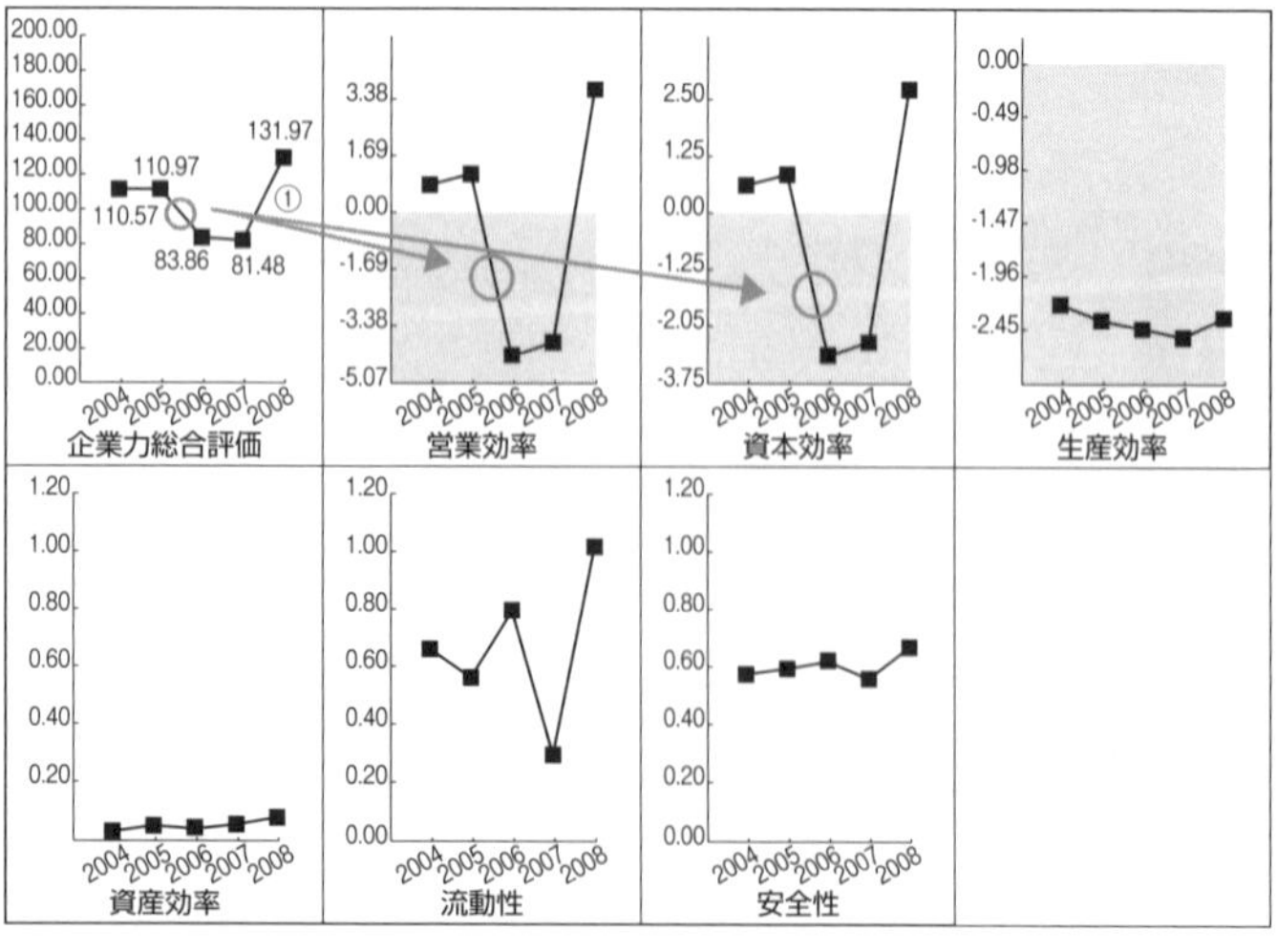

日本電産サーボ連結貸借対照表

	2004年3月	2005年3月	2006年3月	2007年3月	2008年3月
資産の部					
流動資産					
現金預金	3,745,000,000	3,343,000,000	4,270,000,000	2,465,000,000	2,467,000,000
売掛金等	8,221,000,000	9,162,000,000	8,373,000,000	8,633,000,000	7,333,000,000
有価証券	49,000,000	42,000,000	1,056,000,000	54,000,000	50,000,000
製品	3,742,000,000	4,445,000,000	4,301,000,000	4,650,000,000	3,200,000,000
その他流動資産	1,170,000,000	1,076,000,000	1,076,000,000	926,000,000	634,000,000
貸倒引当金 1	△77,000,000	△96,000,000	△182,000,000	△92,000,000	△79,000,000
流動資産合計	16,850,000,000	17,972,000,000	18,894,000,000	16,636,000,000	13,605,000,000
固定資産					
有形固定資産					
建物	1,180,000,000	1,159,000,000	993,000,000	2,190,000,000	1,966,000,000
機械装置	1,622,000,000	1,836,000,000	2,108,000,000	1,986,000,000	1,391,000,000
土地	1,081,000,000	1,062,000,000	1,024,000,000	987,000,000	978,000,000
その他有形固定資産	714,000,000	861,000,000	1,188,000,000	870,000,000	1,071,000,000
有形固定資産合計	4,597,000,000	4,918,000,000	5,313,000,000	6,033,000,000	5,406,000,000
無形固定資産					
その他無形固定資産	131,000,000	113,000,000	97,000,000	149,000,000	133,000,000
無形固定資産合計	131,000,000	113,000,000	97,000,000	149,000,000	133,000,000
投資その他の資産					
投資有価証券	292,000,000	269,000,000	415,000,000	336,000,000	135,000,000
長期貸付金	17,000,000	17,000,000	15,000,000	11,000,000	8,000,000
その他投資等	392,000,000	503,000,000	223,000,000	138,000,000	262,000,000
貸倒引当金 2	0	△3,000,000	△3,000,000	△3,000,000	0
投資その他の資産合計	701,000,000	786,000,000	650,000,000	482,000,000	405,000,000
固定資産合計	5,429,000,000	5,817,000,000	6,060,000,000	6,664,000,000	5,944,000,000
資産合計	22,279,000,000	23,789,000,000	24,954,000,000	23,300,000,000	19,549,000,000
負債の部					
流動負債					
買掛金等	4,896,000,000	4,868,000,000	4,970,000,000	5,277,000,000	4,497,000,000
短期借入金	5,363,000,000	5,857,000,000	5,378,000,000	5,417,000,000	2,004,000,000
1年以内返済長期借入金	72,000,000	30,000,000	0	0	0
未払金	495,000,000	788,000,000	852,000,000	862,000,000	622,000,000
未払法人税等	141,000,000	302,000,000	628,000,000	78,000,000	81,000,000
その他流動負債	1,195,000,000	1,324,000,000	1,473,000,000	1,402,000,000	1,479,000,000
流動負債合計	12,162,000,000	13,169,000,000	13,301,000,000	13,036,000,000	8,683,000,000
固定負債					
長期借入金	30,000,000	0	0	0	0
その他固定負債	2,735,000,000	2,816,000,000	2,940,000,000	3,124,000,000	2,563,000,000
固定負債合計	2,765,000,000	2,816,000,000	2,940,000,000	3,124,000,000	2,563,000,000
負債合計	14,927,000,000	15,985,000,000	16,241,000,000	16,160,000,000	11,246,000,000
純資産の部					
株主資本					
資本金	2,547,000,000	2,547,000,000	2,547,000,000	2,547,000,000	2,547,000,000
資本剰余金合計	3,597,000,000	3,604,000,000	3,614,000,000	3,614,000,000	3,614,000,000
利益剰余金合計	1,304,000,000	1,715,000,000	2,382,000,000	824,000,000	2,478,000,000
自己株式	△13,000,000	△24,000,000	△8,000,000	△25,000,000	△67,000,000
評価・換算差額	△112,000,000	△74,000,000	178,000,000	180,000,000	△269,000,000
少数株主持分	29,000,000	36,000,000	0	0	0
純資産合計	7,352,000,000	7,804,000,000	8,713,000,000	7,140,000,000	8,303,000,000
負債純資産合計	22,279,000,000	23,789,000,000	24,954,000,000	23,300,000,000	19,549,000,000

すが、２００８年度に企業力総合評価が黄信号領域から飛び出して青信号へ移行しています。

永守さんの手腕の素晴らしさが見て取れます。営業効率、資本効率の急改善が企業力総合評価を押し上げました。

しかし、生産性は赤信号にどっぷりハマっています。永守さんになって、青信号へ飛び出しているわけではありません。

そういえば、永守さんは「M&Aをしてもリストラをしない」と言っていました。約束を守って、従業員を減らさないでいるからで

日本電産サーボ連結損益計算書

	2004年３月	2005年３月	2006年３月	2007年３月	2008年３月
売上高	27,978,000,000	30,666,000,000	28,647,000,000	32,177,000,000	35,046,000,000
売上原価	23,047,000,000	25,424,000,000	24,935,000,000	28,167,000,000	28,240,000,000
売上総利益	4,931,000,000	5,224,000,000	3,712,000,000	4,010,000,000	6,806,000,000
給与	1,458,000,000	1,483,000,000	1,463,000,000	1,652,000,000	2,095,000,000
福利厚生費	62,000,000	80,000,000	173,000,000	164,000,000	280,000,000
減価償却費	25,000,000	26,000,000	34,000,000	18,000,000	47,000,000
その他	2,200,000,000	2,741,000,000	2,791,000,000	2,736,000,000	2,331,000,000
販管費合計	3,745,000,000	4,330,000,000	4,461,000,000	4,570,000,000	4,753,000,000
営業利益	1,186,000,000	912,000,000	△749,000,000	△560,000,000	2,053,000,000
営業外収益合計	119,000,000	154,000,000	442,000,000	368,000,000	409,000,000
営業外費用合計	678,000,000	303,000,000	591,000,000	572,000,000	672,000,000
経常利益	627,000,000	763,000,000	△898,000,000	△764,000,000	1,790,000,000
特別利益合計	69,000,000	0	3,105,000,000	7,000,000	116,000,000
特別損失合計	47,000,000	19,000,000	402,000,000	268,000,000	78,000,000
税引前当期利益	649.000.000	744,000,000	1,805,000,000	△1,025,000,000	1,828,000,000
法人税等	161,000,000	372,000,000	815,000,000	99,000,000	96,000,000
法人税等調整額	62,000,000	△156,000,000	213,000,000	327,000,000	78,000,000
少数株主損益	4,000,000	9,000,000	0	0	0
当期純利益	422,000,000	519,000,000	777,000,000	△1,451,000,000	1,654,000,000
総従業員数	3,377	3,830	3,822	4,189	3,919

しょう。流動性、安全性は改善しています。これは儲かるようになってのことですのでとてもよい状況です。

このようにグラフにしてしまえば、見た瞬間にわかります。

企業力総合評価は下位親指標の営業効率、資本効率、生産効率、資産効率、流動性、（伸び率下位指標）、安全性の指標の合成としてまとめ上げられています。

逆に見れば、総合評価が下落した場合、下位親指標で下落の長い線分を探せば影響度の強い財務指標が特定されるわけです。

日本電産サーボ財務指標

	2004年3月	2005年3月	2006年3月	2007年3月	2008年3月
営業効率					
売上高総利益率	17.62	17.09	12.96	12.46	19.42
売上高経常利益率	2.24	2.49	-3.13	-2.37	5.11
売上高当期利益率	1.51	1.68	2.71	-4.51	4.72
資本効率					
総資本経常利益率	2.81	3.21	-3.6	-3.28	9.16
自己資本経常利益率	8.53	9.78	-10.31	-10.7	21.56
自己資本当期利益率	5.74	6.65	8.92	-20.32	19.92
生産効率					
1人当たり売上高	8,284,868.00	8,006,789.00	7,495,290.00	7,681,308.00	8,942,587.00
1人当たり売上総利益	1,460,172.00	1,368,668.00	971,219.00	957,269.00	1,736,668.00
1人当たり経常利益	185,668.00	199,217.00	-234,956.00	-182,382.00	456,749.00
資産効率					
棚卸資産回転期間	1.6	1.74	1.8	1.73	1.1
売上債権回転期間	3.53	3.59	3.51	3.22	2.51
買入債務回転期間	2.1	1.9	2.08	1.97	1.54
流動性					
流動比率	138.55	136.47	142.05	127.62	156.69
当座比率	98.79	95.28	102.99	85.55	113.44
現金預金比率	30.79	25.39	32.1	18.91	28.41
成長性					
売上高増加率	0	9.61	-6.58	12.32	8.92
総資本増加率	0	6.78	4.9	-6.63	-16.1
従業員増加率	0	13.41	-0.21	9.6	-6.45
安全性					
固定比率	73.84	74.54	69.55	93.33	91.59
固定長期適合率	53.66	54.77	52.00	64.93	54.70
自己資本比率	33.00	32.81	34.92	30.64	42.47

日本電産サーボ株式会社の場合、2006年に総合評価が大きく下がりました。同じ時、長い線分で悪化を示す下位親指標を探せば、営業効率、資本効率が特定され、企業力の下落の原因を推定することができます（グラフ5・矢印①）。

第3節「儲かっているか」

断言できないことに気づきましたか？

「儲かりまっか？」大阪弁の代名詞ともいえるこの言葉、財務指標にすれば「売上高利益率」です。売上高に占める利益の割合を示した財務指標です。この率が高ければ高いほど儲かることを意味します。

売上高利益率には売上高総利益率、売上高営業利益率、売上高経常利益率、売上高当期利益率などの種類があります。これらを営業効率と名づけましょう。

2005年の日本電産サーボ（図表7）のように、売上高営業利益率が悪化（↓）し、売上高経常利益率が改善（↑）した場合、この会社は儲かるようになったのでしょうか。儲からなくなったのでしょうか。このように、儲かる・儲からないという指標一つをとっても、どうなっているのかわからないのです。

２００５年は売上高総利益率、売上高営業利益率が悪化、他2指標は改善しています。

２００６年は売上高総利益率、売上高営業利益率、売上高経常利益率が悪化、売上高当期利益率は改善しています。

２００７年は売上高総利益率、売上高当期利益率が悪化で、他2指標は改

①売上高総利益率＝売上総利益÷売上高× 100（単位：%）

ⓐ仕入が 600 円の商品を 1,000 円で売ると 400 円が売上総利益です。400/1,000 で売上総利益率が 40%と計算されます。ⓑ仕入が 9,500 円の商品を 10,000 円で売ると 500 円が売上総利益です。この場合、売上総利益率は 5%です。ⓑはⓐより売上総利益は 100 円多いですが、売上総利益率は 35 ポイント悪いといえます。商品の売買だけでどれくらい儲かるかの指標です。

②売上高営業利益率＝営業利益÷売上高× 100（単位：%）

売上総利益から、売り上げを上げるために雇った人の人件費や店舗の賃借料など販売や管理に使った費用を差し引いた残りの利益（営業利益）の売上高に占める割合です。

③売上高経常利益率＝経常利益÷売上高× 100（単位：%）

営業利益から、借金にかかった支払利息などの費用を差し引いた残りの利益（経常利益）の売上高に占める割合です。

④売上高当期利益率＝当期利益÷売上高× 100（単位：%）

経常利益に特別に発生した利益や損失を加減し、法人税などを差し引いた残りの利益（当期利益）の売上高に占める割合です。

善しています。

２００８年はすべての指標が改善しています。

２００５年、２００６年、２００７年、この会社は儲かるようになったのでしょうか、儲からなくなったのでしょうか。

赤信号か青信号か

その解は、それぞれの指標にウェイトを掛け、それらをまとめ上げた数値の比較によって可能になります。

次に、まとめ上げた指標が良いか悪いかを判別しなければなりません。

これはどれくらいの利益率であれば、儲かっていて良いといえるのか、儲からなくて悪いといえるのかです。

日本電産サーボの場合、２００４年から２００８年までの間、儲かっていなくて「ダメな期はどれ？」「ＯＫ

図表７　日本電産サーボ　営業効率

単位：円・％

	2004年3月	2005年3月	2006年3月	2007年3月	2008年3月
売上高合計	27,978,000,000	30,666,000,000	28,647,000,000	32,177,000,000	35,046,000,000
売上総利益	4,931,000,000	5,242,000,000	3,712,000,000	4,10,000,000	6,806,000,000
売上高総利益率	17.62	17.09	12.96	12.46	19.42
営業利益	1,186,000,000	912,000,000	▲749,000,000	▲560,000,000	2,053,000,000
売上高営業利益率	4.24	2.97	▲2.61	▲1.74	5.86
経常利益	627,000,000	763,000,000	▲898,000,000	▲764,000,000	1,790,000,000
売上高経常利益率	2.24	2.49	▲3.13	▲2.37	5.11
当期利益	422,000,000	519,000,000	777,000,000	▲1,451,000,000	1,654,000,000
売上高当期利益率	1.51	1.69	2.71	▲4.51	4.72

前期と比較して改善した指標は網掛けにしています。

な期はどれ？」という質問に対し、判断する明確な基準を持つ人は少ないと思います。

その答えをグラフ６に示しておきます。

営業効率は２００５年、２００７年、２００８年と改善していますが、２００６年には悪化しました。

２００６年と２００７年の営業効率は赤信号領域で「儲からない」状況であったと断言できます。

これを人間が判断できないから困るのです。

誰かが「だめだ!!!」と机を叩いて気付かせてくれると思えば大間違いなのです。

倒産した会社を調べると、この判別で赤信号領域にどっぷり浸かった会社を目にします。赤信号領域は倒産リスクが高くなっています。ハマったらすぐに飛び出さなければなりません。

普通、会社はその断言を会計事務所に求めます。しかし、会計事務所はその断言はでき

グラフ６　営業効率

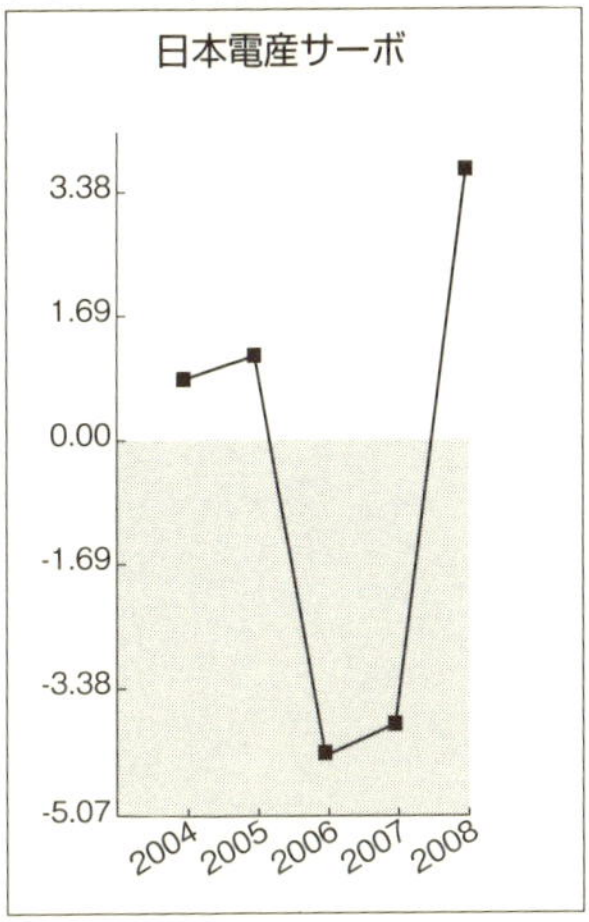

ません。能力の問題ではなく、もともとわからなくて当たり前なのです。

以前、ある税理士さんから伺ったことがあります。「売上高経常利益率はどんな財務指標かわかります。社長に説明することができます。また、同業他社黒字平均と比べて、良いか悪いかも説明できます。でも、それ以上何を言っていいかわからなくなります。」と。まじめで親身に顧問先のことを考える方でした。

ここで言っているように、黒字他社の平均と比べて改善策を探る必要はあると思います。ただし、不況であれば、どの会社の数値も低くなり、好況であれば、どの会社の数字も高くなります。したがって、不況になれば倒産する会社も格段に増えるわけですから、同業他社と比べ遜色がなかったとしても何の安心にもなりません。かえって危機かもしれないのです。

経営判断には、もっと普遍的な判断基準が必要になります。

儲かったかにドリルダウンしてみよう

次に、営業効率親指標と下位指標を見てみましょう（グラフ7）。

２００６年、営業効率は激しく下落しました。その結果、２００６年および２００７年は赤信号領域にハマっています。営業効率は赤信号と青信号とに領域を区分して判断します。

「この営業効率の水準ではいけません。必ず脱してください。」と、赤信号でアラームを鳴らします。

どうしてこのような判別計算をしなければならないのでしょうか。

たとえば、5%から2%へ利益率が下がったとき、普通の人は「3%下がった。悪くなった。」という程度しか認識しないのです。利益率が上下するのは当たり前、へっちゃらなのです。

グラフ7　日本電産サーボ　営業効率親指標と下位指標

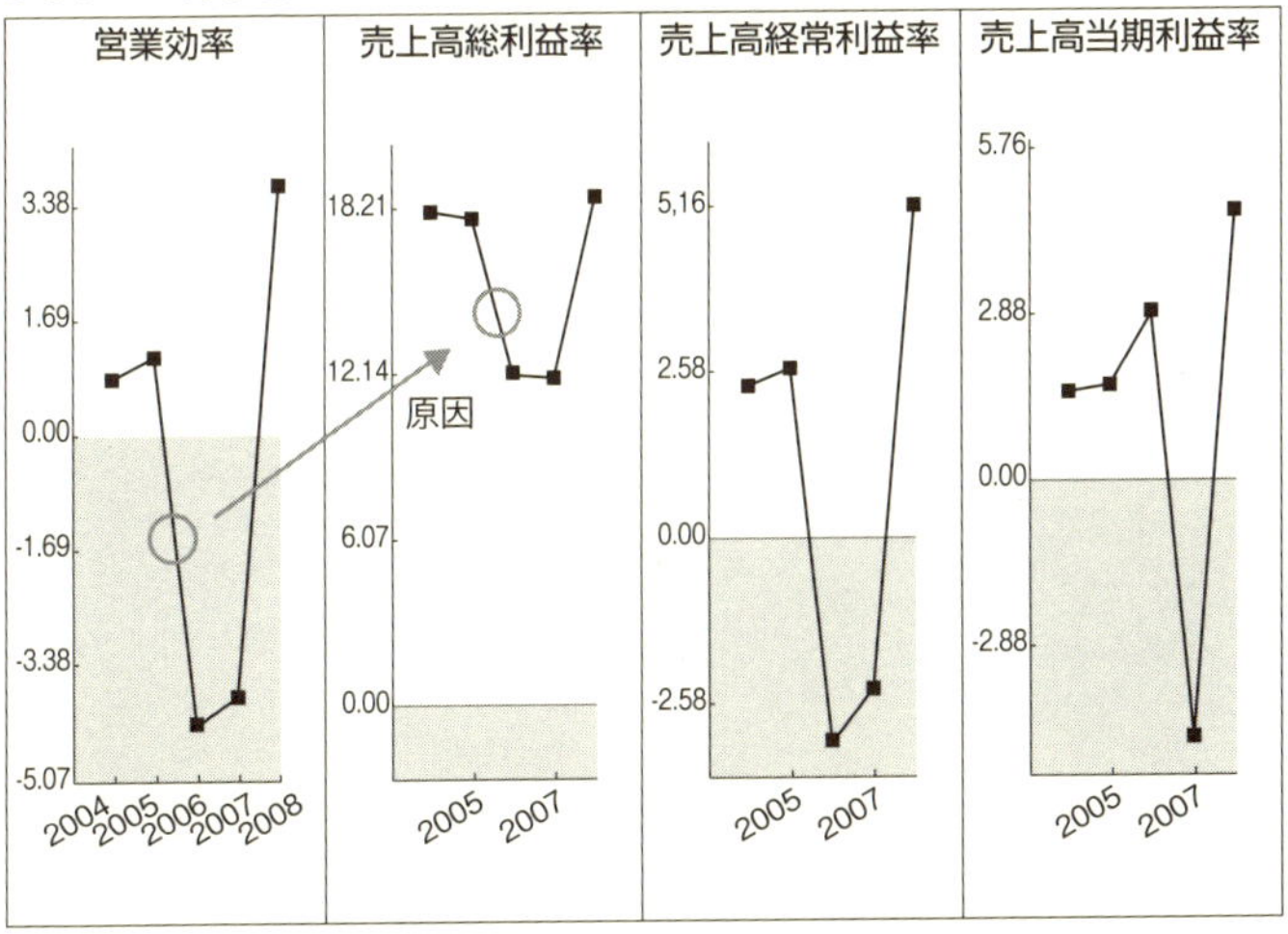

営業効率改善のための計数力

いろいろな会社を分析していると、優良企業は利益率に厳しいバーを設けて達成しようと努力しています。

少し古い例ですが、イトーヨーカ堂は4年かけて売上高総利益率の1％向上に努めています（グラフ8・図表8）。

あれだけの商品数を扱っているのに少しずつ、気の遠くなるような努力をしています。

スーパーなどの小売業は同業他社と同じ商品を扱っているため、すぐに価格競争に陥ってしまいます。そのため、利益率には最も敏感な業界です。

あるスーパー[7]の管理例をお話ししましょう。

グラフ9は毎日の売上高（棒グラフ）とパートの配置（折れ線グラフ）をグラフにしています。売上の多い日から順に並んでいます。1月は売上高とパートの人数に乖離がありました。

これは、売上の少ない日にパートが多く、売上の多い日にパートが少ない状況があるということ

グラフ８　売上高総利益率

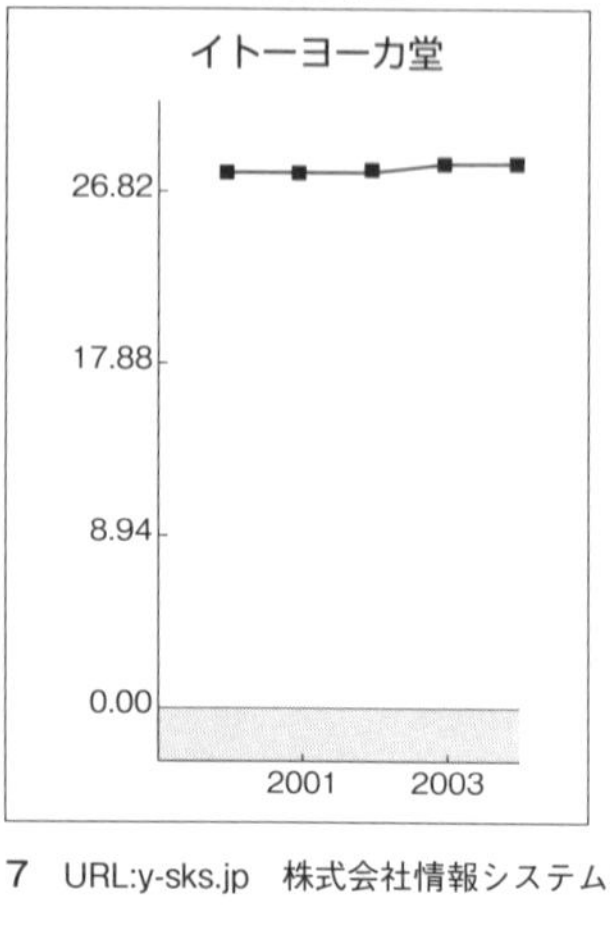

7　URL:y-sks.jp　株式会社情報システム研究所

です。

　これはマネージャーに責任があります。マネージャーは、最適なシフトを組むのが仕事です。しかし、パートの機嫌を損ねるのが嫌で、パートの希望を優先させるため、非効率が生まれるのです。また、これを見抜くには分析が必要ですし、改善するには「見える化」しなければなりません。

　1月のグラフ（グラフ9）を掲示板に貼り出し、無駄を「見える化」した結果、2月は棒グラフと折れ線グラフの

図表8　イトーヨーカ堂

単位：%

	2000年2月	2001年2月	2002年2月	2003年2月	2004年2月
売上高総利益率	28.26	28.15	28.04	28.50	28.61

※前期と比較して改善した指標は網掛けにしています。

グラフ9　A店　売上と人数　1月

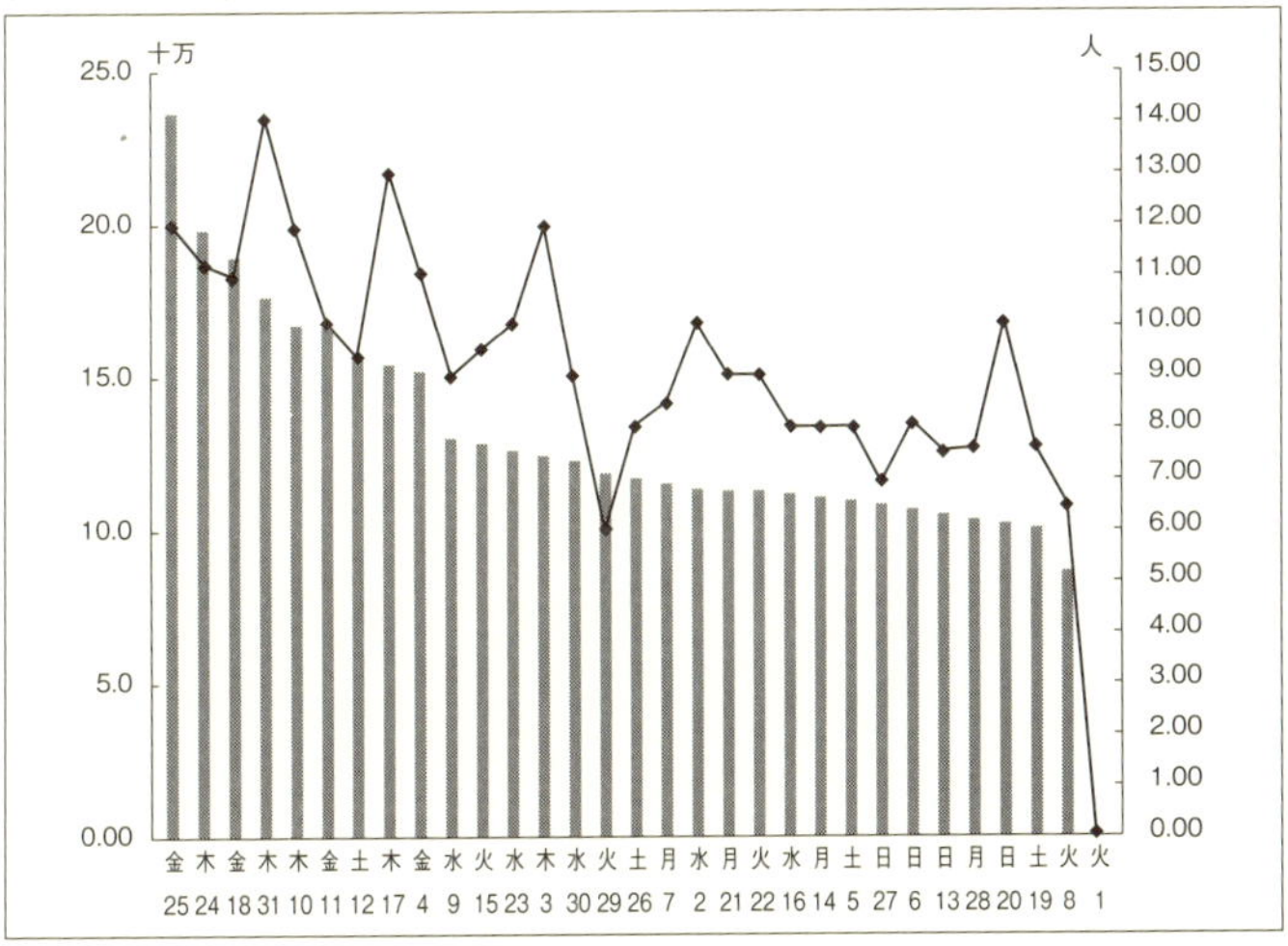

乖離は減少しました（グラフ10）。

営業効率を上げている会社は、このような無駄を徹底的に排除しています。

また外食産業で非常に高い経常利益率を誇る日本レストランシステム株式会社（株式会社ドトールコーヒーと経営統合前）は、２００６年５月期に21・1％を記録した売上高経常利益率を２００７年５月期に21・4％と0.3ポイント押し上げました（グラフ11）。

社長はこの0.3ポイントの利益率アップを自らの著書の中で誇らしげに述べられています。

日本レストランシステムは、以前、

グラフ 10　A店　売上と人数　2月

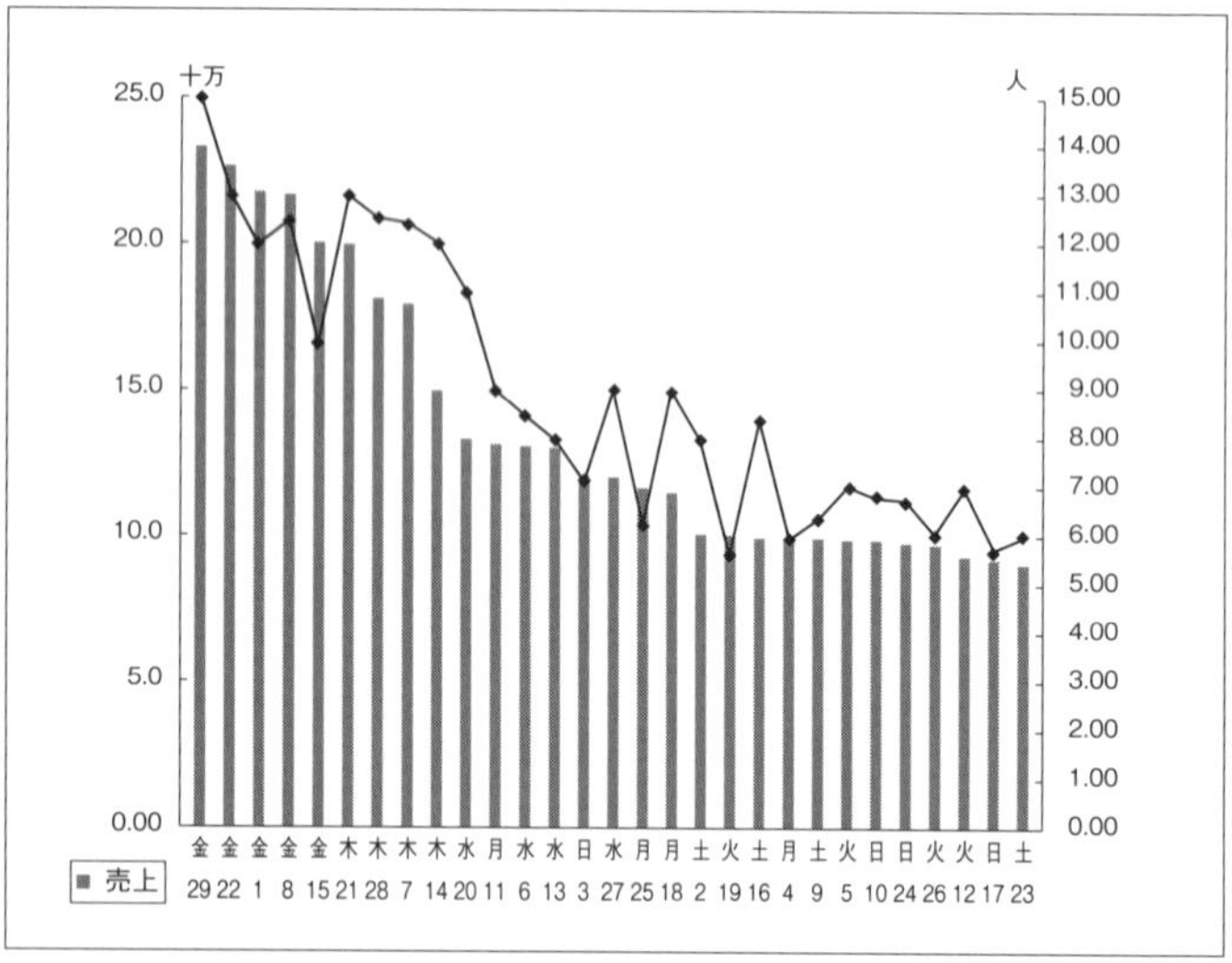

店舗で原価率が上がったため理由を店長に聞くと「キャベツ（例）の値段が上がりました」と答えたといいます。調べたら確かに上がっています。しかし、それでは管理できません。そこで、店舗には標準価格（たとえばキャベツ１キロ１００円）で入れるようにしました。それにより、店舗での不効率の発生は消費量のみとなり、理論原価との差異は0.2％になりました。

　店舗で発生した無駄が「価格による無駄」なのか「消費量による無駄」なのか不明であれば管理はできません。それを分ける工夫をしたということです。

グラフ11　日本レストランシステム

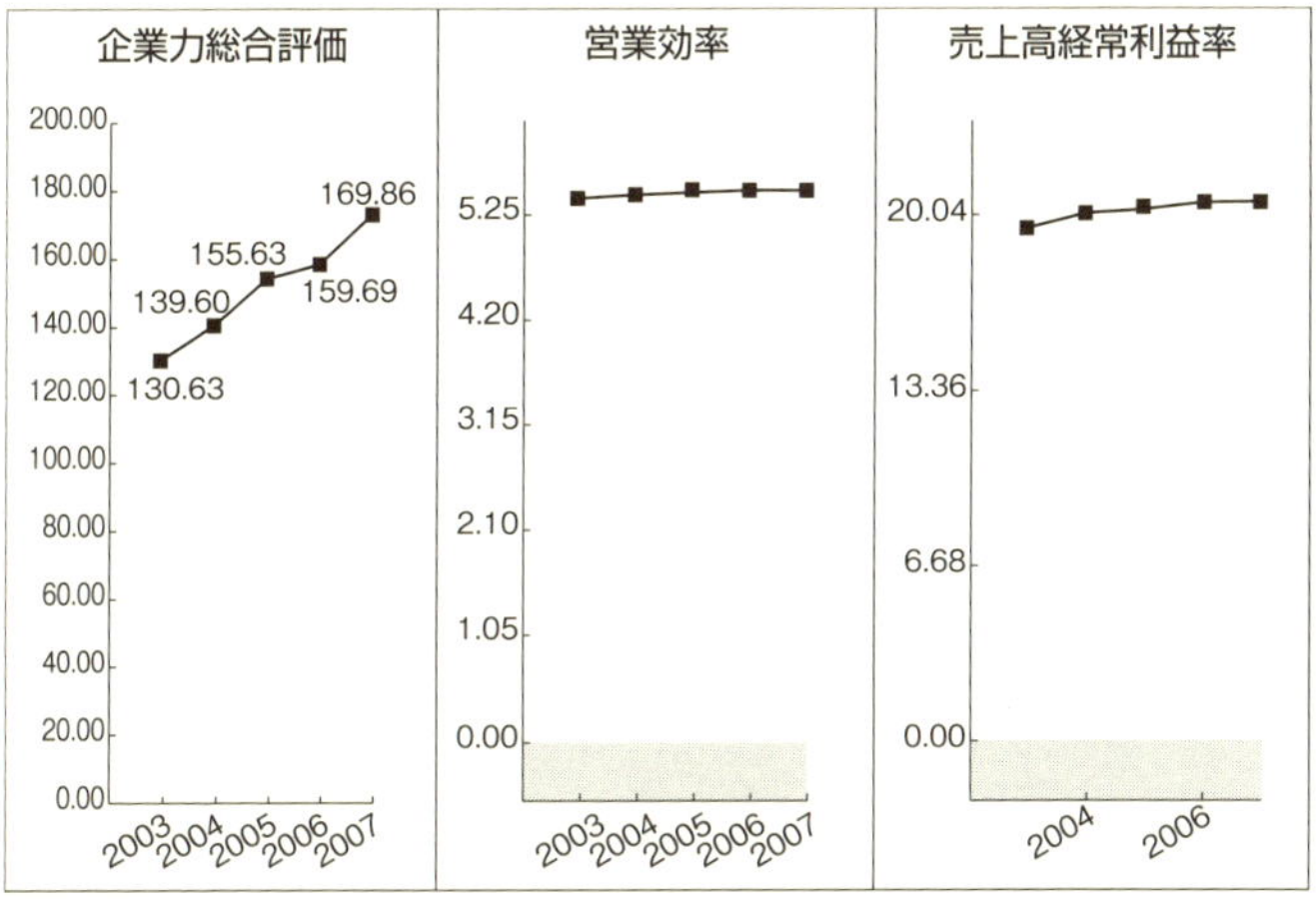

消費量による無駄は店長が叱責されてもやむを得ません。レシピ以上に盛ったか、腐らせたか、誰かが持ち帰ったのか、に限定できるわけですから。

利益率を厳しく追求する企業は安定的な成長をします。当然のことではありますが、この重要性の認識が足りない会社をよく見かけます。

売上高のみを追い求める会社はかえって倒産化します。売上高と利益率の両方を追い求めなければ企業は成長できません。

成長を目指しているのに、見るべき指標が間違っているといわざるを得ません。

さて話を戻しましょう。

日本電産サーボが２００６年に営業効率が悪化した主な原因は売上高総利益率が17・09％から12・96％へと４・13ポイント下落したことが一番響いています。その下落が原因で、営業効率が赤信号領域に突っ込んだのです。

４・13ポイントの利益率下落の意味を危機感に変換して認識してみます（グラフ12）。

売上高総利益率が４・13％下落し営業効率が赤信号領域に突込んだ。それが主要因で総合評価が27・11ポイント下落した。この下落は、来期も同じだけ下げたら「あと1年で破綻懸念領域へ到達する程の危機である（悪化成り行き倍率一年）」です。

日本電産サーボは２００６年、２００７年、必達で営業効率を改善する必要があったのです。当時はまだ日立の子会社でした。２００７年度の決算も無為に過ごし改善をしないまま迎えました。そして２００７年４月、ＴＯＢで日本電産の子会社となったのです。

優秀な経営者を得てよかったといえるのは結果であって、そのまま倒産に至るケースのほうがよほど多いでしょう。

日本電産サーボの場合、売上高総利益率下落の原因が特定され、その改善のための対策を講じなければなりません。

２００６年度は売上高が下落していますので、それを上げる対策、製造原価を下げる対策が必要です。

グラフ 12

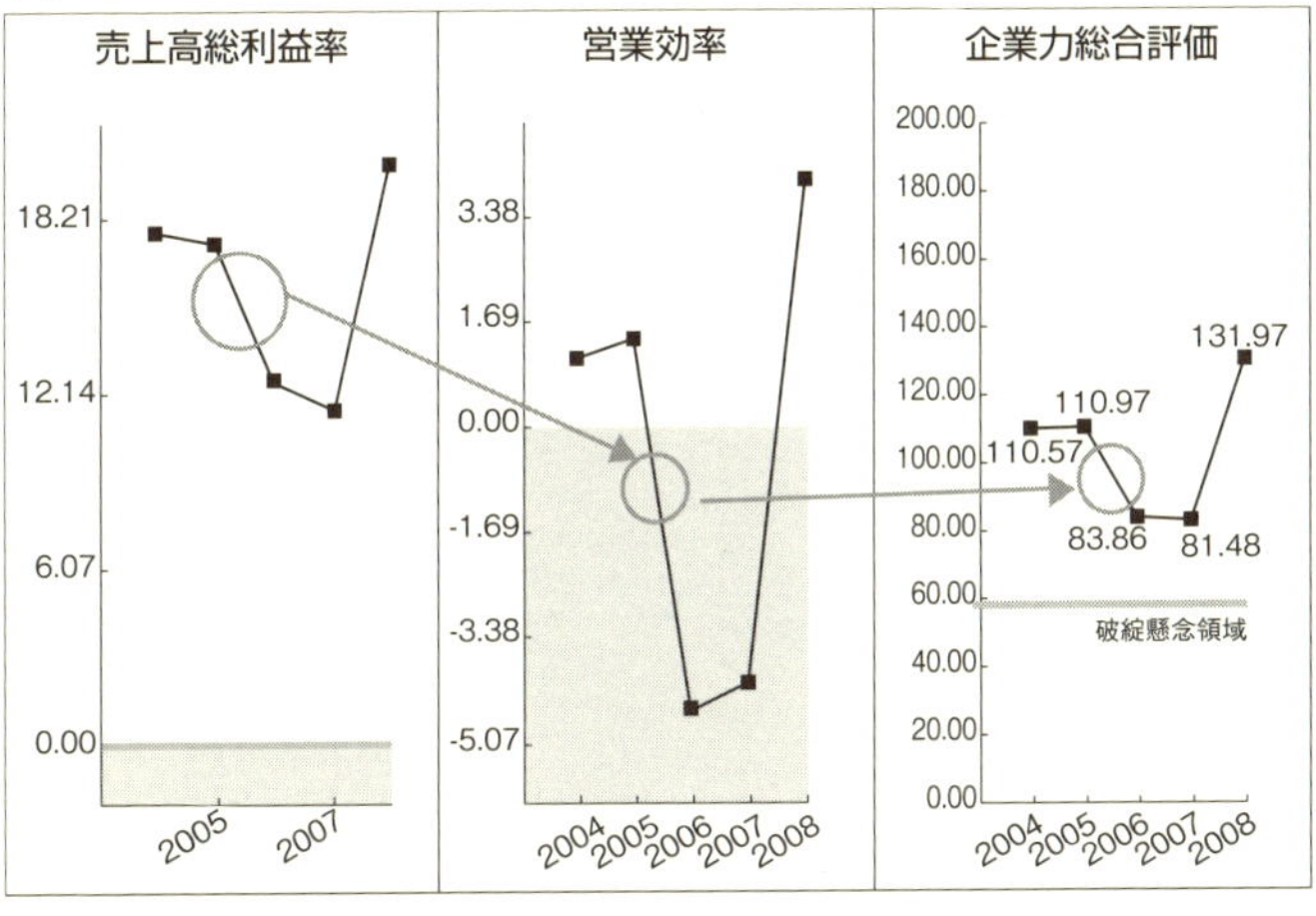

売上高営業利益率の下落が激しい場合は販売費及び一般管理費の、売上高経常利益率の下落が激しい場合は営業外収益・費用の対策を講じます。

売上高総利益率、売上高営業利益率、売上高経常利益率を統合計算し、営業効率として赤信号青信号の判別をし、さらに総合評価へ統合計算がされるのです。

全体性から悪化成り行き倍率一年と分れば、この対策が何にもまして優先され、重要性が高いことが誰の目にも明らかとなります。

第４節　「資本を効率的に使っているか」

断言できないことに気づきましたか?

企業は資本を投入して、儲けを生みます。

甲さんがA社に１０００万円、B社に１００万円出資したとします。１年後、A社が「出資ありがとうございました。２００万円儲けました。」と言い、同じくB社が「出資

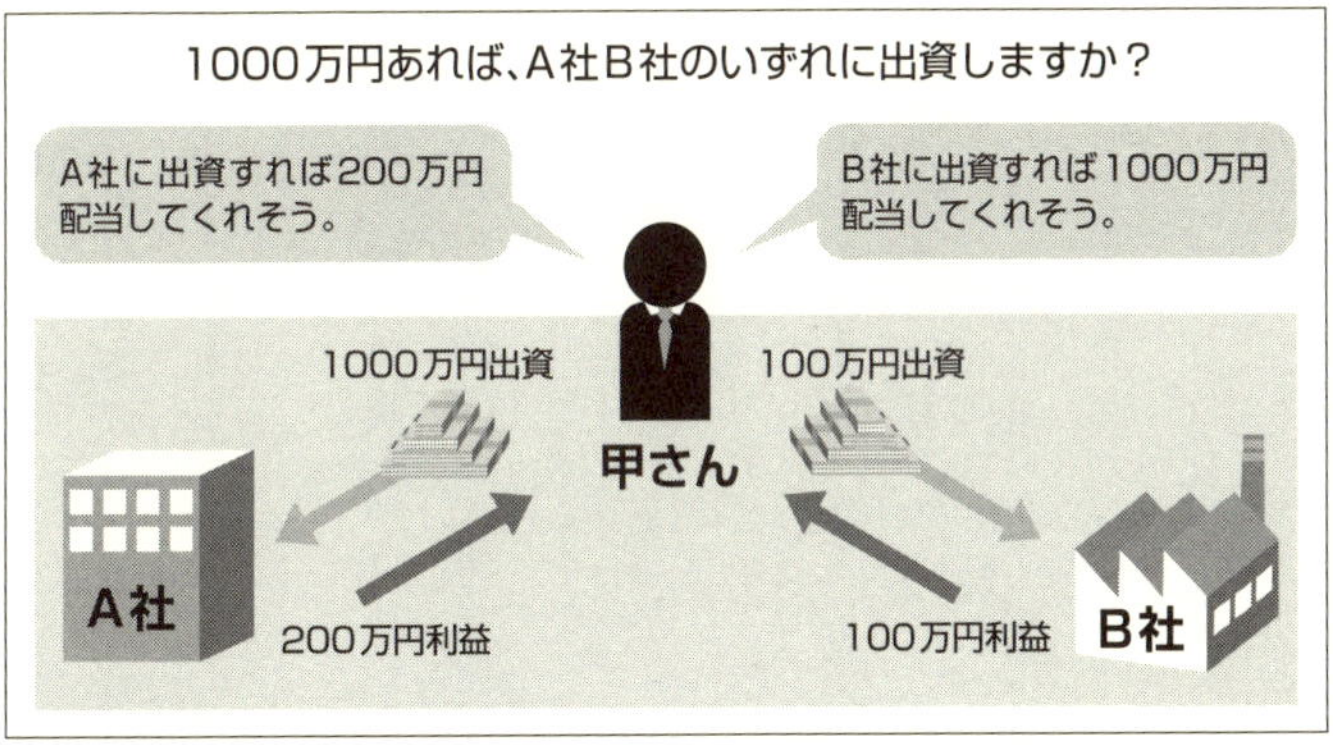
1000万円あれば、A社B社のいずれに出資しますか？
A社に出資すれば200万円配当してくれそう。
B社に出資すれば1000万円配当してくれそう。
甲さん
1000万円出資
100万円出資
A社
B社
200万円利益
100万円利益

①総資本経常利益率＝経常利益÷総資本× 100（単位：%）

経常利益を、それを獲得するために利用した資産総額で割ったもの。投下資本に対していくら稼いだかを示す。

②自己資本経常利益率＝経常利益÷自己資本× 100（単位：%）

経常利益を、それを獲得するために利用した自己資本総額で割ったもの。自己資本は、株主が払い込んだ金額と今まで稼いだ金額の合計。

③自己資本当期利益率＝当期利益÷自己資本× 100（単位：%）

当期利益を、それを獲得するために利用した自己資本で割ったもの。

ありがとうございました。100万円儲けました。」と言ってきました。

さて追加出資するとしたら、どちらにしますか。甲さんにとって、儲けの実額は意味がありません。投下資本に対していくら儲かったかが重要です。A社は20%、B社は100%です。これが資本効率で、資本の利用度を表します。

利用できている、利用できていないを判別する財務指標は資本利益率です。事業に投下した資本でいくらの利益を上げたかの割合を示します。資本利益率には総資本経常利益率、自己資本経常利益率、自己資本当期利益率などがあります。これらを資本効率と名づけましょう。

総資本経常利益率が改善（↑）し、自己資本経常利益率が改善（↑）し、自己資本当期利益率が悪化（↓）した場合、この会社の資本利用度はよくなったのでしょうか。悪くなったのでしょうか。このように、資本の利用度がよくなった・悪くなったという指標一つをとってもわからなくなります。

実例を挙げましょう。日本トランスシティの資本効率の各指標（**図表9**）です。

２００５年と２００７年は3指標すべてが改善、２００８年はすべて悪化で統一されています。

しかし、２００６年は総資本経常利益率、自己資本経常利益率が改善、自己資本当期利益率の指標は悪化しています。では

図表9　日本トランスシティ　資本効率

単位：円・%

	2004年3月	2005年3月	2006年3月	2007年3月	2008年3月
資産合計	93,360,000,000	90,524,000,000	95,341,000,000	93,850,000,000	90,225,000,000
資本合計	31,194,000,000	35,680,000,000	34,999,000,000	36,257,000,000	35,521,000,000
経常利益	2,231,000,000	3,263,000,000	3,921,000,000	4,658,000,000	4,087,000,000
総資本経常利益率	2.39	3.60	4.11	4.96	4.53
自己資本経常利益率	7.15	9.15	11.2	12.85	11.51
当期利益	1,205,000,000	3,721,000,000	332,000,000	2,614,000,000	2,306,000,000
自己資本当期利益率	3.86	10.43	0.95	7.21	6.49

※前期と比較して改善した指標は網掛けにしています。

２００６年は資本の利用度はよくなったのでしょうか、悪くなったのでしょうか。

赤信号か青信号か

その解は、それぞれの指標にウェイトを掛け、それらをまとめ上げた数値の比較によって可能になります。

次に、まとめ上げた指標が良いか悪いかを判別しなければなりません。

これはどれくらいの資本利益率であれば、資本の利用度がよいといえるのか、悪いといえるのかです。

日本トランスシティの場合、２００４年から２００８年までの間、資本の利用度が「ダメな期はどれ？」「ＯＫな期はどれ？」という質問に対し、判断する明確な基準を持つ人は少ないと思います。

その答えをグラフ13に示しておきます。

資本効率は２００５年、２００６年、

グラフ 13　資本効率

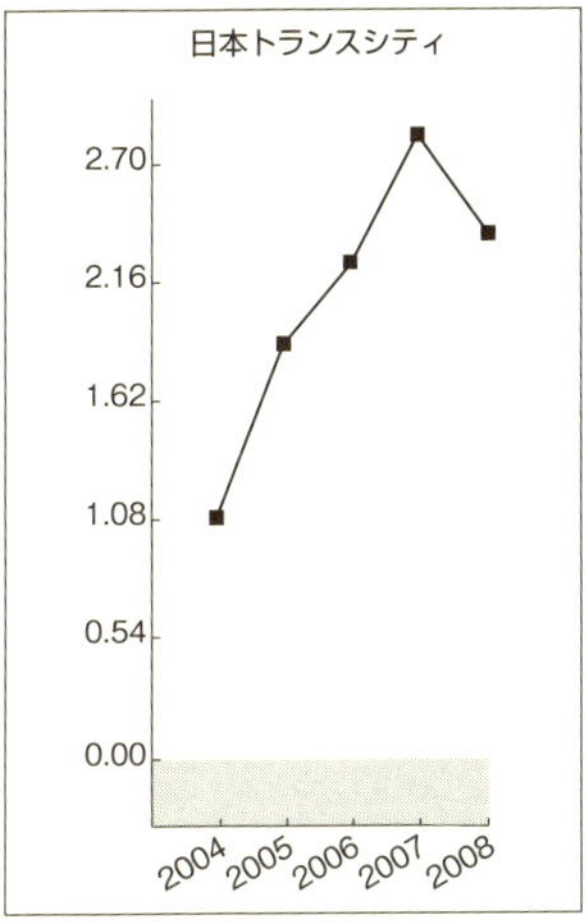

２００７年と改善し、２００８年に悪化しました。

しかし、青信号領域なので、すべての期において資本は効率的に利用されていると断言できます。

「良い、悪い」を断言できない報告には説得力がありません。

人は断言することを嫌います。断言にはリスクが伴うからです。「あのとき、こう言ったじゃないか」と言われるのが嫌なのです。これは当たり前です。未来は不確定なのですから。

しかし、企業の場合、悪化を放置すればつぶれてしまいます。ダメと断言し、社長ががんばって企業力が上がれば「言ってくれてありがとう」となるでしょうし、がんばらなくてもたまたま倒産しなければ「よかったですね」ということであるなら、はっきり言ってあげても大したリスクはありません。

むしろ、黙っているほうが不親切です。

倒産した企業を調べると、この判別で赤信号領域にどっぷり浸かった会社を目にします。赤信号領域は倒産リスクが高く

図表 10　日本電産サーボ　資本効率

単位：円・％

	2004年3月	2005年3月	2006年3月	2007年3月	2008年3月
資産合計	22,279,000,000	23,789,000,000	24,954,000,000	23,300,000,000	19,549,000,000
資本合計	7,352,000,000	7,804,000,000	8,713,000,000	7,140,000,000	8,303,000,000
経常利益	627,000,000	763,000,000	▲898,000,000	▲764,000,000	1,790,000,000
総資本経常利益率	2.81	3.21	▲3.60	▲3.28	9.16
自己資本経常利益率	8.53	9.78	▲10.31	▲10.70	21.56
当期利益	422,000,000	519,000,000	777,000,000	▲1,451,000,000	1,654,000,000
自己資本当期利益率	5.74	6.65	8.92	▲20.32	19.92

※前期と比較して改善した指標は網掛けにしています。

なっています。ハマったらすぐに飛び出さなければなりません。

資本が有効に利用されているかにドリルダウンしてみよう

では、日本電産サーボの資本効率親指標と下位指標を見てみましょう（図表10、グラフ14）。

２００６年に資本効率は激しく下落しました。その結果、２００６年および２００７年は赤信号領域にハマっています。資本効率は赤信号と青信号とに領域を区分して判断します。

「この資本効率の水準ではいけません。必ず脱してください。」と赤信号でアラームを

グラフ14　日本電産サーボ　資本効率親指標と下位指標

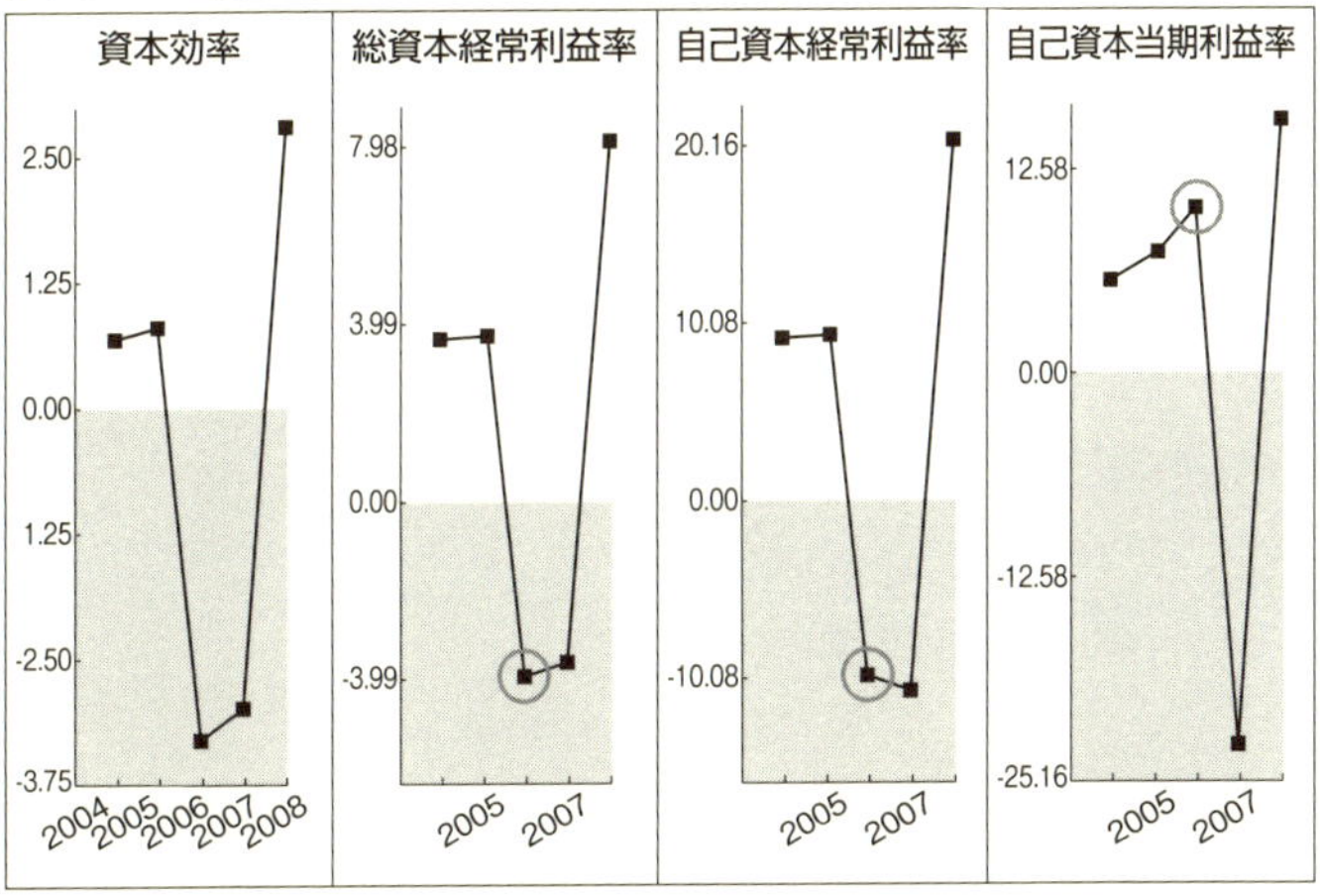

鳴らします。

どうしてこのような判別計算をしなければならないのでしょうか。

資本利益率が５％から２％に下がったとき、普通の人はほとんどその事実さえ認識しないのです。営業効率で見た売上高利益率を気にする人でも資本効率の指標を気にする人は格段に減ってしまいます。

総資本経常利益率、自己資本経常利益率、自己資本当期利益率を統合計算し、資本効率を計算し、さらに総合評価へとまとめ上げられていきます。

２００６年度の資本効率の親指標は赤信号領域にハマっています。資本効率の下位指標、総資本経常利益率、自己資本経常利益率がマイナスなのに自己資本当期利益率はプラスです。（グラフ14）逆にいえば、自己資本当期利益率がプラスでも資本効率の評価に与える影響は少ないということです。

第5節　「生産性は良いですか」

断言できないことに気づきましたか？

「うちの社員はよく働きますから。」こういう社長さんとお会いすると嬉しくなります。まじめに働く姿に誰もが好感を覚えます。しかし、便利な機械やソフトウェアを効率よく使いこなしているかどうかで、作業効率はまったく違ってきます。また、営業マンと管理部員の比率いかんによっても大きな差を生みます。ですから、管理上は、係数で管理し他社比較したりしなければ間違ってしまいます。

そのための財務指標が生産効率です。従業員1人当たりどれだけ売上を上げ、利益を得たかという指標です。生産効率には1人当たり売上高、1人当たり売上総利益、1人当たり経常利益などがあります。これらを生産効率と名づけましょう。

①1人当たり売上高＝売上高÷従業員数（単位：円）
売上高を、従業員数で割ったもの。従業員1人当たりの売上高。

②1人当たり売上総利益＝売上総利益÷従業員数（単位：円）
売上総利益を、従業員数で割ったもの。従業員1人当たりの売上総利益。

③1人当たり経常利益＝経常利益÷従業員数（単位：円）
経常利益を、従業員数で割ったもの。従業員1人当たりの経常利益。

１人当たり売上高が改善（↑）し、１人当たり売上総利益が改善（↑）し、１人当たり経常利益が悪化（↓）した場合、この会社の生産効率は良くなったのでしょうか。悪くなったのでしょうか。このように、生産効率が良くなった・悪くなったと言う指標一つをとっても、どうなっているのかわからなくなります。

実例を挙げましょう。日本ユニシス株式会社の生産効率の各指標（図表11）です。

２００５年はすべての指標が改善しました。

２００６年は１人当たり売上高が改善、１人当たり売上総利益および１人当たり経常利益が悪化しています。

２００７年は１人当たり売上高、１人当たり売上総利益が悪化、１人当たり経常利益が改善しています。

２００８年は１人当たり売上高が悪化、１人当たり売上総利益および１人当たり経常利益が改善しています。

では２００６年、２００７年、２００８年は、生産効率は良く

図表 11　日本ユニシス　生産効率

単位：円・人

	2004年3月	2005年3月	2006年3月	2007年3月	2008年3月
総従業員数	8,729	8,675	8,508	8,527	9,512
固定資産合計	309,417,000,000	308,868,000,000	317,488,000,000	307,455,000,000	337,759,000,000
1人当たり売上高	35,447,016	35,604,380	37,316,173	36,056,644	35,508,726
売上総利益	74,481,000,000	75,927,000,000	68,934,000,000	63,197,000,000	86,032,000,000
1人当たり売上総利益	8,532,593	8,752,392	8,102,257	7,411,399	9,044,575
経常利益	4,395,000,000	10,533,000,000	4,870,000,000	6,647,000,000	19,266,000,000
1人当たり経常利益	503,494	1,214,179	572,402	779,524	2,025,422

※前期と比較して改善した指標は網掛けにしています。

なったのでしょうか、悪くなったのでしょうか。

赤信号か青信号か

その解は、それぞれの指標にウェイトを掛け、それらをまとめ上げた数値の比較によって可能になります。

２００６年改善、２００７年悪化、２００８年悪化です。

次に、まとめ上げた指標が良いか悪いかを判別しなければなりません。

問題は、これがどれくらいの生産効率であれば良いといえるのか、悪いといえるのかです。

日本ユニシスの場合、２００４年から２００８年までの間で生産効率が「ダメな期はどれ？」「ＯＫな期はどれ？」という質問に対して判断する明確な基準を持つ人は少ないと思います。

その答えをグラフ15に示しておきます。

グラフ 15　生産効率

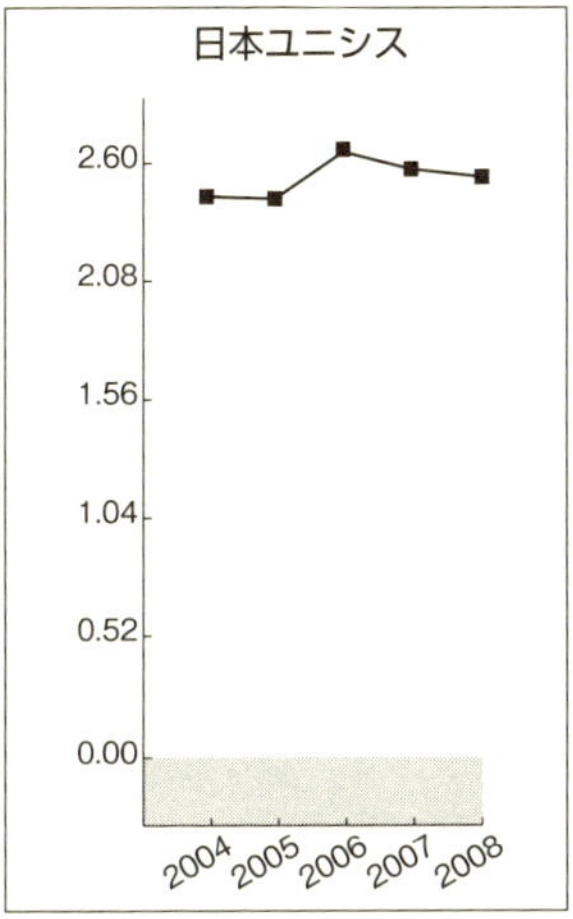

生産効率は２００５年は横ばい、２００６年に改善していますが、２００７年、２００８年と悪化しました。

しかし、すべての期について、生産性は上がってＯＫと断言できます。

断言できないと、報告の言葉は社長の心に素直に届きにくくなります。それは、有効な手立てを必達で実行する方向に向けるのを困難にすることを意味します。

倒産した企業を調べると、この判別で赤信号領域にどっぷり浸かった会社を目にします。赤信号領域は倒産リスクが高くなっています。ハマったらすぐに飛び出さなければなりません。

生産性が上がっているかにドリルダウンしてみよう

では、日本電産サーボの生産効率親指標と下位指標を見てみましょう（図表12・グラフ16）。

生産効率は２００５年から２００７年にかけて連続で下落して

図表 12　日本電産サーボ　生産効率

単位：円

	2004 年 3 月	2005 年 3 月	2006 年 3 月	2007 年 3 月	2008 年 3 月
総従業員数	3,377	3,830	3,822	4,189	3,919
売上高合計	27,978,000,000	30,666,000,000	28,647,000,000	32,177,000,000	35,046,000,000
1 人当たり売上高	8,284,868	8,006,789	7,495,290	7,681,308	8,942,587
売上総利益	4,931,000,000	5,242,000,000	3,712,000,000	4,010,000,000	6,806,000,000
1 人当たり売上総利益	1,460,172	1,368,668	971,219	957,269	1,736,668
経常利益	627,000,000	763,000,000	▲ 898,000,000	▲ 764,000,000	1,790,000,000
1 人当たり経常利益	185,668	199,217	▲ 234,956	▲ 182,382	456,749

います。２００８年に改善に転じました。しかし、全期間を通じて赤信号領域にハマっています。このことは、「この生産効率ではダメです。必ず改善して青信号領域へ行けるようにしてください。」ということを教えています。

２００４年から赤信号領域にどっぷり浸かっており、悪い状態が放置されたままになっています。生産効率が悪いとは、従業員数が多すぎることを意味しますし、それは給料の負担が大きいことを意味しますから、営業効率も悪いわけです。

通常リストラをすべきところでしょうが、日本電産サーボの永守さんの手法は人をリストラしませんので、急には数値は上

グラフ16　日本電産サーボ　生産効率親指標と下位指標

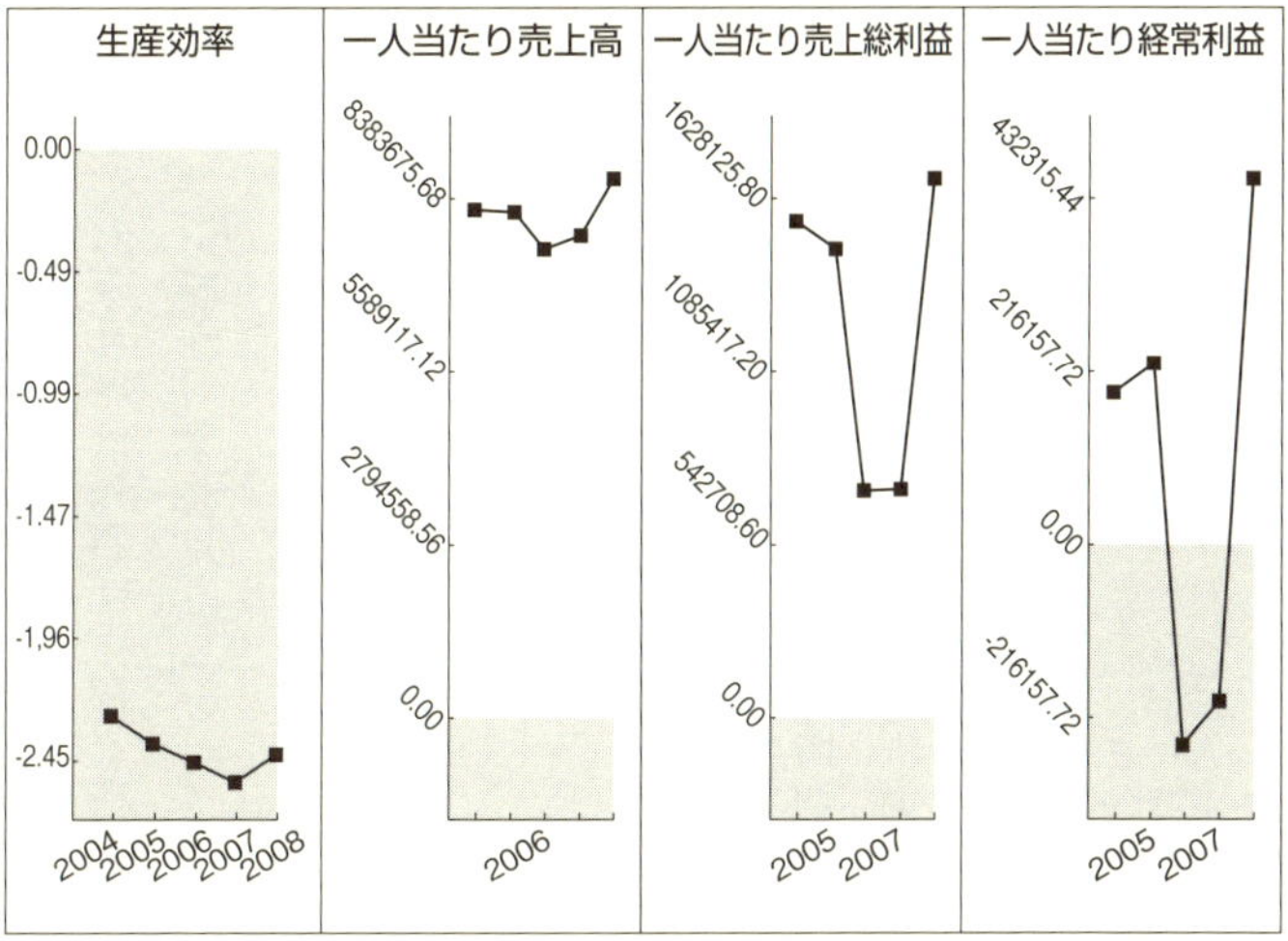

がってきません。しかし、２００８年度に改善に転じたことに気づかれたことでしょう。

生産効率の指標は、従業員の直間比率や業務の不効率があると赤信号領域に行く指標です。間接人員が辞めたら新たに雇わない、または営業マンを雇う、業務見直しを行うなどにより改善します。

逆に、１人当たり売上高、１人当たり売上総利益、１人当たり経常利益を統合計算して、生産効率を判別計算し赤信号、青信号と分けているのです。

生産効率改善のための計数力

これらの指標は同業他社と比較する、時系列で見ると改善点がよくわかります。この比較分析を行っていない会社が多くあります。社長に対して社員はたとえ暇でも「時間に余裕ができました」とは言いません。忙しい時にだけ「忙しいです」と言う社員が圧倒的に多いからではないでしょうか。

第6節「資産の利用度は良いか」

断言できないことに気づきましたか?

企業は多くの資産を利用して活動します。したがって、資産を効率的に利用しているかどうかをチェックする必要があります。資産の利用がうまくいかないと、利益が逃げてしまうからです。

「資産の利用状況は良くなっているか」と問われたら、貴方はどう答えますか。

良くなっている、悪くなっているを判別する財務指標は資産効率です。資産・負債の勘定科目を1か月分の売上高で割って計算します。資産効率には棚卸資産回転期間、売上債

①棚卸資産回転期間＝棚卸資産額÷１か月分の売上高（単位：か月）

１か月分の売上高で計った棚卸資産のボリューム。短すぎれば、注文があったとき欠品で売上を逃す危険が大きくなり、長すぎれば、資金負担が多くなり不利になる。

短ければよい指標。

棚卸資産とは、商品、製品、仕掛品、貯蔵品など。

②売上債権回転期間＝売上債権額÷１か月分の売上高（単位：か月）

１か月分の売上高で計った売掛債権のボリューム。短ければ、売上後すぐ現金を回収しているわけだからよい。長すぎれば、資金的に不利になる。

短ければよい指標。

売上債権とは、受取手形、売掛金など。

③買入債務回転期間＝買入債務額÷１か月分の売上高（単位：か月）

１か月分の売上高で計った買入債務のボリューム。短すぎれば、資金的に不利、長ければ、資金的に有利になる。

長ければよい指標。

買入債務とは、支払手形、買掛金など。

権回転期間、買入債務回転期間などがあります。

棚卸資産回転期間が改善（↓）し、売上債権回転期間が改善（↓）し、買入債務回転期間が悪化（↓）した場合、この会社の資産効率は良くなったのでしょうか。悪くなったのでしょうか。このように、資産効率が良くなった・悪くなったという指標一つをとっても、どうなっているのか分らなくなるのです。

実例を挙げましょう。エステティック業界唯一の上場企業、株式会社ラ・パルレの資産効率の各指標（図表13）です。

２００５年は、棚卸資産回転期間は悪化していますが、売上債権回転期間、買入債務回転期間は改善しています。

２００６年は、棚卸資産回転期間は改善していますが、売上債権回転期間、買入債務回転期間は悪化して

図表13　ラ・パルレ　資産効率

単位：円・ヶ月

	2004年3月	2005年3月	2006年3月	2007年3月	2008年3月
棚卸資産	237,778,000	325,727,000	347,570,000	946,511,000	571,366,000
売上債権	558,941,000	522,388,000	703,673,000	1,267,484,000	577,172,000
買入債務	34,859,000	232,562,000	128,570,000	254,075,000	158,115,000
売上高合計	6,956,415,000	7,825,246,000	10,342,813,000	17,115,132,000	15,753,743,000
月商	579,701,250	652,103,833	861,901,083	1,426,261,000	1,312,811,917
棚卸資産回転期間	0.41	0.50	0.40	0.66	0.44
売上債権回転期間	0.96	0.80	0.82	0.89	0.44
買入債務回転期間	0.06	0.36	0.15	0.18	0.12

※前期と比較して改善した指標は網掛けにしています。

います。

２００７年は、棚卸資産回転期間と売上債権回転期間は悪化していますが、買入債務回転期間は改善しています。

２００８年は、棚卸資産回転期間、売上債権回転期間は改善していますが、買入債務回転期間は悪化しています。

２００５年、２００６年、２００７年、２００８年は資産効率は改善したのでしょうか、悪化したのでしょうか。

赤信号か青信号か

その解は、それぞれの指標にウェイトを掛け、それらをまとめ上げた数値の比較によって可能になります。

２００５年は横ばいですが、２００６年以降改善しています。

次に、まとめ上げた指標が良いか悪いかを判別しなければなりません。

問題は、これがどれくらいの資産効率であれば良いといえるのか、悪いといえるのかです。

ラ・パルレの場合、２００４年から２００８年までの間で資産効率が「ダメな期はどれ？」「ＯＫな期はどれ？」という質問に対して判断する明確な基準を持つ人は少ないと思います。

ラ・パルレでは「すべての期でＯＫ」と答えることができます。

その答えをグラフ17に示しておきます。

２００４年から２００８年にかけて資産効率は良いと断言できます。

断言できないと、報告の言葉は社長の心に素直に届きにくくなります。それは、有効な手立てを必達で実行する方向に向けるのを困難にすることを意味します。

倒産した企業を調べると、この判別で赤信号領域にどっぷり浸かった会社を目にします。赤信号領域は倒産リスクが高くなっています。ハマったらすぐに飛び出さなければなりません。

ちなみに、ラ・パルレは２００８年３月期の決算で業績は急激に落ち込んでいます。

グラフ 17　資産効率

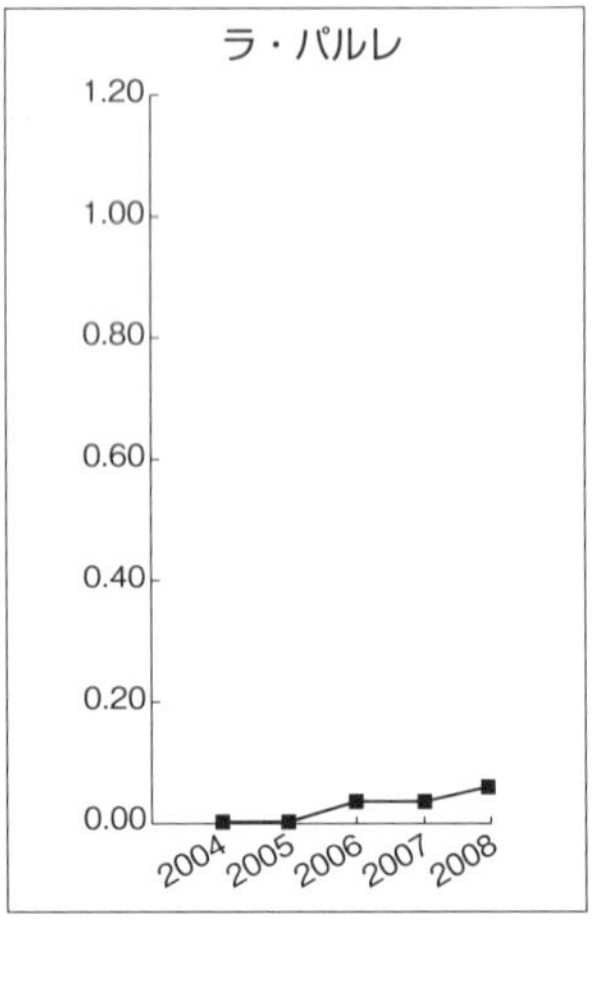

グラフ 18　ラ・パルレ

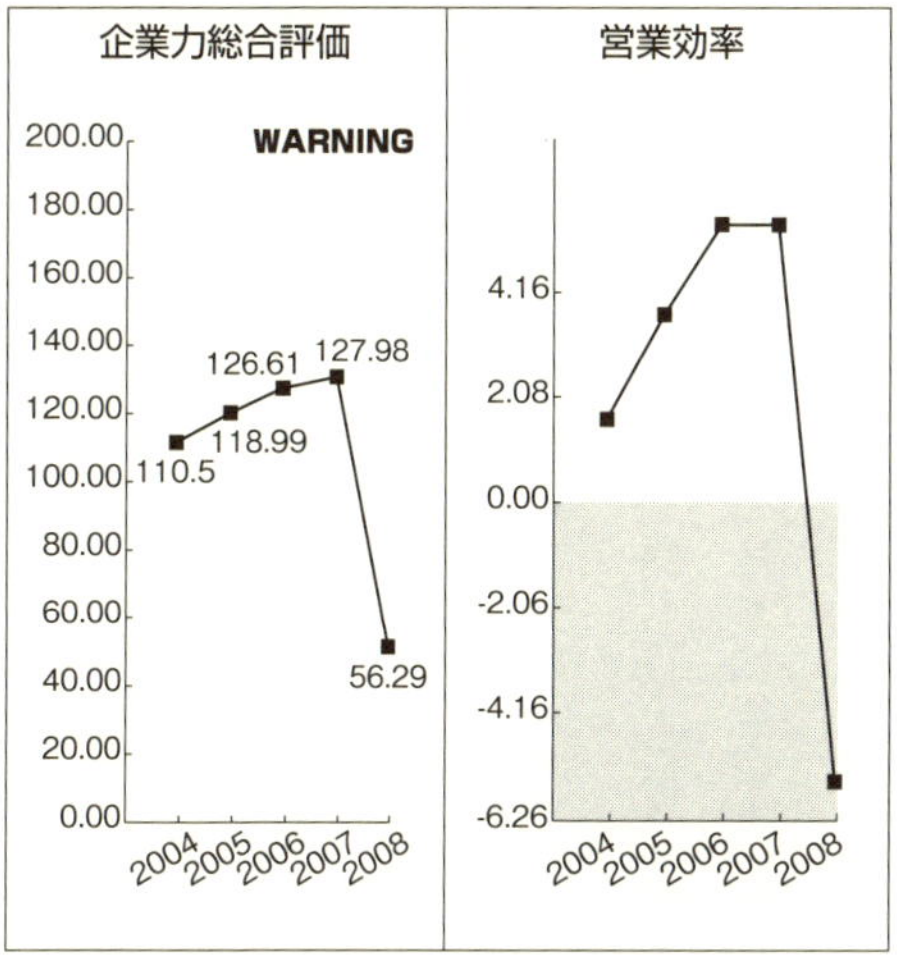

グラフ 19　日本電産サーボ　資産効率親指標と下位指標

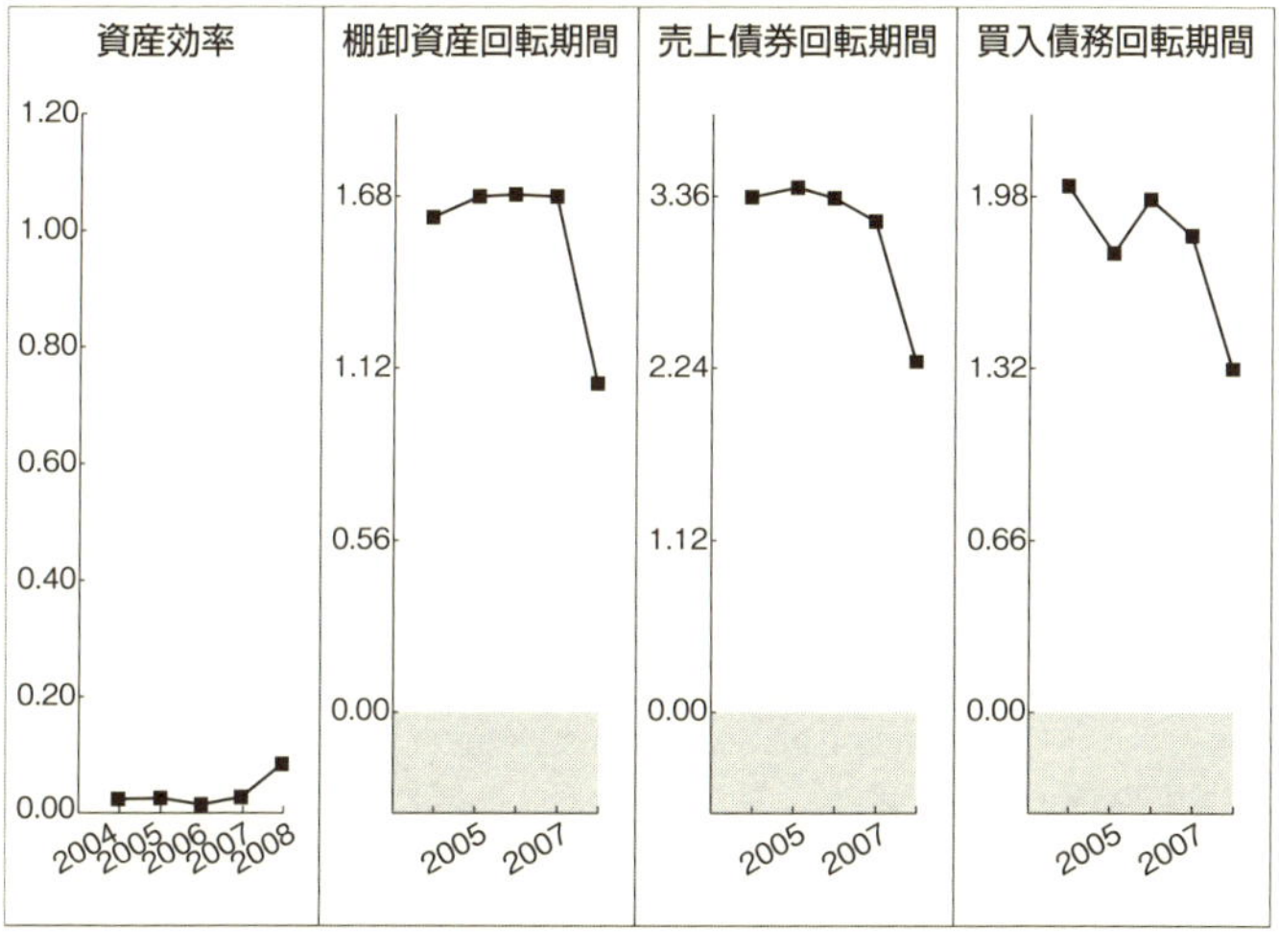

監査法人から「継続企業の前提（ゴーイングコンサーン）に重要な疑義がある」との意見が付されました。（グラフ18）

資産を有効に利用しているかにドリルダウンしてみよう

では、日本電産サーボの資産効率の各指標を見ていきましょう（図表14・グラフ19）。

資産効率は青信号領域にあります。下位の指標は棚卸資産回転期間、売上債権回転期間、買入債務回転期間などです。資産効率はこれら下位指標のほかに総資本回転期間などを統合計算しています。

下位指標の棚卸資産回転期間、売上債権回転期間、買入債務回転期間などがまとめ上げられ、資産効率が赤信号領域、青信号領域に判別計算されます。日本電産サーボは5期間を通して青信号領域です。

棚卸資産回転期間は短いとよい指標ですので、改善トレンド

図表 14　日本電産サーボ　資産効率　　単位：円・月

	2004年3月	2005年3月	2006年3月	2007年3月	2008年3月
棚卸資産	3,742,000,000	4,445,000,000	4,301,000,000	4,650,000,000	3,200,000,000
売上債権	8,221,000,000	9,162,000,000	8,373,000,000	8,633,000,000	7,333,000,000
買入債務	4,896,000,000	4,868,000,000	4,970,000,000	5,277,000,000	4,497,000,000
売上高合計	27,978,000,000	30,666,000,000	28,647,000,000	32,177,000,000	35,046,000,000
月商	2,331,500,000	2,555,500,000	2,387,250,000	2,681,416,667	2,920,500,000
棚卸資産回転期間	1.60	1.74	1.80	1.73	1.10
売上債権回転期間	3.53	3.59	3.51	3.22	2.51
買入債務回転期間	2.10	1.90	2.08	1.97	1.54

です。

売上債権回転期間も短いとよい指標ですので、改善トレンドです。

買入債務回転期間は長くなるとよい指標ですので、悪化トレンドです。

各指標は時系列トレンドで見る必要もありますが、同業他社と比べることによって自社の取引が業界の中で有利か不利かがわかり、契約条件の見直しなどに着手します。

この指標の改善は回りまわって営業効率に行きます。

資産効率改善のための計数力

資産効率は他の指標と異なり、「赤信号領域であればダメ」とは言えない指標です。
数多くの企業を分析し、調べていくと、資産効率は悪くても営業効率や流動性、安全性も高く、総合評価が高い会社を見ることができます。たとえば、株式会社キーエンスがその典型です。（グラフ20）
同社は総資本回転期間が30・6か月あります。通常、総資本回転期間が12か月以上はよくないといわれます。しかし、善循環を起こす会社を見る限り、一般的にいわれている基準が空論に思えます。

日本電産サーボに話を戻します。

棚卸資産回転期間が同業他社は1か月であったとします。2005年に日本電産サーボ（当時は旧社名）も1か月であったとすると、0・74か月分（1・74－1か月）約19億円（44億4500万円÷1・74×0・74）ほど棚卸資産を過剰に抱え込んでいたわけです。これに必要な資金を借入金で賄っていたとすれば、金利2.4％として4537万円（19億円×2.4％）の金利を発生させており、営業効率を悪化させる原因となっていました。

その期の経常利益率2・49％で割ると18億2200万円（4537万円÷2・49％）の売上に匹敵する利益を逃していた

グラフ20　キーエンス

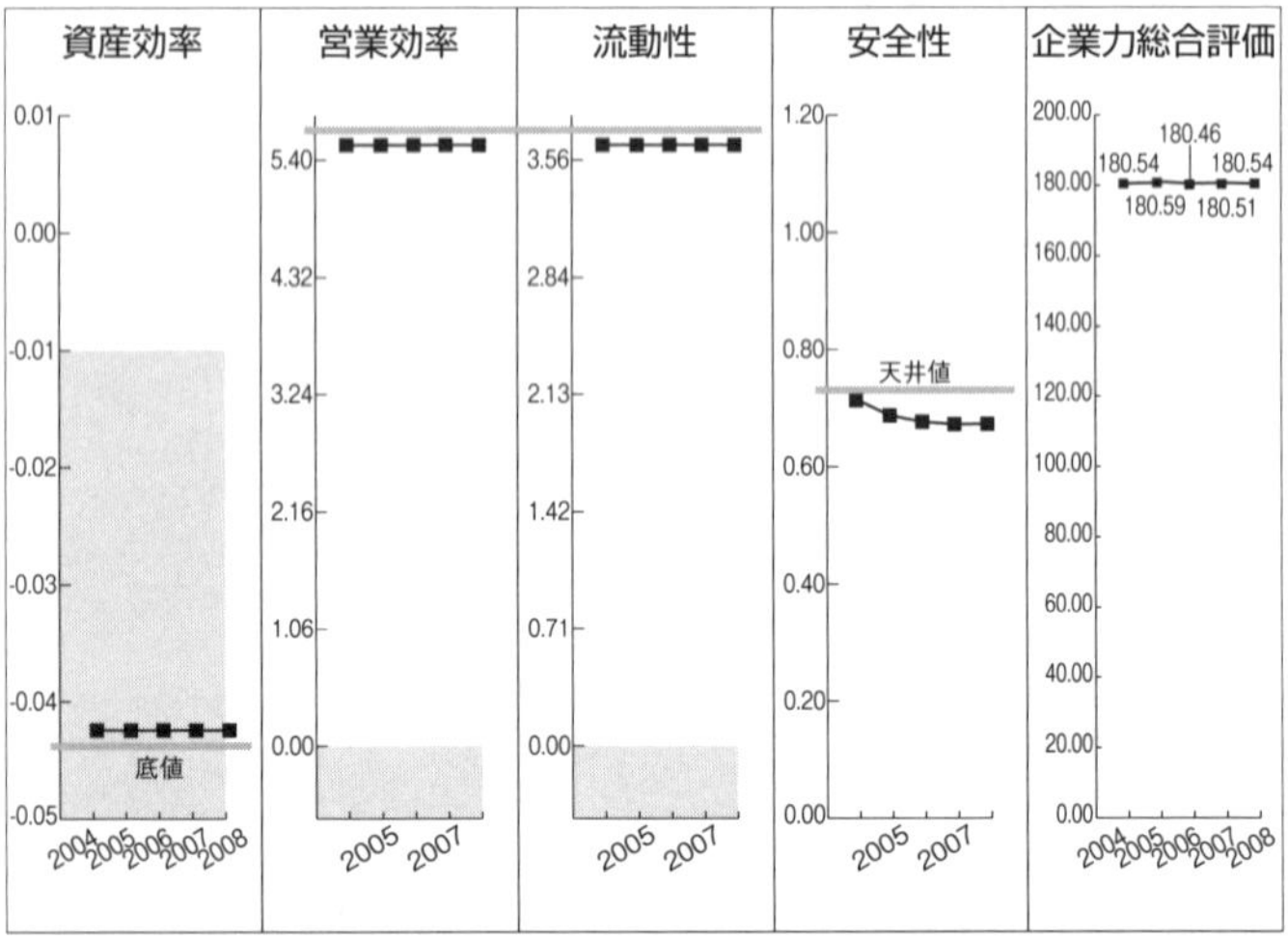

ことになります。

売上債権回転期間、買入債務回転期間についても同じことがいえます。

売上が上がらなくて悩んでいる社長さんは、すぐに計算してみてください。

よく経営改善手法の1つに5S（整理、整頓、清掃、清潔、躾）がいわれます。それは的を射ています。整理整頓すれば、確実に不良在庫や棚ざらし、売れない物の大量発注、在庫が社員に「見える化」してしまいます。そこで社員が改善行動を起こします。

第7節「短期資金の状況は良いか」

断言できないことがわかりましたか？

短期に支払わなければならない債務に対し、現金化の早い資産を十分持っていないと、支払資金に詰まってしまいます。支払不能になれば信用を損ない、倒産することもあります。

「短期の資金の状況は良くなっているか」と聞かれたら、貴方はどう答えますか。

良くなっている、悪くなっているを判別する財務指標は流動性です。流動資産の項目を流動負債で割って計算します。流動性には流動比率、当座比率、現金預金比率などがあります。

流動比率が改善（↑）し、当座比率が改善（↑）し、現金預金比率が悪化（↓）した場合、この会社の流動性は良くなったのでしょうか。悪くなったのでしょうか。このように、流動性が良くなった・悪くなったという指標一つをとっても、いったいどうなっているのかわからなくなるのです。

実例を挙げましょう。ゼファーの流動性の各指標（図表15）です。

２００７年は３指標すべてが改善、２００８年は

①流動比率＝流動資産÷流動負債× 100（単位：%）

流動負債は１年以内に支出が見込まれる負債。その支払原資が流動資産。
流動負債に対して流動資産がどれだけあるかを示す。
数字が大きいほどよい指標です。

②当座比率＝当座資産÷流動負債× 100（単位：%）

流動負債に対して当座資産がどれだけあるかを示す。
当座資産は現金預金、有価証券、売掛債権など、流動資産の中でも現金化しやすい資産。

数字が大きいほどよい指標です。

③現金預金比率＝現金預金÷流動負債× 100（単位：%）

流動負債に対して現金預金がどれだけあるかを示す。
数字が大きいほどよい指標です。

悪化の指標で統一されています。

しかし、２００５年は流動比率が改善、他２指標は悪化しています。

２００６年は現金預金比率のみ改善で、他２指標は悪化しています。

２００５年、２００６年は短期の資金の状況は改善したのでしょうか、悪化したのでしょうか。

赤信号か青信号か

その解は、それぞれの指標にウェイトを掛け、それらをまとめ上げた数値の比較によって可能になります。

次に、まとめ上げた指標が良いか悪いかを判別しなければなりません。

これは、どれくらいの比率であれば、短期の資金の状況が良い、悪いといえるのかです。

図表 15　ゼファー　流動性

単位：円・%

	2004年3月	2005年3月	2006年3月	2007年3月	2008年3月
流動負債合計	35,937,936,000	46,110,464,000	66,851,000,000	86,830,000,000	80,792,000,000
流動資産合計	57,238,787,000	77,240,641,000	88,821,000,000	158,655,000,000	136,023,000,000
流動比率	159.27	167.51	132.86	182.72	168.36
当座資産	13,562,954,000	15,465,832,000	20,612,000,000	31,355,000,000	25,667,000,000
当座比率	37.74	33.54	30.83	36.11	31.77
現金預金	13,106,930,000	9,962,868,000	17,170,000,000	28,219,000,000	14,429,000,000
現金預金比率	36.47	21.61	25.68	32.5	17.86

ゼファーの場合、２００４年から２００８年までの間、短期資金の状況が「ダメな期はどれ？」「ＯＫな期はどれ？」という質問に対して判断する明確な基準を持つ人は少ないと思います。

その答えをグラフ21に示しておきます。

流動性は２００５年と２００７年に改善していますが、２００６年と２００８年は悪化しました。

しかし、２００４年から２００８年の流動性は青信号領域で、短期の資金の状況が良かったと断言できます。

「良い、悪い」を断言できないと報告の言葉に説得力が欠け、有効な手立てを必達で実行するという方向に向けることは困難になります。

倒産した企業を調べると、この判別で赤信号領域にどっぷり浸かった会社を目にします。赤信号領域は倒産リスクが高くなっています。ハマったらすぐに飛び出さなければなりません。

グラフ21　流動性

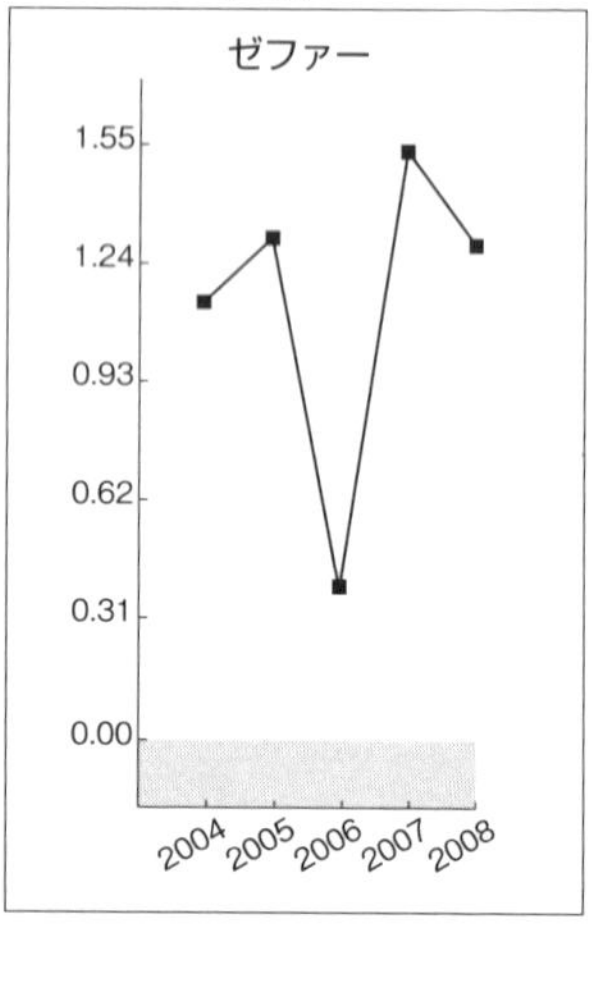

流動性がどっぷり赤信号領域に入って何年も経っている会社があります。「資金繰りを回す」という発想のみで行くと、支払いに困らないように手当てするばかりで、抜本的な改善をしないまま時が過ぎていきます。

また、借入を起こし、現金預金は山ほどあり流動性は天井値を示していても、支払金利で営業効率が悪化している会社もよく見かけます。銀行が貸してくれると安心でうれしいので、ついつい…なのかもしれません。財務指標は相互関連性が強く、「一方がよくなっても、もう一方が悪化」ということが多くあります。注意してチェックしなければなりません。

短期の資金繰りがよいかにドリルダウンしてみよう

では、日本電産サーボの流動性の指標と下位指標を見てみましょう（図表16・グラフ22）。

流動性は青信号領域にあります。青信号の中でも2005年と

図表16　日本電産サーボ　流動性　　単位：円・%

	2004年3月	2005年3月	2006年3月	2007年3月	2008年3月
流動負債合計	12,162,000,000	13,169,000,000	13,301,000,000	13,036,000,000	8,683,000,000
流動資産合計	16,850,000,000	17,972,000,000	18,894,000,000	16,636,000,000	13,605,000,000
流動比率	138.55	136.47	142.05	127.62	156.69
当座資産	12,015,000,000	12,547,000,000	13,699,000,000	11,152,000,000	9,850,000,000
当座比率	98.79	95.28	102.99	85.55	113.44
現金預金	3,745,000,000	3,343,000,000	4,270,000,000	2,465,000,000	2,467,000,000
現金預金比率	30.79	25.39	32.1	18.91	28.41

２００７年は下落しましたが、２００６年、そして２００８年は改善しています。Ｗ型に悪化・改善している様子がよくわかります。

流動性は青信号領域・赤信号領域に区分して判別計算します。判別計算をしなければ、短期の資金の状況が良いのか悪いのか明確にわからないからです。わからずに悪いまま放置されると、短期資金がひっ迫しやすくなり、倒産などのリスクが高くなります。

下位の指標は流動比率、当座比率、現金預金比率などです。流動性はこれら下位指標などを統合計算しています。

グラフ22　日本電産サーボ　流動性親指標と下位指標

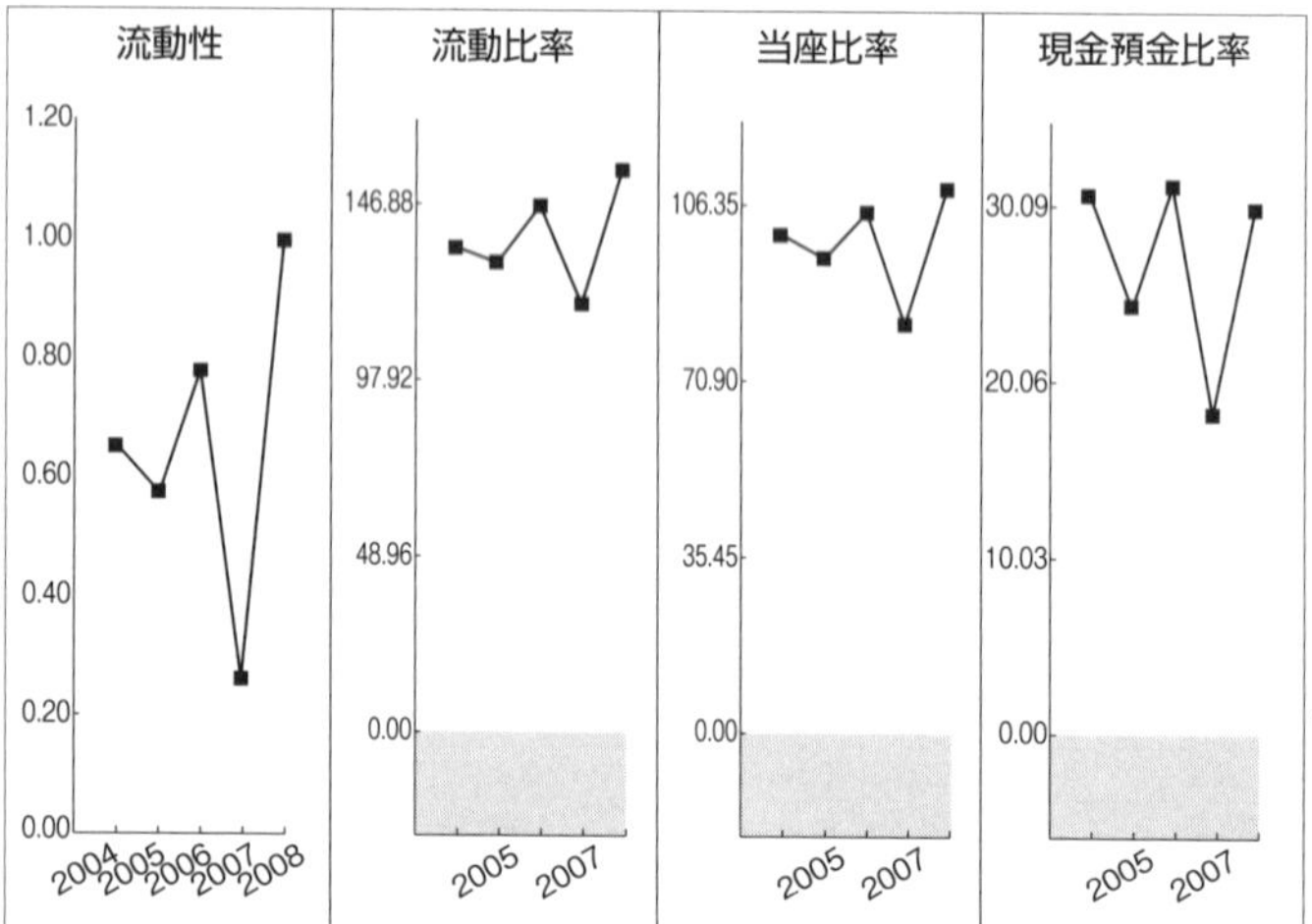

流動性改善のための計数力

流動性は営業の影響、財務の影響を受けます。

営業効率が改善してきて、流動性が改善するのであれば、素晴らしくよいことです。どんどん儲かってお金が貯まってきたわけです。今度はそのお金を原資にして投資や人材育成を行い、2年後3年後を目指すという発想になると経営の善循環企業になれます。第6章で紹介しますが、株式会社ニトリや株式会社オンワードホールディングスのところを読んでください。

しかし、営業効率が改善してきているのに流動性が悪化する会社もあります。売上債権と買入債務の回転期間のバランスで、運転資金がひっ迫します。たとえば、売上は手形で受け取るのに、支払いは末締めの翌月10日払いといったケースです。

営業効率が悪化してきているときは、短期資金のショートを止めなければなりません。

第8節　伸び率はどうですか？

伸び率はどうですか？という計数

重要指標の伸び率について考えてみましょう。伸び率には経常利益増加率、売上高増加率、総資本増加率、従業員増加率などがあります。

これらの指標はすべて前期と比較してどれだけ増加したか、減少したかを示す指標ですので、誰でも電卓で簡単に求めることができます。

通常の分析では、これらの各指標を成長性としてまとめ上げて評価されます。しかし、「成長性」という表現は、そのまま「企業の成長性」と混同される危険が多くあります。

成長性は、すべての指標をまとめ上げた結果、企業

ちょっとブレイク

前期の数字がマイナスだと増加率の計算ができなくなります。

たとえば、前期10,000円の経常損失で、当期20,000円の経常利益になった場合、前期からの増加率を計算してみます。

計算式＝（当期経常利益－前期経常損失）÷前期経常損失×100
　　＝（20,000－（△10,000））÷（△10,000）×100
　　＝△300%

30,000円経常利益が増加したのに△300%の減少という答えになってしまいました。

これでは意味がありません。

前期の数字がマイナスのときは注意してください。

グラフ23　日本電産サーボ　成長性の下位指標のみ

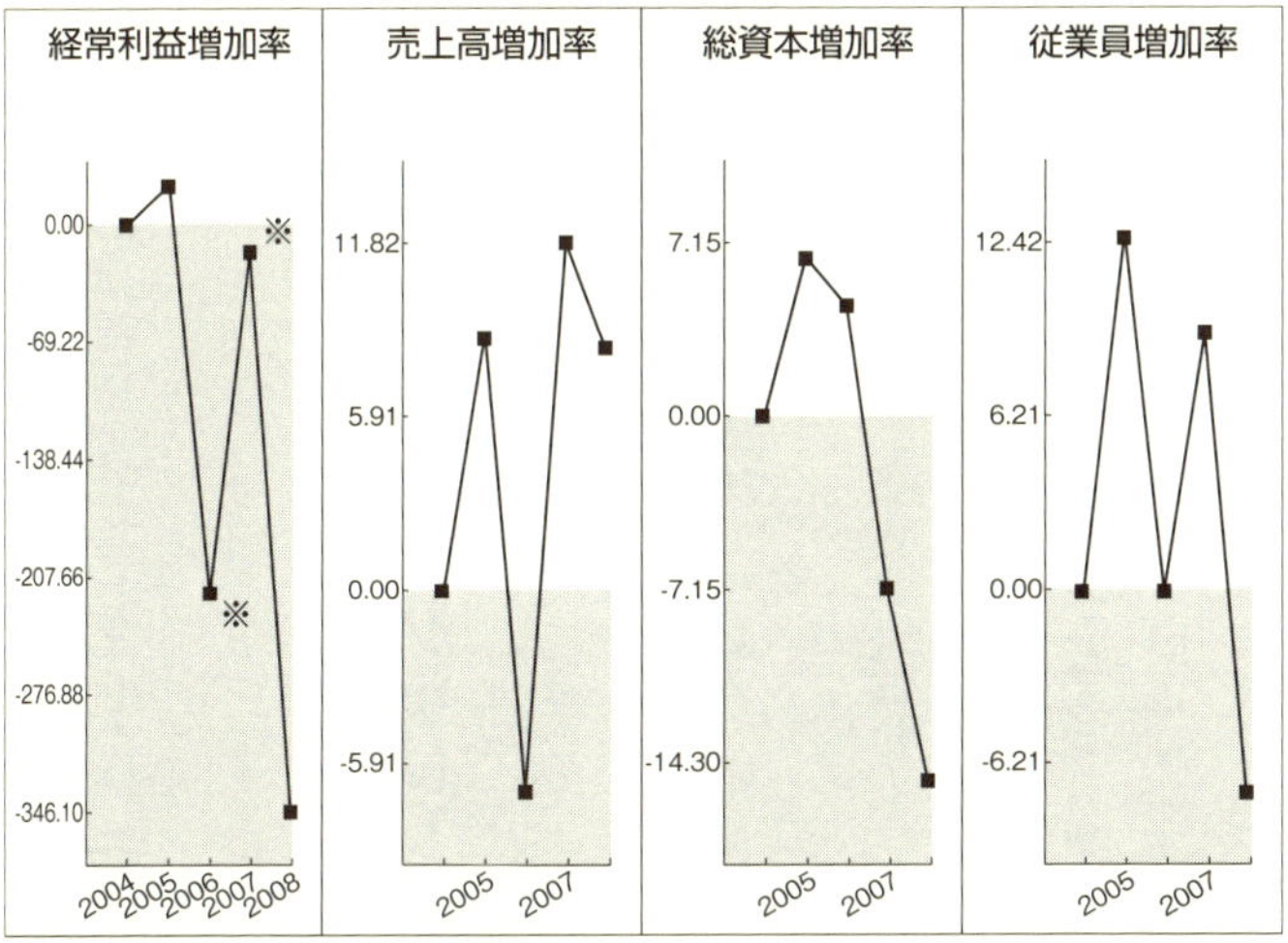

※は前期の数字がマイナスのため意味のない数値

図表17　日本電産サーボ　成長性

単位：円・%

	2004年3月期	2005年3月期	2006年3月期	2007年3月期	2008年3月期
売上高合計	27,978,000,000	30,666,000,000	28,647,000,000	32,177,000,000	35,046,000,000
売上高増加率	0	9.61	▲6.58	12.32	8.92
負債純資産合計	22,279,000,000	23,789,000,000	24,954,000,000	23,300,000,000	19,549,000,000
総資本増加率	0	6.78	4.90	▲6.63	▲16.10
総従業員数	3,377	3,830	30822	4,189	3,919
従業員増加率	0	13.41	▲0.21	9.60	▲6.45
経常利益	627,000,000	763,000,000	▲898,000,000	▲764,000,000	1,790,000,000
経常利益増加率	0	21.69	▲217.69	※▲14.92	※▲334.29

※は前期の数字がマイナスのため意味のない数値

力総合評価が右肩上がりであれば成長と定義することにします。そのため、他の指標のように成長性の親指標を計算しません。（57P図表6）

第9節「長期資金の状況は良いですか」

断言できないことに気づきましたか？

企業は自己資本が充実していると安定します。自己資本が充実した会社は借金がないか、少ないからです。

また、長期借入金で固定資産を賄っていると、資金繰りは安定します。

長期の資金状況が良くなっている、悪くなっているを判別する財務指標は安全性です。安全性には固定比率、固定長期適合率、自己資本比率などがあります。

固定比率が悪化（↑）し、固定長期適合率が悪化（↑）し、自己資本比率が改善（↑）した場合、この会社の安全性は良くなったのでしょうか。悪くなったのでしょうか。このように、安全性が良くなった・悪くなったという指標一つをとっても、いったいどうなっているのかわからなくなるのが人間の感覚なのです。

実例を挙げましょう。日本電気硝子株式会社の安全性の各指標（図表18）です。

２００５年、２００８年は３指標すべてが改善、２００６年は自己資本比率が改善、他２指標は悪化しています。２００７年は固定長期適合率が悪化、他２指標は改善しています。

赤信号か青信号か

２００６年、２００７年はこの会社は長期の資金の状況は改善したのでしょうか、悪化したのでしょうか。

その解は、それぞれの指標にウェイトを掛け、それらをまとめ上げた数値の比較によって可能になります。

図表 18　日本電気硝子　安全性

単位：円・％

	2004年3月	2005年3月	2006年3月	2007年3月	2008年3月
資本合計	223,447,000,000	232,921,000,000	235,361,000,000	276,551,000,000	347,784,000,000
固定資産合計	277,415,000,000	261,767,000,000	269,847,000,000	310,988,000,000	349,171,000,000
固定比率	124.14	112.38	114.65	112.45	100.40
固定負債合計	118,013,000,000	97,277,000,000	72,903,000,000	44,842,000,000	50,639,000,000
固定長期適合率	81.24	79.27	87.54	96.76	87.64
資産合計	514,689,000,000	495,565,000,000	486,014,000,000	519,707,000,000	588,029,000,000
自己資本比率	43.42	47.00	48.43	53.21	59.14

前期と比較して改善した指標は網掛けにしています。

次に、まとめ上げた指標が良いか悪いかを判別しなければなりません。

これはどれくらいの比率であれば、長期の資金の状況が良い、悪いといえるのかです。

日本電気硝子の場合、２００４年３月期から２００８年３月期までの間、長期資金の状況が「ダメな期はどれ？」「ＯＫな期はどれ？」という質問に対して判断する明確な基準を持つ人は少ないと思います。

その答えをグラフ24に示しておきます。

安全性は２００４年から２００８年の間、改善し続けました。

２００４年から２００８年の安全性は青信号領域で、長期の資金の状況が良かった

①固定比率＝固定資産÷自己資本× 100（単位：%）

自己資本で賄われている固定資産の割合。１００%以下であると、長期に利用する資産を自己資本のみで取得したことになり、長期資金は有利となる。
数値が小さくなれば改善の指標。

②固定長期適合率＝固定資産÷（自己資本＋固定負債）× 100（単位：%）

自己資本と固定負債で賄われている固定資産の割合。固定負債は長期借入金など、金利の発生があるため、長期資金では自己資本より不利。しかし、支払いは長期で資金的にはよいと評価される。
数値が小さくなれば改善の指標。
ただし、この指標が改善していても、固定負債ばかりが増加しているという場合は、ある時点から「固定負債の増えすぎで安全性悪化」へと反転する。

③自己資本比率＝自己資本÷総資産× 100（単位：%）

総資産に占める自己資本の割合。高ければ高いほど借金が少なく、内部留保が厚く、よいと判断される。
数値が大きくなれば改善の指標。

と断言できます。

「良い、悪い」を断言できない報告は言葉に説得力がなくなり、実行されません。

　倒産した企業を調べると、この判別で赤信号領域にどっぷり浸かった会社を目にします。赤信号領域は倒産リスクが高くなっています。ハマったらすぐに飛び出さなければなりません。

グラフ24　安全性

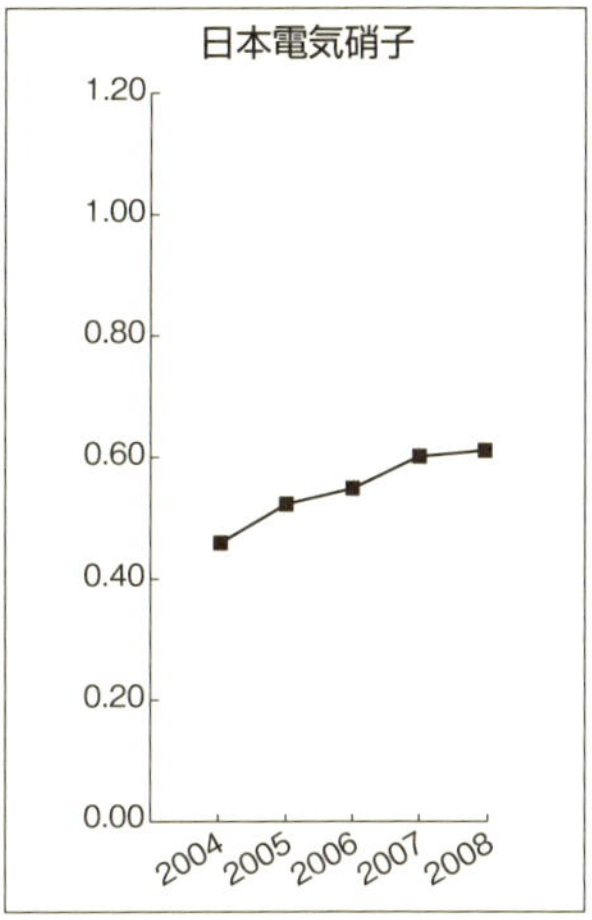

　安全性がどっぷり赤信号領域に入って何年も経っている会社があります。流動性の場合と同様「資金繰りを回す」という発想のみで行くと、支払いに困らないように手当てするばかりで、抜本的な改善をしないまま時が過ぎていきます。

長期の資金繰りがよいかにドリルダウンしてみよう

　では、日本電産サーボの安全性の指標と下位指標を見てみましょう。（図表19・グラフ25）

安全性は青信号領域にあります。青信号の中でも２００７年に下落しましたが、２００５年、２００６年、２００８年はそれぞれ改善しています。

固定比率は１００％以下で安全です。固定長期適合率も同様です。

自己資本比率もよい数値で問題ありません。

安全性は青信号領域・赤信号領域に区分して判別計算します。判別計算をしなければ、長期の資金の状況が良いのか悪いのか明確にわからないからです。わからずに悪いまま放置されると、長期資金がひっ迫しやすくなり、倒産などのリスクが高くなります。

グラフ25　日本電産サーボ　安全性親指標と下位指標

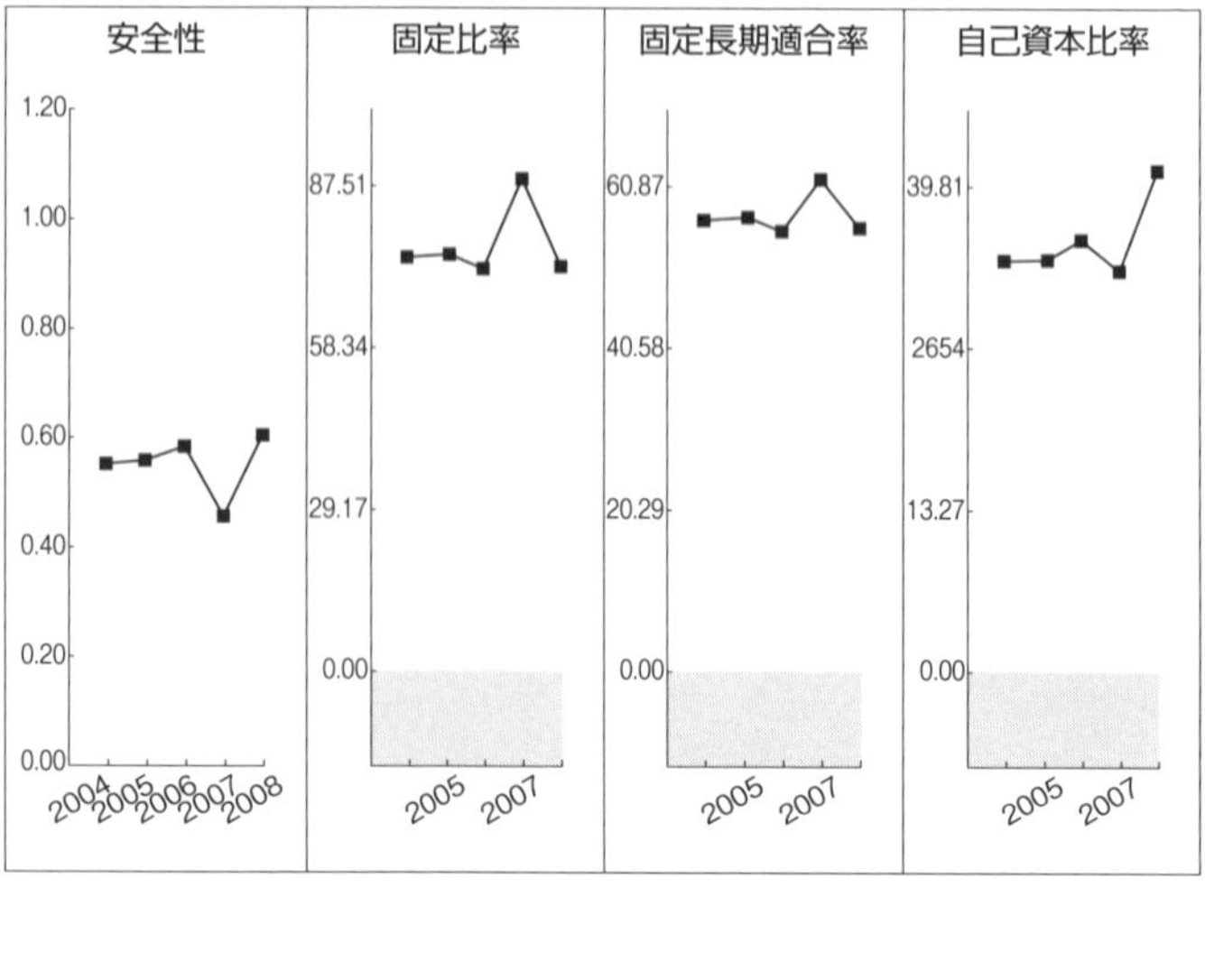

下位の指標は固定比率、固定長期適合率、自己資本比率などです。安全性はこれら下位指標などを統合計算しています。

安全性改善のための計数力

多くの中小企業にとって安全性が最もわかりにくい計数です。ここをきちんと指導している会計人やコンサルタントは少ないように思われます。

ほとんどは「資金繰りが回るか」という発想です。資金繰りが回れば「そのまま」、資金繰りが悪ければ「リスケジュールなどの銀行対策」の二者択一になっているように感じます。

しかし、それでは遅いのです。

安全性は試験でいえば、国語のようなものです。日頃から底力を貯えないと点数は取れません。

図表 19　日本電産サーボ　安全性

単位：円・%

	2004年3月期	2005年3月期	2006年3月期	2007年3月期	2008年3月期
純資産合計	7,352,000,000	7,804,000,000	8,713,000,000	7,140,000,000	8,303,000,000
固定資産合計	5,429,000,000	5,817,000,000	6,060,000,000	6,664,000,000	5,944,000,000
固定比率	73.84	74.54	69.55	93.33	71.59
固定負債合計	2,765,000,000	2,816,000,000	2,940,000,000	3,124,000,000	2,563,000,000
固定長期適合率	53.66	54.77	52	64.93	54.7
負債純資産合計	22,279,000,000	23,789,000,000	24,954,000,000	23,300,000,000	19,549,000,000
自己資本比率	33.00	32.81	34.92	30.64	42.47

きちんとしていないと不況のとき、ひとたまりもありません。

長期借入金や増資をすれば通常、安全性は高まります。しかし、総資産が膨らんで資本効率が悪化します。長期借入金を増やした場合は営業効率が悪化します。

すべてのバランスを見ながら、経営計画を立てながら、分析し、最適解を探る必要があります。

第４章
ケースワーク

第1節　問題

ここでは実際の数値を使って企業力の総合評価を行ってみましょう（資料は某スーパー）。

指標記入とコメント

各指標をゼロ判別ジャッジし、親指標を記入、総合評価を完成させて下さい。さらにコメントして下さい。

各親指標の縦軸には、天井値と底値を記入しています。

貸借対照表

	2004年	2005年	2006年	2007年	2008年
資産の部					
流動資産					
現金預金	286,588,000	278,934,000	292,375,000	398,375,000	175,274,000
売掛債券	173,763,000	214,019,000	254,896,000	322,989,000	357,118,000
有価証券	4,283,000	6,603,000	6,478,000	4,478,000	7,282,000
商品	267,066,000	287,894,000	286,546,000	322,182,000	346,682,000
その他流動資産	411,100,000	478,526,000	565,744,000	655,764,000	672,775,000
貸倒引当金	-16,353,000	-22,248,000	-29,804,000	-41,681,000	-49,201,000
流動資産合計	1,126,447,000	1,243,728,000	1,376,235,000	1,662,107,000	1,509,930,000
固定資産					
有形固定資産					
建物	560,451,000	600,953,000	612,757,000	719,892,000	786,075,000
工具器具備品	83,841,000	93,323,000	99,833,000	117,775,000	120,347,000
土地	247,111,000	236,003,000	230,490,000	282,069,000	316,649,000
その他有形固定資産	9,926,000	15,742,000	21,545,000	23,571,000	35,634,000
有形固定資産合計	901,329,000	946,021,000	964,625,000	1,143,307,000	1,258,705,000
無形固定資産					
ソフトウェア	27,956,000	30,803,000	28,912,000	27,036,000	28,324,000
その他無形固定資産	33,556,000	25,271,000	23,158,000	113,237,000	110,725,000
無形固定資産合計	61,512,000	56,074,000	52,070,000	140,273,000	139,049,000
投資その他の資産					
投資有価証券	114.867,000	113,975,000	151,566,000	131,355,000	210,633,000
その他投資等	483,505,000	454,895,000	417,857,000	475,078,000	490,612,000
貸倒引当金	-78,391,000	-63,121,000	-33,930,000	-18,840,000	-18,189,000
投資その他の資産合計	519,981,000	505,749,000	535,493,000	587,593,000	682,056,000
固定資産合計	1,482,822,000	1,507,844,000	1,552,188,000	1,871,173,000	2,080,810,000
繰延資産					
繰延資産合計	0	515,000	257,000	1,063,000	665,000
資産合計	2,609,269,000	2,752,087,000	2,928,680,000	3,534,343,000	3,591,405,000
負債の部					
流動負債					
買掛債務	480,589,000	485,169,000	498,424,000	517,469,000	569,889,000
短期借入金	93,182,000	78,985,000	95,713,000	98,979,000	106,363,000
1年以内返済長期借入金	78,674,000	113,965,000	101,996,000	143,546,000	156,188,000
1年以内償還予定社債	0	22,765,000	20,050,000	30,000,000	25,410,000
未払法人税等	26,654,000	26,948,000	41,737,000	57,854,000	38,006,000
その他流動負債	348,336,000	319,925,000	303,837,000	384,286,000	437,904,000
流動負債合計	1,027,435,000	1,047,757,000	1,061,757,000	1,232,134,000	1,333,760,000
固定負債					
社債	137,915,000	125,150,000	174,061,000	198,509,000	202,186,000
長期借入金	367,228,000	396,966,000	455,018,000	564,553,000	548,118,000
預り保証金	147,580,000	153,474,000	163,789,000	209,105,000	221,468,000
その他固定負債	450,021,000	195,252,000	165,624,000	129,260,000	118,397,000
固定負債合計	1,102,744,000	870,842,000	958,492,000	1,101,427,000	1,090,169,000
負債合計	2,130,179,000	1,918,599,000	2,020,249,000	2,333,561,000	2,423,929,000
純資産の部					
資本金	50,609,000	101,798,000	101,798,000	198,791,000	199,054,000
資本剰余金	117,235,000	167,710,000	167,710,000	264,704,000	264,968,000
利益剰余金	311,246,000	563,980,000	638,923,000	737,287,000	703,454,000
純資産合計	479,090,000	833,488,000	908,431,000	1,200,782,000	1,167,476,000
負債純資産合計	2,609,269,000	2,752,087,000	2,928,680,000	3,534,343,000	3,591,405,000

損益計算書

	2004年	2005年	2006年	2007年	2008年
売上高	3,546,215,000	4,195,843,000	4,430,284,000	4,824,774,000	5,167,365,000
売上原価	2,343,430,000	2,782,590,000	2,895,595,000	3,086,681,000	3,313,381,000
売上総利益	1,202,785,000	1,413,253,000	1,534,689,000	1,738,093,000	1,853,984,000
給与	369,288,000	441,497,000	474,842,000	535,967,000	584,557,000
法定福利費	57,576,000	67,125,000	71,515,000	78,273,000	86,603,000
水道光熱費	56,482,000	69,424,000	74,472,000	80,471,000	88,136,000
修繕費	66,439,000	83,637,000	88,908,000	85,179,000	97,979,000
減価償却費	77,978,000	91,177,000	97,692,000	112,367,000	128,659,000
地代家賃	164,546,000	200,590,000	217,576,000	245,377,000	260,464,000
その他販管費	278,264,000	313,026,000	343,579,000	410,731,000	451,546,000
販売費及び一般管理費合計	1,070,573,000	1,266,476,000	1,368,584,000	1,548,365,000	1,697,944,000
営業利益	132,212,000	146,777,000	166,105,000	189,728,000	156,040,000
営業外収益					
受取利息	1,006,000	1,297,000	1,950,000	3,796,000	4,110,000
その他の営業外収益	9,775,000	20,160,000	20,042,000	15,743,000	24,376,000
営業外収益合計	10,781,000	21,457,000	21,992,000	19,539,000	28,486,000
営業外費用					
支払利息・割引料	7,437,000	6,929,000	6,601,000	10,801,000	12,774,000
その他の営業外費用	4,202,000	5,206,000	5,507,000	10,162,000	5,426,000
営業外費用合計	11,639,000	12,135,000	12,108,000	20,963,000	18,200,000
経常利益	131,354,000	156,099,000	175,989,000	188,304,000	166,326,000
特別利益合計	13,571,000	23,934,000	27,370,000	17,064,000	41,058,000
特別損失合計	41,984,000	43,211,000	103,115,000	51,602,000	82,810,000
税引前当期利益	102,941,000	136,822,000	100,244,000	153,766,000	124,574,000
法人税等	47,626,000	74,755,000	71,311,000	96,109,000	80,642,000
当期純利益	55,315,000	62,067,000	28,933,000	57,657,000	43,932,000
総従業員数	92	97	104	116	126

財務指標

	2004 年度	2005 年度	2006 年度	2007 年度	2008 年度
営業効率　単位：%					
売上高総利益率	33.92	33.68	34.64	36.02	35.88
売上高経常利益率	3.7	3.72	3.97	3.9	3.22
売上高当期利益率	1.56	1.48	0.65	1.2	0.85
資本効率　単位：%					
総資本経常利益率	5.03	5.67	6.01	5.33	4,63
自己資本経常利益率	27.42	18.73	19.37	15.68	14.25
自己資本当期利益率	11.55	7.45	3.18	4.8	3.76
生産効率　単位：円					
1 人当たり売上高	19,339,018	21,519,571	21,323,842	20,875,984	20,535,568
1 人当たり売上総利益	6,559,298	7,248,269	7,386,765	7,520,436	7,367,897
1 人当たり経常利益	716,329	800,598	847,070	814,760	660,994
資産効率　単位：か月					
棚卸資産回転期間	0.9	0.82	0.78	0.8	0.81
売上債権回転期間	0.59	0.61	0.69	0.8	0.83
買入債務回転期間	1.63	1.39	1.35	1.29	1.32
流動性　単位：%					
流動比率	109.64	118.7	129.62	134.9	113.21
当座比率	45.22	47.68	52.15	58.91	40.46
現金預金比率	27.89	26.62	27.54	32.33	13.14
成長性　単位：%					
経常利益増加率	0	18.84	12.74	7.00	▲ 11.67
売上高増加率	0	18.32	5.59	8.9	7.1
総資本増加率	0	5.47	6.42	20.68	1.61
従業員増加率	0	6.33	6.56	11.24	8.88
安全性　単位：%					
固定比率	309.51	180.91	170.86	155.83	178.23
固定長期適合比率	93.74	88.47	83.14	81.28	92.17
自己資本比率	18.36	30.29	31.02	33.97	32.51

注）SPLENDID21 では表示された指標以外の暗在系指標（造語。表に出ていない指標）があります。その影響が各親指標に影響を与える可能性があります。

指標

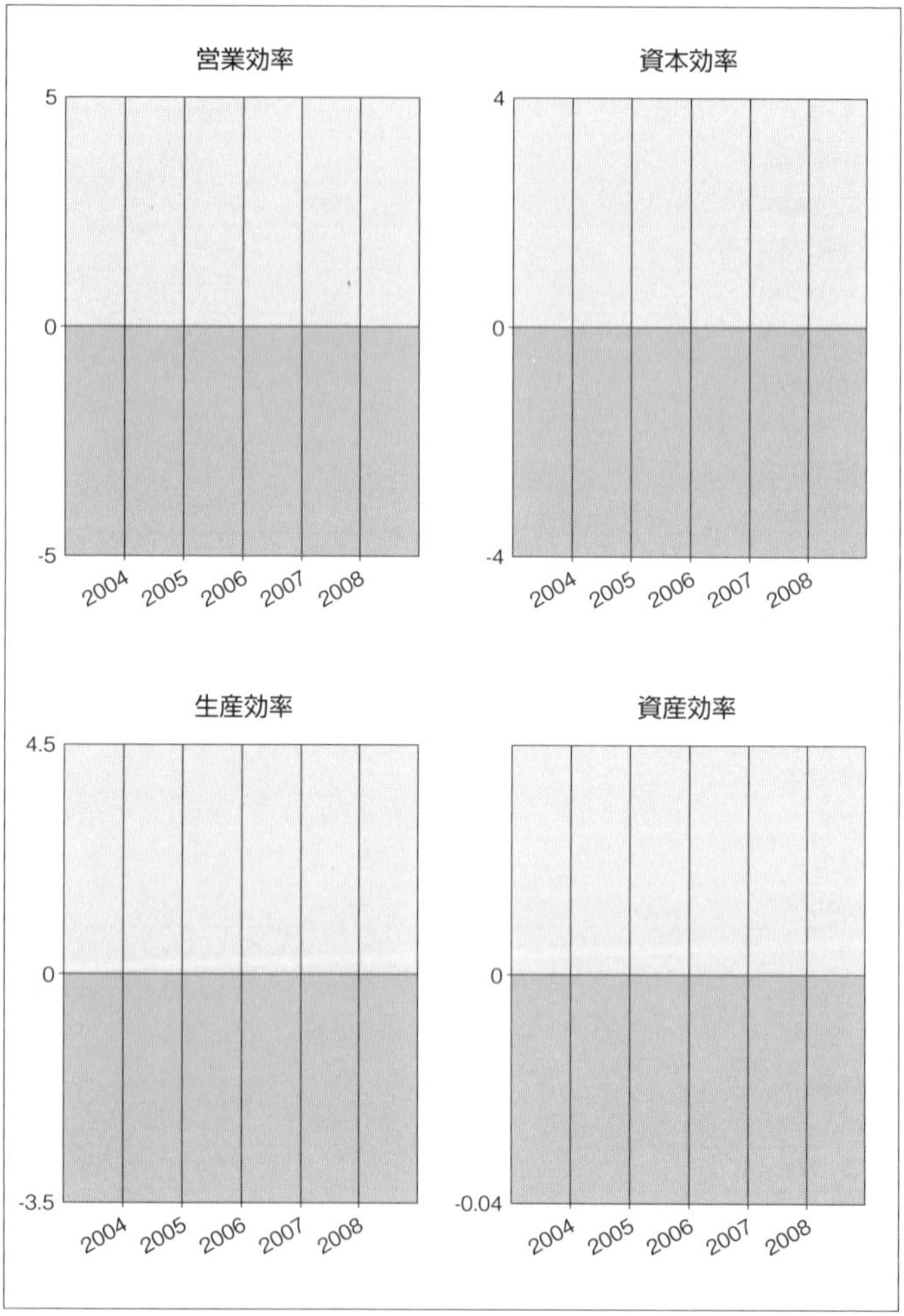

営業効率
5
0
-5
2004
2005
2006
2007
2008
資本効率
4
0
-4
2004
2005
2006
2007
2008
生産効率
4.5
0
-3.5
2004
2005
2006
2007
2008
資産効率
0
-0.04
2004
2005
2006
2007
2008

指標

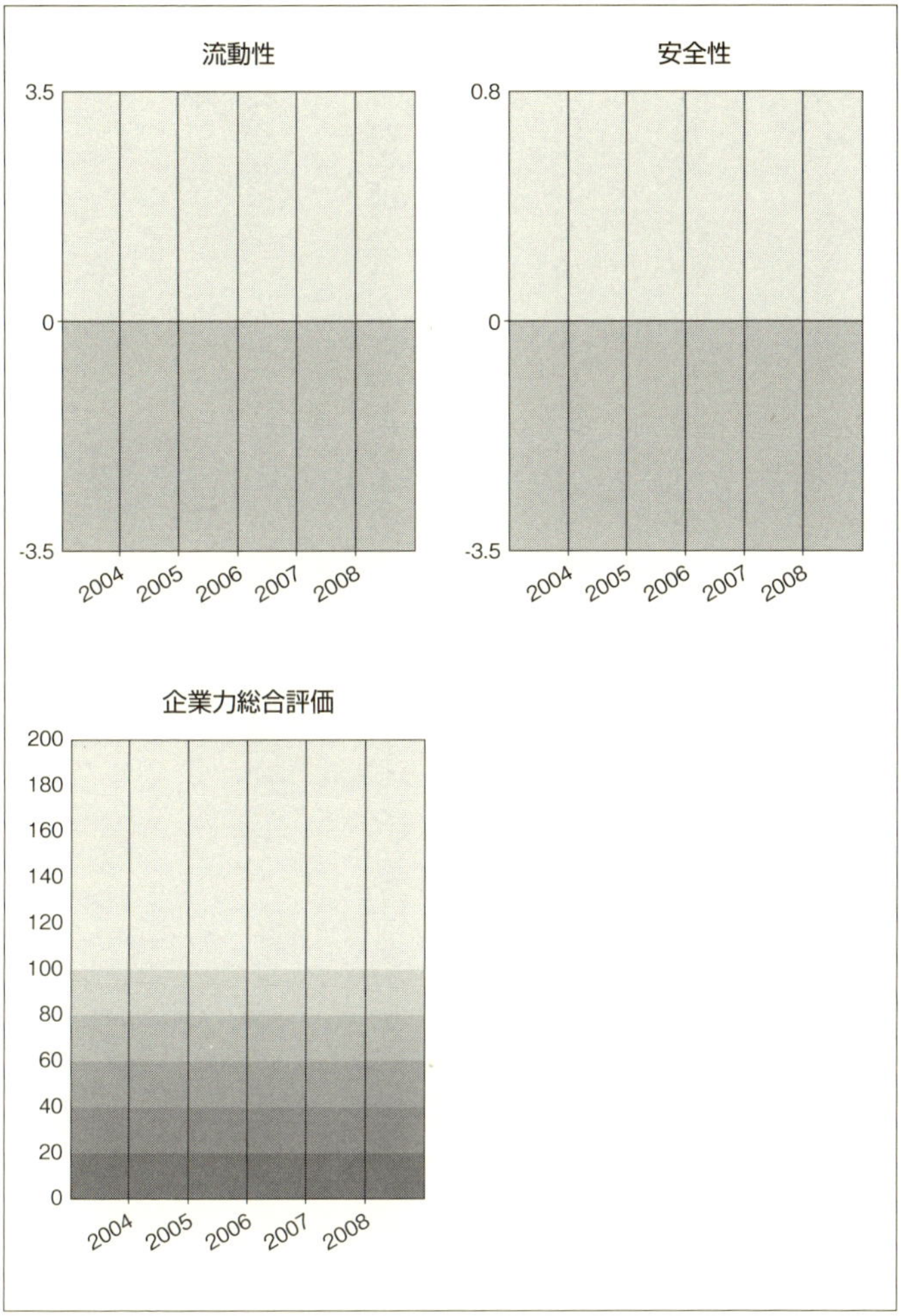
流動性
3.5
0
-3.5
2004
2005
2006
2007
2008
安全性
0.8
0
-3.5
2004
2005
2006
2007
2008
企業力総合評価
200
180
160
140
120
100
80
60
40
20
0
2004
2005
2006
2007
2008

第2節　解答

営業効率

売上高総利益率、売上高経常利益率、売上高当期利益率から営業効率の親指標を記入します。

儲かったか儲からなかったかを示す財務指標のうち、売上高経常利益率の指標が最も重要です。売上高経常利益率は金利を支払った後の利益ですので、通常の経営活動を網羅した利益といえるからです。

営業効率の天井値は5です。100点ということです。底値は-5です。

経常利益率3%台では100点はもらえません。

青信号領域を反転して悪化に向かいました。

資本効率

総資本経常利益率、自己資本経常利益率、自己資本当期利益率から資本効率の親指標を

図表 20

営業効率　単位：%	2004 年	2005 年	2006 年	2007 年	2008 年
売上高総利益率	33.92	33.68	34.64	36.02	35.88
売上高経常利益率	3.7	3.72	3.97	3.9	3.22
売上高当期利益率	1.56	1.48	0.65	1.2	0.85

グラフ 26

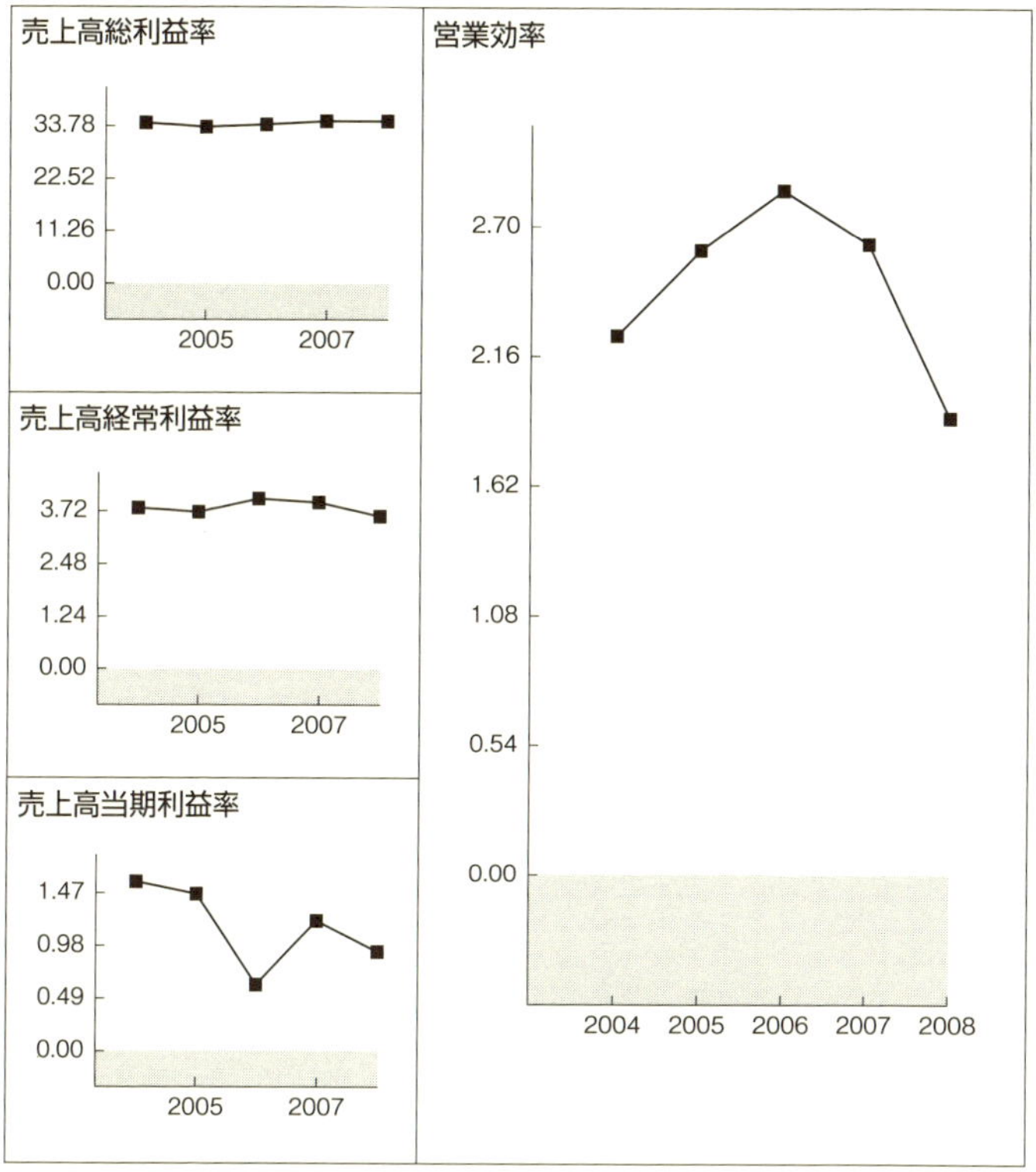

図表 21

資本効率　単位：%	2004 年	2005 年	2006 年	2007 年	2008 年
総資本経常利益率	5.03	5.67	6.01	5.33	4.63
自己資本経常利益率	27.42	18.73	19.37	15.68	14.25
自己資本当期利益率	11.55	7.45	3.18	4.8	3.76

グラフ 27

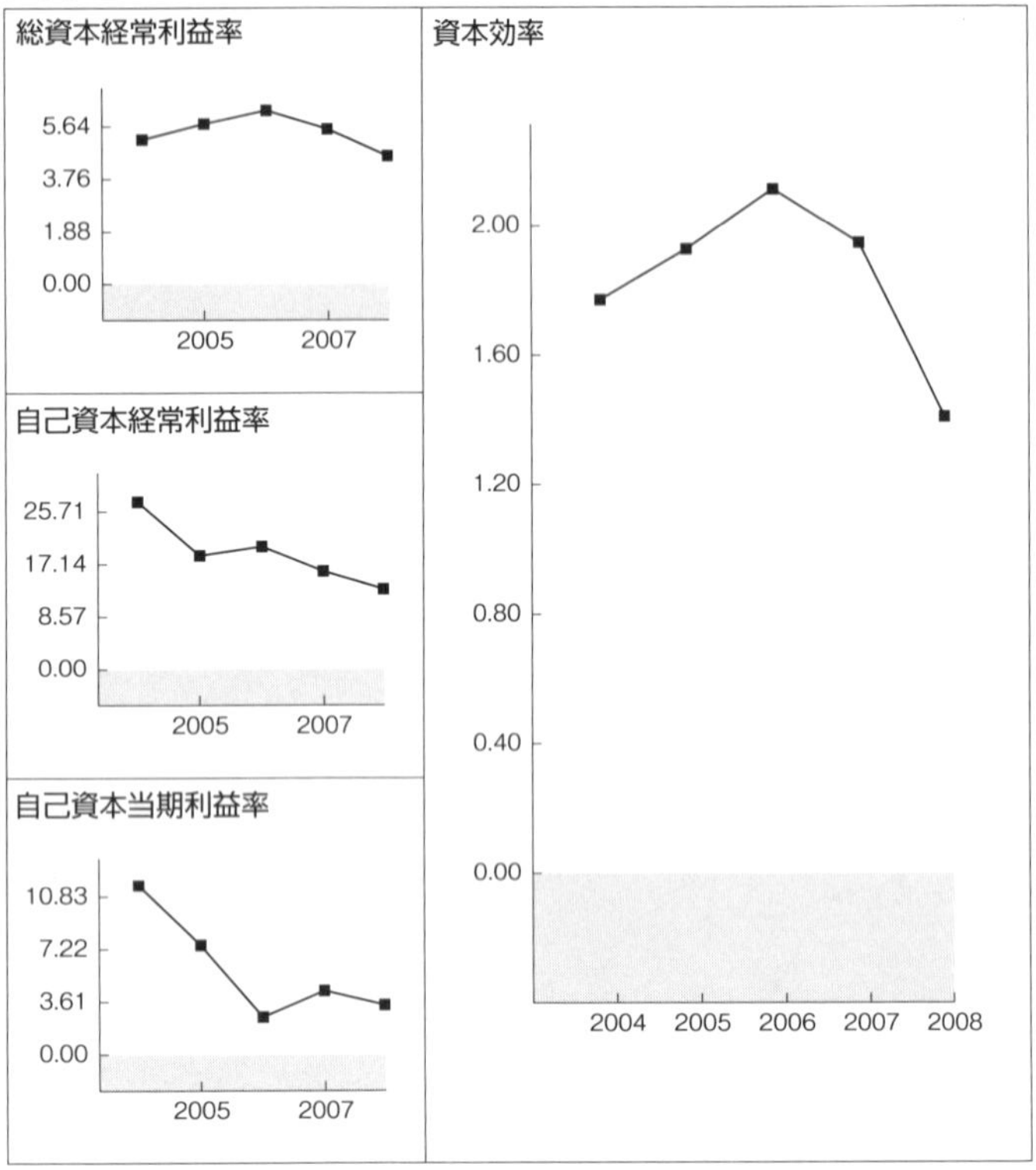

記入します。

総資本経常利益率が一番「資本の利用度」を表します。

総資産に占める純資産の割合（自己資本比率）で、総資本利益率と自己資本利益率に差異が生まれます。

自己資本利益率は、自己資本比率が高い会社は評価が悪くなってしまいます。

資本効率の天井値は４です。１００点ということです。底値は-4です。

生産効率

１人当たり売上高、１人当たり売上総利益、１人当たり経常利益から生産効率の親指標を記入します。

生産効率の天井値は4.5、底値は－3.5です。

黒字企業平均が９０００万円を上回っている業種ですので、かなり低い数字になっています。

原因が複数の事業を営んでいるケースも考えられます。分析は企業単位でしていますので、黒字企業平均とのかい離の原因によっては事業部別分析にドリルダウンして調べます。

図表 22

生産効率　単位：%	2004年	2005年	2006年	2007年	2008年
1人当たり売上高	19,339,018	21,519,571	21,323,842	20,875,984	20,535,568
1人当たり売上総利益	6,559,298	7,248,269	7,386,765	7,520,436	7,367,897
1人当たり経常利益	716,329	800,598	847,070	814,760	660,994

グラフ 28

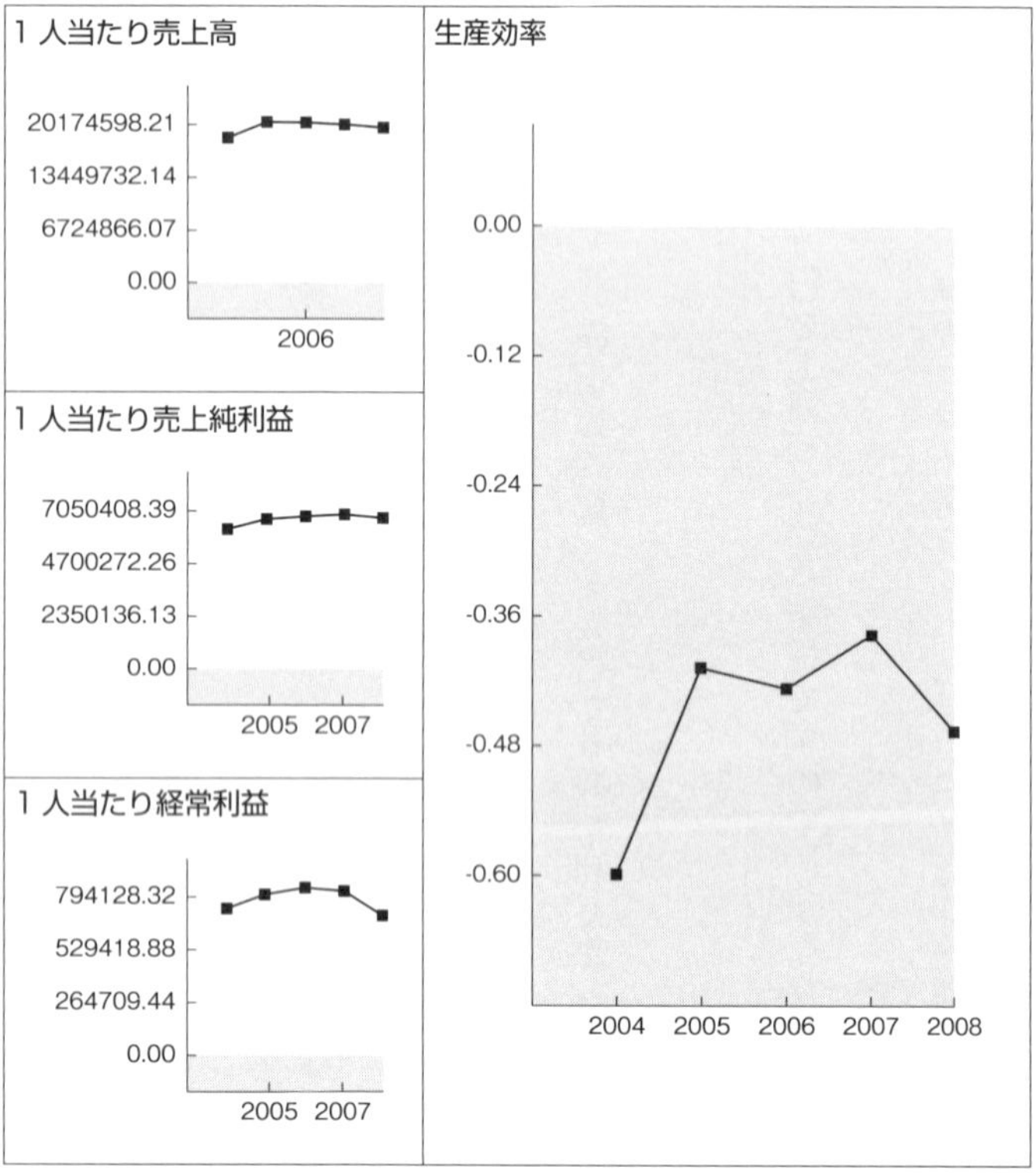

また、営業効率で見たように利益率も低調なため、1人当たり利益も低調です。

赤信号領域にどっぷり浸かっています。

資産効率

棚卸資産回転期間、売上債権回転期間、買入債務回転期間から資産効率の親指標を記入します。

資産効率は暗在系指標の総資本回転期間の影響を大きく受けますので、親指標記入が少し難しいかもしれません。

棚卸資産回転期間は改善しています。同業他社黒字平均は0・42か月ですので、まだ改善の余地がありそうです。

商品群別、店舗別等に再度分析が必要です。もちろんカンバン方式のような仕入の仕組みを工夫するなどの方法もあります。

売上債権回転期間は悪化トレンドです。問題があります。

カード売上が増加しているためでしょう。カード会社への手数料や金利などのコストもかかり、営業効率を圧迫しているでしょう。また、金利負担もばかになりません。

図表 23

資産効率　単位：%	2004 年	2005 年	2006 年	2007 年	2008 年
棚卸回転期間	0.9	0.82	0.78	0.8	0.81
売上債権回転期間	0.59	0.61	0.69	0.8	0.83
買入債務回転期間	1.63	1.39	1.35	1.29	1.32

グラフ 29

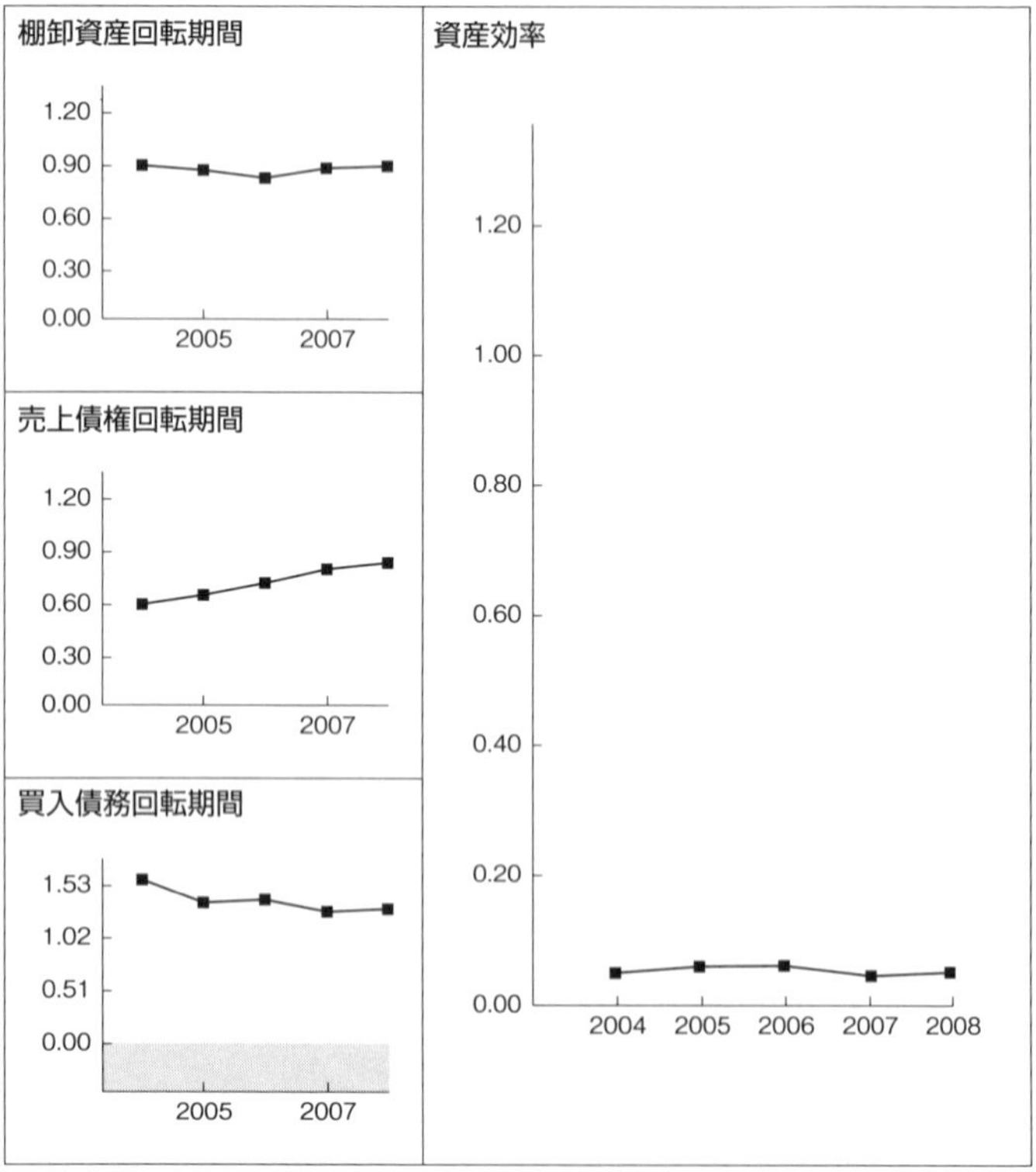

買入債務回転期間は悪化トレンドです。長ければ長いほど資金的に有利です。原因を調査する必要があります。

流動性

流動比率、当座比率、現金預金比率から流動性の親指標を記入します。

流動性の天井値は3.5、底値は-3です。

流動性は、1年以内に支払期限が到来する債務に対して、流動性（支払いやすさ）のある資産がどれくらいあるかの指標です。

流動比率は、200％以上が望ましいといわれていますが、これを下回る企業が多くあります。

棚卸資産に、長期棚ざらしで売れそうにないものや、粉飾決算でもともとないものが含まれている場合は良い評価になります。そのような疑いがある場合は資産効率の指標を合わせ検討する必要があります。その場合、棚卸資産回転期間が異常値になります。

当座比率は、1年以内に支払期限が到来する債務に対して、現金・預金、受取手形、売掛金、一時所有の有価証券などの現金化しやすい資産の割合です。売掛金や受取手形に貸

図表 24

流動性　単位：%	2004 年	2005 年	2006 年	2007 年	2008 年
流動性比率	109.64	118.7	129.62	134.9	113.21
当座比率	45.22	47.68	52.15	58.91	40.46
現金預金比率	27.89	26.62	27.54	32.33	13.14

グラフ 30

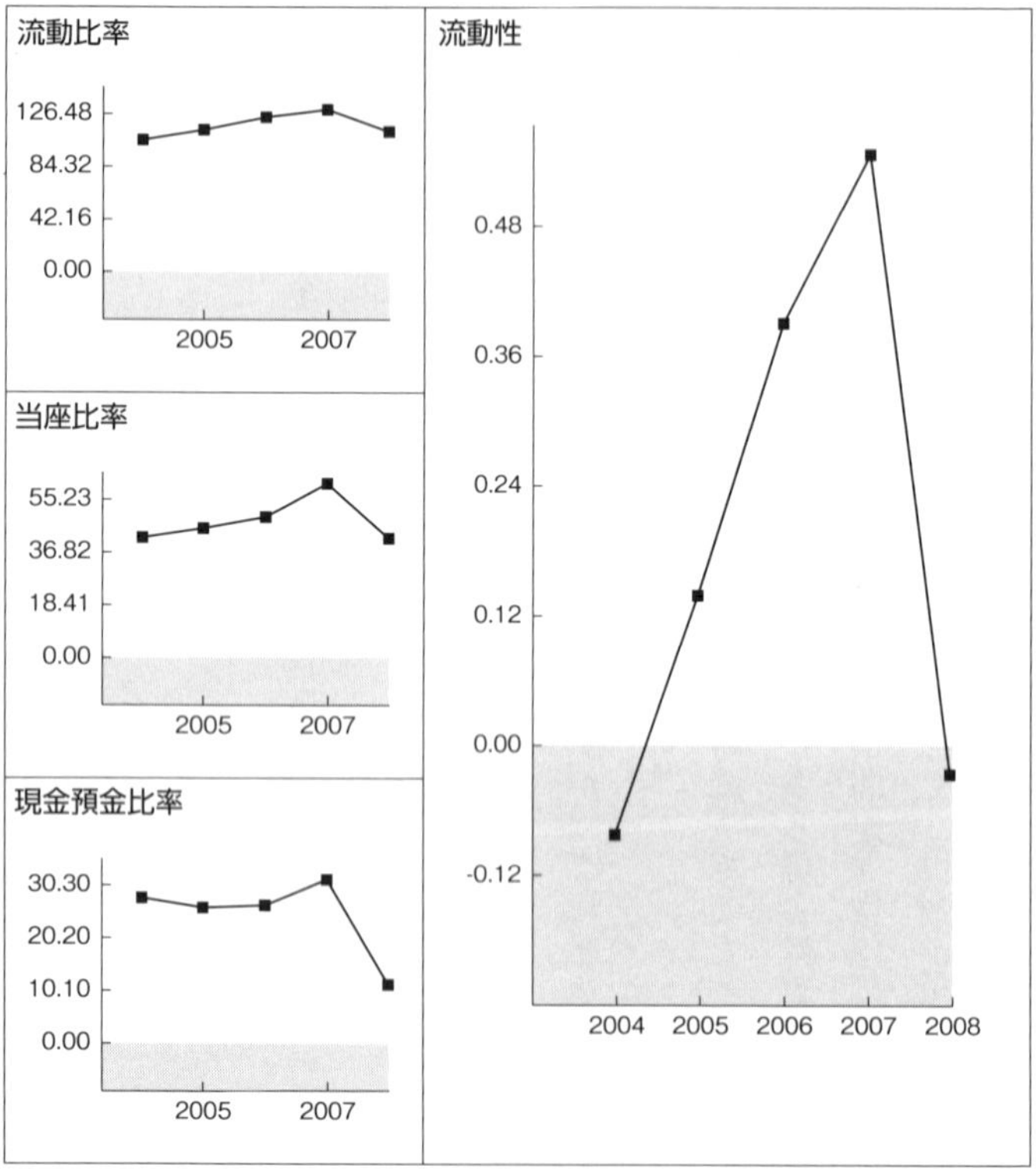

倒れや回収不能額が含まれていると良く見える指標なので確認が必要です。これも、同業他社と比較したり、時系列推移を見たり、売掛金の年齢調べを実施するとつかめます。

現金預金比率は、1年以内に支払期限が到来する債務に対する現金預金資産の割合です。２００８年の急落が全体を引き下げています。

流動性は全体に低調です。時系列には、流動負債の増加を抑えることによって改善トレンドになってきましたが、２００８年は現金預金比率の急落によって悪化しました。

安全性

固定比率、固定長期適合率、自己資本比率から安全性の親指標を記入します。

安全性の天井値は0.8、底値は－3.5です。

安全性の指標は、正しい納税姿勢を貫かないと良くなりません。過度の節税をすると自己資本比率が良くなりません。借金体質の会社になり、不況期には大変な思いをします。

固定比率は、返済不要の資金調達である純資産に対する固定資産の割合を示しています。１００％未満であれば、返済に追われず、金利も不要ということです。

２００５年に固定比率が急改善しました。倍額に増資したためです。自己資本を増加さ

図表 25

安全性　単位：%	2004 年	2005 年	2006 年	2007 年	2008 年
固定比率	309.51	180.91	170.86	155.83	178.23
固定長期適合率	93.74	88.47	83.14	81.28	92.17
自己資本比率	18.36	30.29	31.02	33.97	32.51

グラフ 31

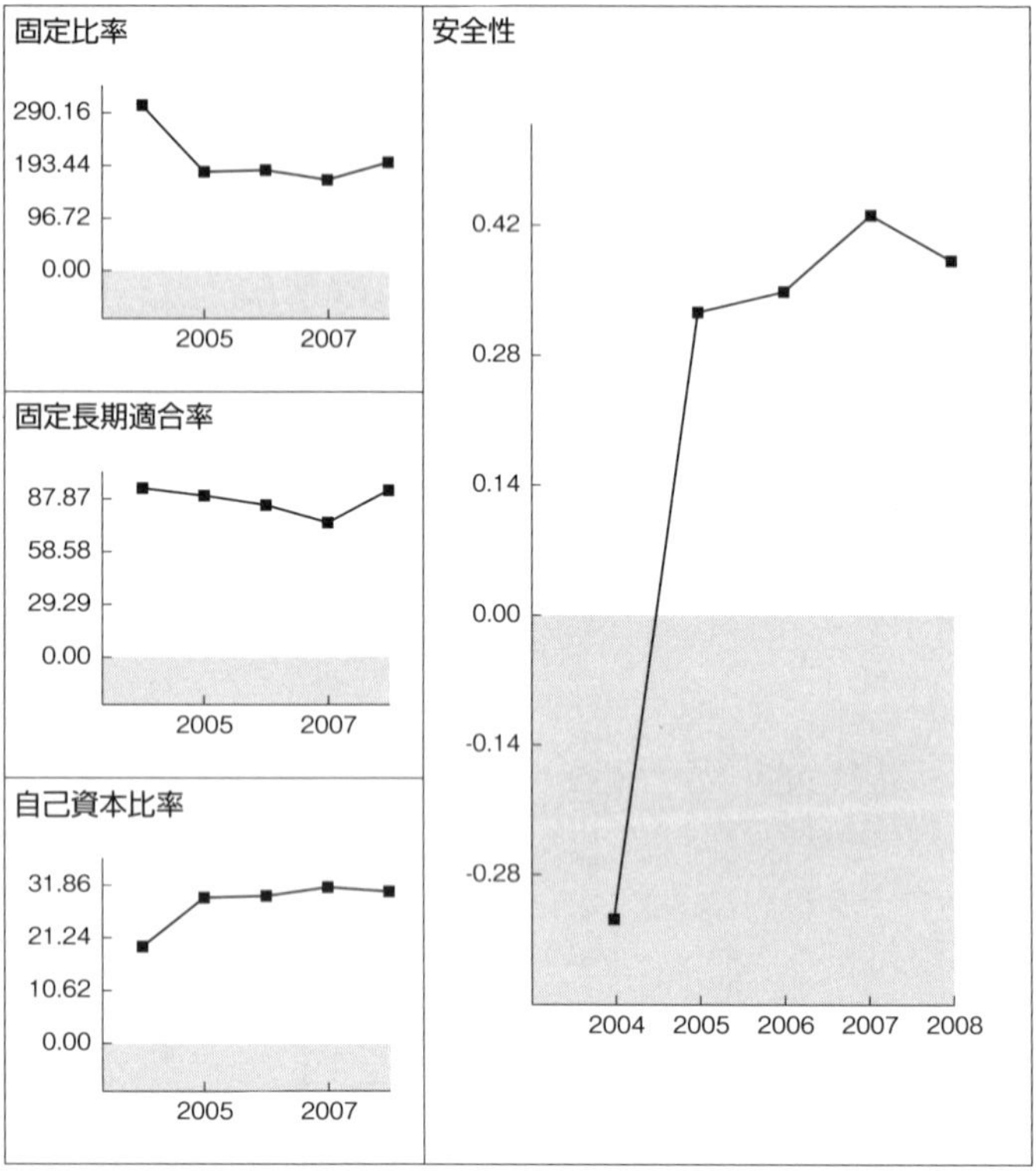

せるには、増資か当期利益を積み増していくかです。

資本効率の指標・自己資本当期利益率11・55％（２００４年）と低調なため、当期利益の積み増しを待っていたのでは倍額増資と同じ効果が得られるまでに9年かかります。9年の間には好景気もあれば不景気もあるでしょう。倍額増資がなければ不景気に貸渋りにあって倒産するリスクが高くなります。増資という処置は評価できます。

固定長期適合率は、返済不要の資金調達である純資産と長期の返済でよい資金である固定負債に対する、固定資産の割合を示しています。１００％未満であれば、ゆっくりした返済でＯＫということです。

これは達成していました。固定比率との差異から長期借入金や社債などの割合が多かったことがわかります。

２００５年の固定長期適合率だけが変動が少ないのは、自己資本の増加と固定負債の減少が一度にあるからです。

自己資本比率は、総資産に占める自己資本の割合です。この比率が低いと借金体質といえます。

２００５年の増資で救われました。

企業力総合評価表

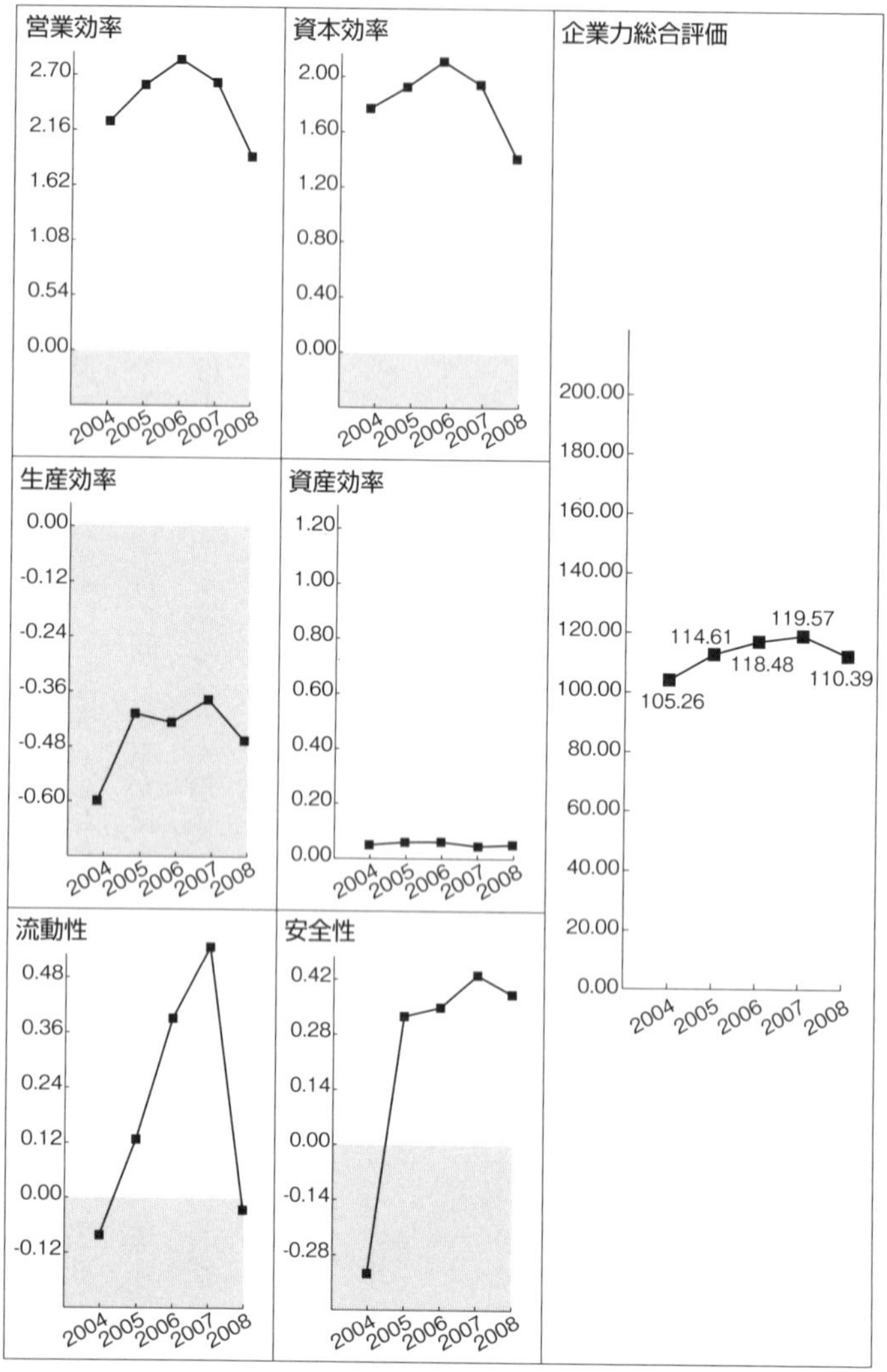
営業効率
2.70
2.16
1.62
1.08
0.54
0.00
2004
2005
2006
2007
2008
資本効率
2.00
1.60
1.20
0.80
0.40
0.00
2004
2005
2006
2007
2008
企業力総合評価
200.00
180.00
160.00
140.00
120.00
100.00
80.00
60.00
40.00
20.00
0.00
105.26
114.61
118.48
119.57
110.39
2004
2005
2006
2007
2008
生産効率
0.00
-0.12
-0.24
-0.36
-0.48
-0.60
2004
2005
2006
2007
2008
資産効率
1.20
1.00
0.80
0.60
0.40
0.20
0.00
2004
2005
2006
2007
2008
流動性
0.48
0.36
0.24
0.12
0.00
-0.12
2004
2005
2006
2007
2008
安全性
0.42
0.28
0.14
0.00
-0.14
-0.28
2004
2005
2006
2007
2008

企業力総合評価

下位の親指標を合成して企業力総合評価を出してみました。

第3節　相互関連と優先順位

ズバリ見えた

２００４年の課題は流動性、安全性でした（△）。赤信号領域にあるからです。しかし、流動負債の増加を抑えることと、増資によって青信号領域へ飛び出しました。

生産効率は5年間どっぷり赤信号領域に浸かっています。（□）これは必達で改善しなければなりません。

営業効率が悪化トレンドに反転してしまいました。（○）

売上高増加率∧経常利益増加率で改善する指標です。

当たり前と叱られそうですが、無駄の排除を志向する利益率重視の会社の中には、この

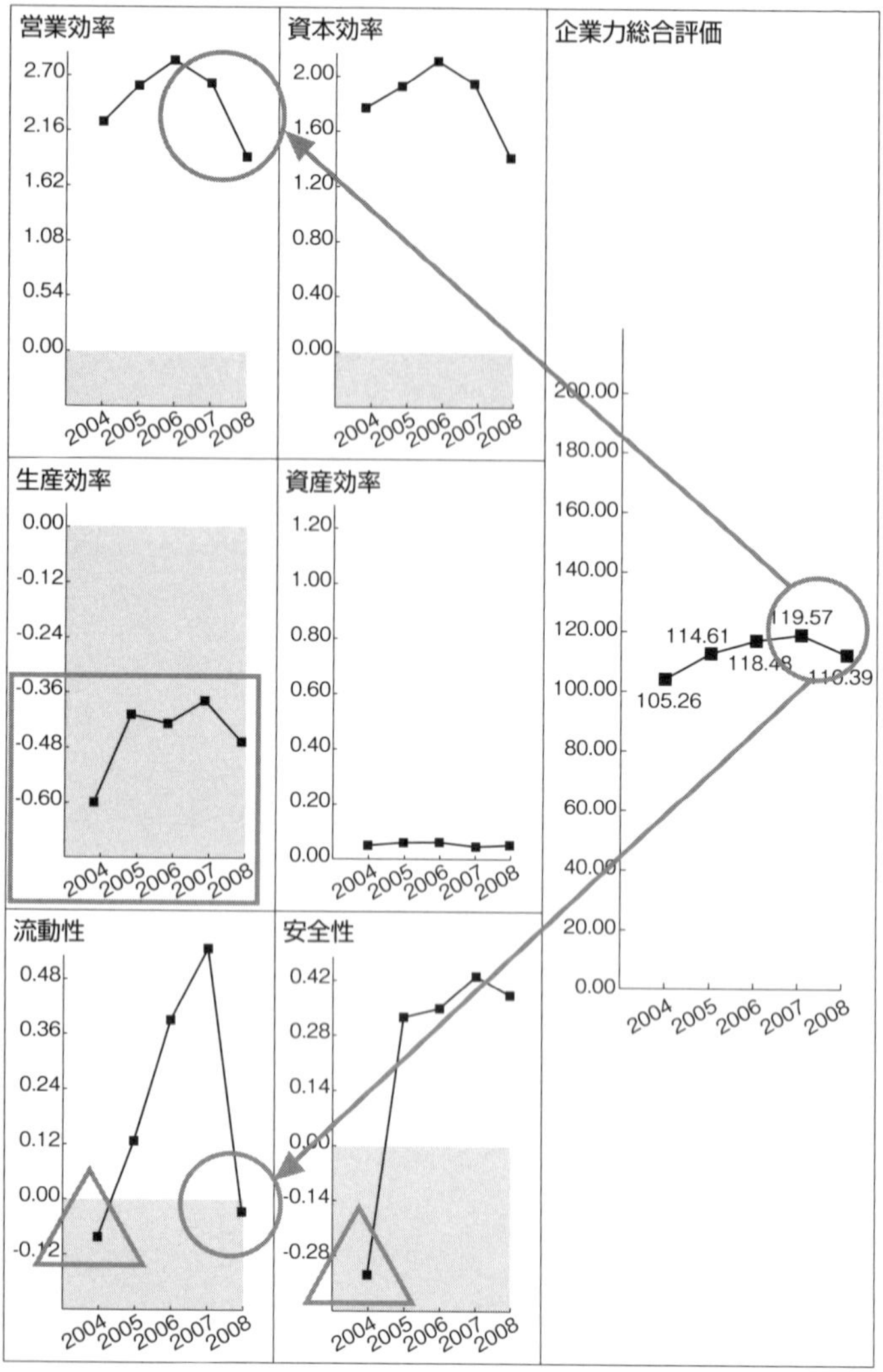
営業効率
2.70
2.16
1.62
1.08
0.54
0.00
2004 2005 2006 2007 2008
資本効率
2.00
1.60
1.20
0.80
0.40
0.00
2004 2005 2006 2007 2008
企業力総合評価
200.00
180.00
160.00
140.00
120.00
100.00
80.00
60.00
40.00
20.00
0.00
105.26
114.61
119.57
2004 2005 2006 2007 2008
生産効率
0.00
-0.12
-0.24
-0.36
-0.48
-0.60
2004 2005 2006 2007 2008
資産効率
1.20
1.00
0.80
0.60
0.40
0.20
0.00
2004 2005 2006 2007 2008
流動性
0.48
0.36
0.24
0.12
0.00
2004 2005 2006 2007 2008
安全性
0.42
0.28
0.14
-0.14
-0.28
2004 2005 2006 2007 2008

図表 26

成長性　単位：%	2004 年	2005 年	2006 年	2007 年	2008 年
経常利益増加率	0	18.84	12.74	7.00	▲ 11.67
売上高増加率	0	18.32	5.59	8.90	7.1
総資本増加率	0	5.47	6.42	20.68	1.61
従業員増加率	0	6.33	6.56	11.24	8.88

グラフ 32

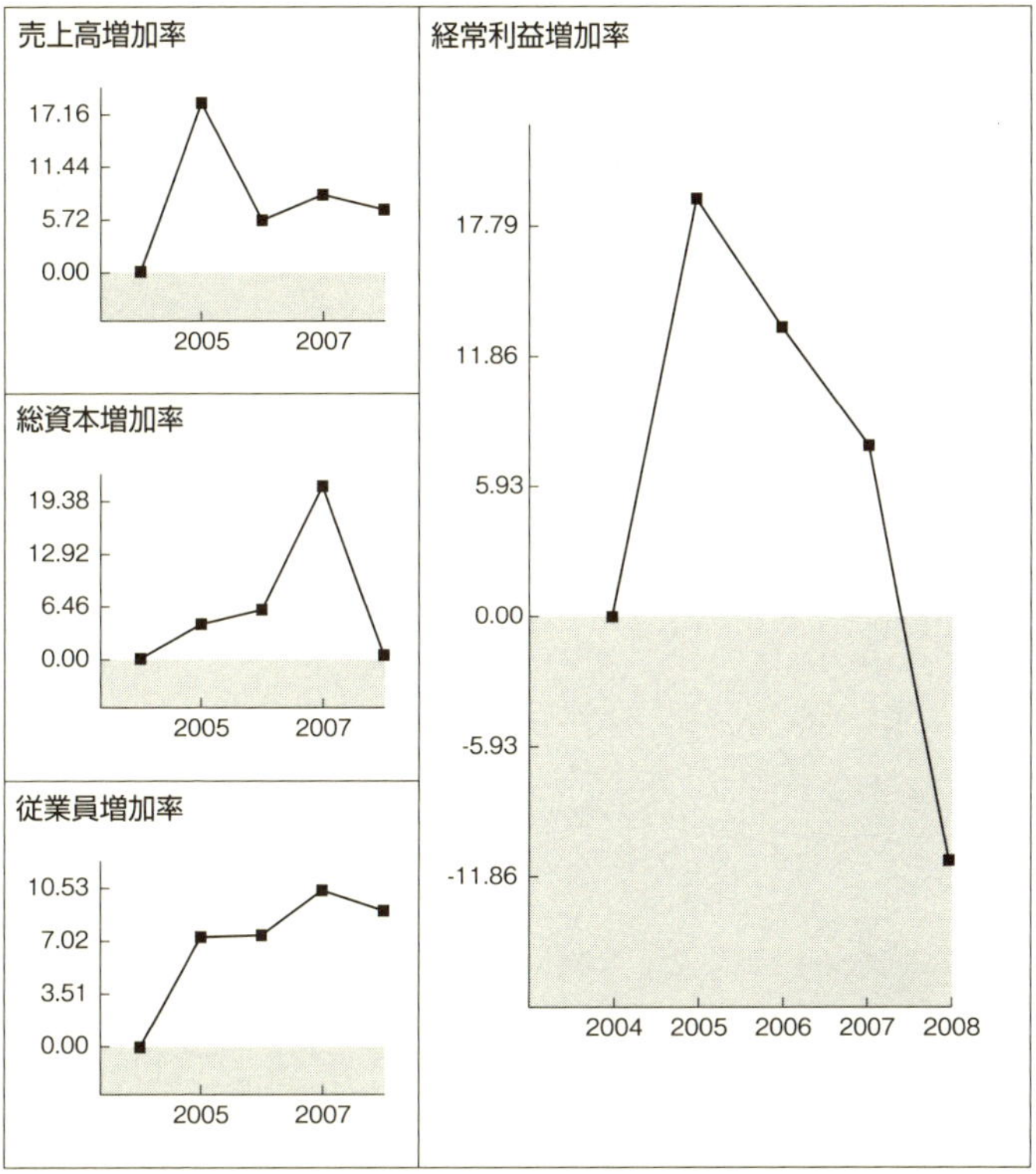

不等式を毎年成立させているケースをよく見かけます。あとで大塚商会の例を紹介しますが、このスーパーはこれに当たらないようです。

売上が伸びるということは顧客の支持を得ているということですから喜ばしいことです。しかし、売上（↑）↓従業員（↑）↓総資産（↑）↓純資産不変↓負債（↑）↓資産価値劣化のサイクルにハマり込むケースに気をつけなければなりません。

第6章のラーメン対決、ハイディ日高と幸楽苑を読んでいただくとよくわかると思います。

2008年は営業効率の改善、流動性の改善（必達）、生産効率の改善（必達）を行います。

第5章

「虫の目」と「鳥の目」結論は一致するか

第１節　２００２年家電不況は予知できた

ゼロ金利政策解除が早すぎたと言われる理由

第１章では「鳥の目」の計数力について述べました。金利動向を見ると景気の先行き予測にブレが生じないことがおわかりいただけたと思います。

ここで電機メーカー８社の過去の企業力の推移（グラフ33・34）を見てみましょう。すべての会社で２００２年の総合力が大きく落ち込んでいますが、２００３年には各社Ｖ字回復してきています。

ＣＩ一致指数（グラフ35）を見てください。このグラフはグラフ１（27ページ）の一部分を切り出しています。

切り出した部分はすべて緩やかに金利を引き下げた時期（金融緩和）に当たります。その中でさらにゼロ金利政策の時期を記入してみました。１９９９年２月に導入されたゼロ金利政策は２０００年８月に解除されました。

そして、５ヶ月後の２００１年年初から一致指数が下落し、景気後退局面に入ったこと

グラフ33　企業総合評価

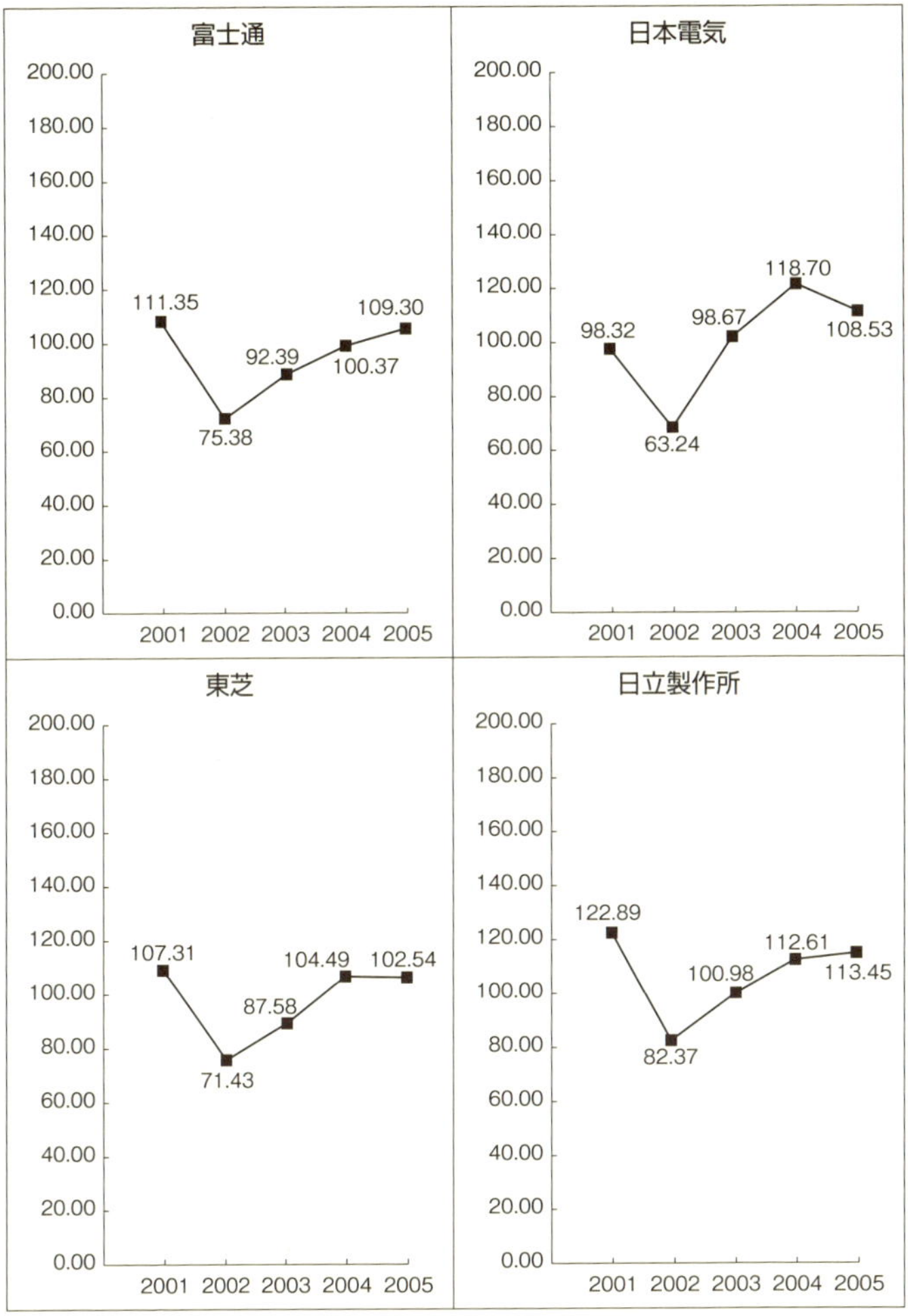

グラフ 34　企業総合評価

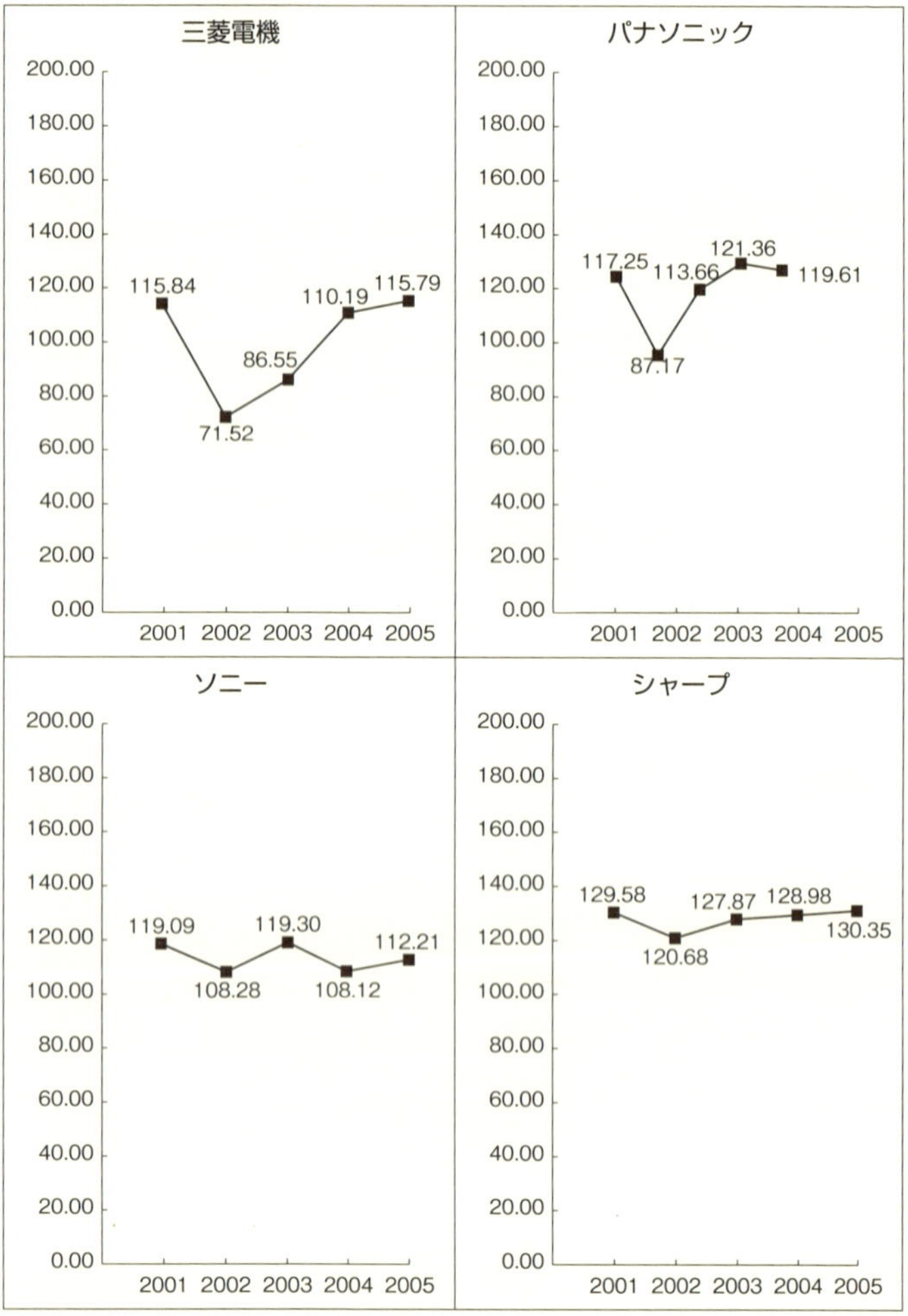

を示しています。

この動きは２００２年の決算にまるまる影響を与えますので、各社の２００２年の企業力は激しく落ち込んでしまいました。

このゼロ金利政策解除は早すぎたのではないかという指摘がありますが、各社の総合評価の落ち込み具合を見ると、その指摘は的を射ているといえます。

第1章で検証しましたが、景気動向指数は金利の変動に影響を受けます。すなわち、電機メーカー各社の２００２年の落込は逆のぼること19ヶ月前のゼロ金利政策解除時に予測できたといえます。

この電機メーカー8社の企業力総合評価と、景気動向指数の悪化トレンド・改善トレンドが一致することを確認してください。

グラフ 35　CI 一致指数

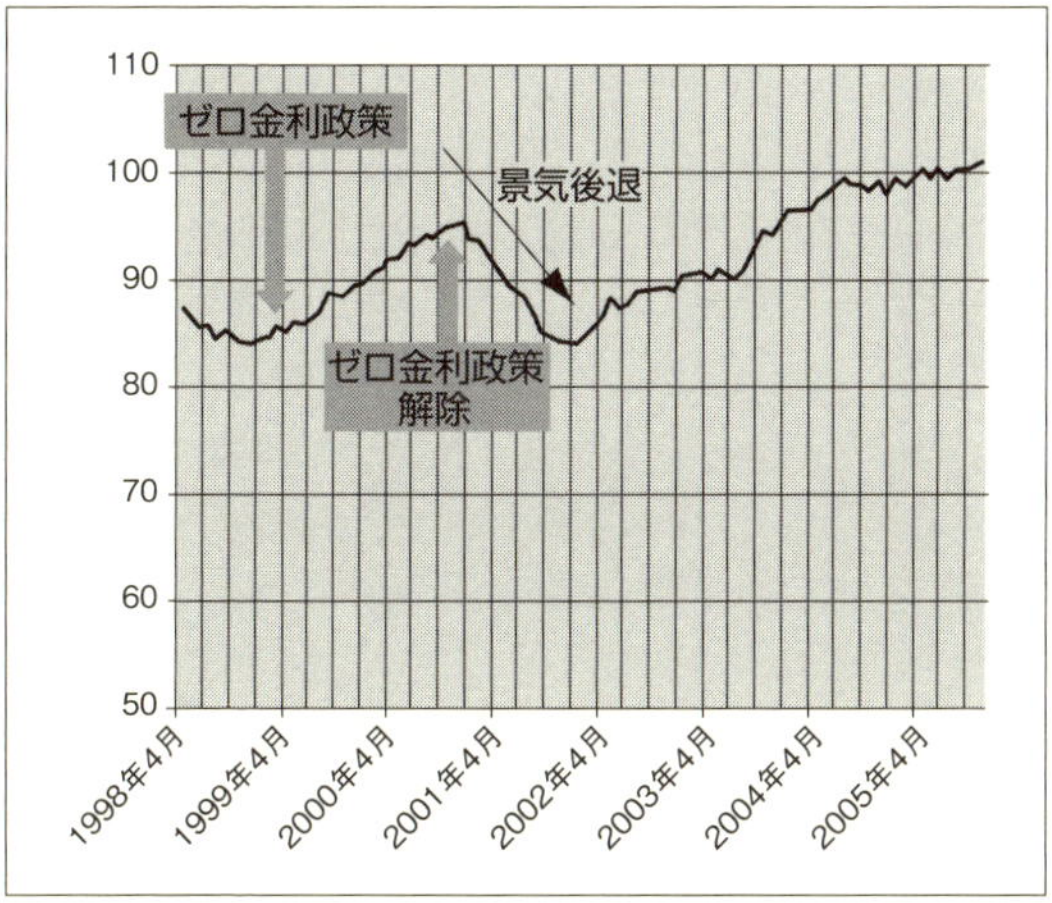

景気を読み、準備する

景気の波に左右されることは「そんなの当たり前だ!!!」と言う方もいらっしゃるでしょう。しかし、景気の波の中でうまく泳ぎ切ることが経営者には求められるのです。

優良企業は2年後、3年後の環境を予測し、それに打ち勝つための手を打とうとします。たとえば、国内の景気に悪化が見込まれるのであれば、外国に輸出先を求める、新規採用を控える、不況に強い業態に進出するなどです。

業積の悪い会社は今が順調であれば、先のことを考えません。ことが起こってから慌てるのです。

第2節　自動車業界で恐慌を検証

トヨタ、日産、ホンダの第2四半期の悪化度

トヨタ、日産、ホンダの企業力を分析してみました（グラフ36）。2005年から

グラフ 36　企業力総合評価

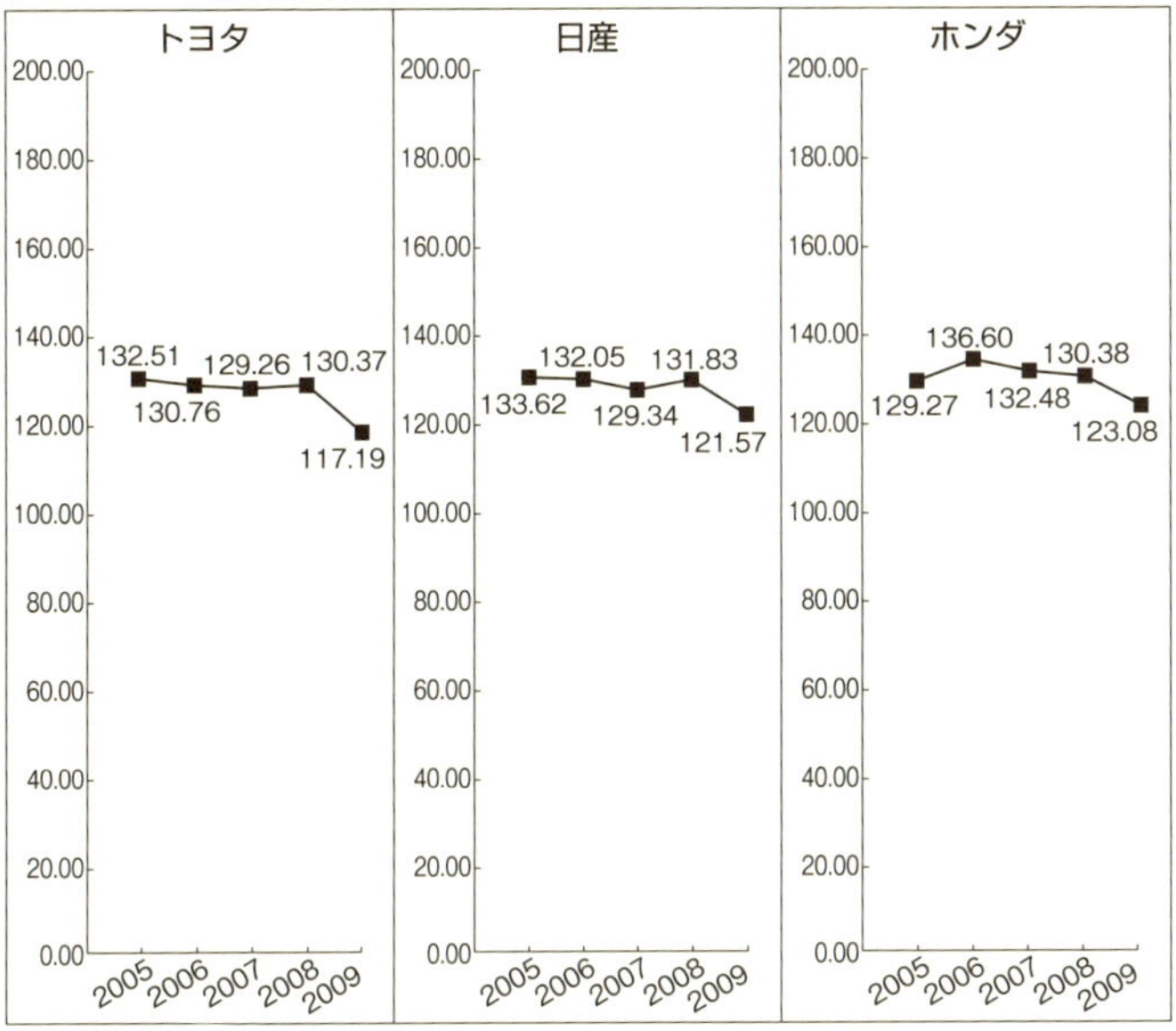

グラフ 37　CI 一致指数

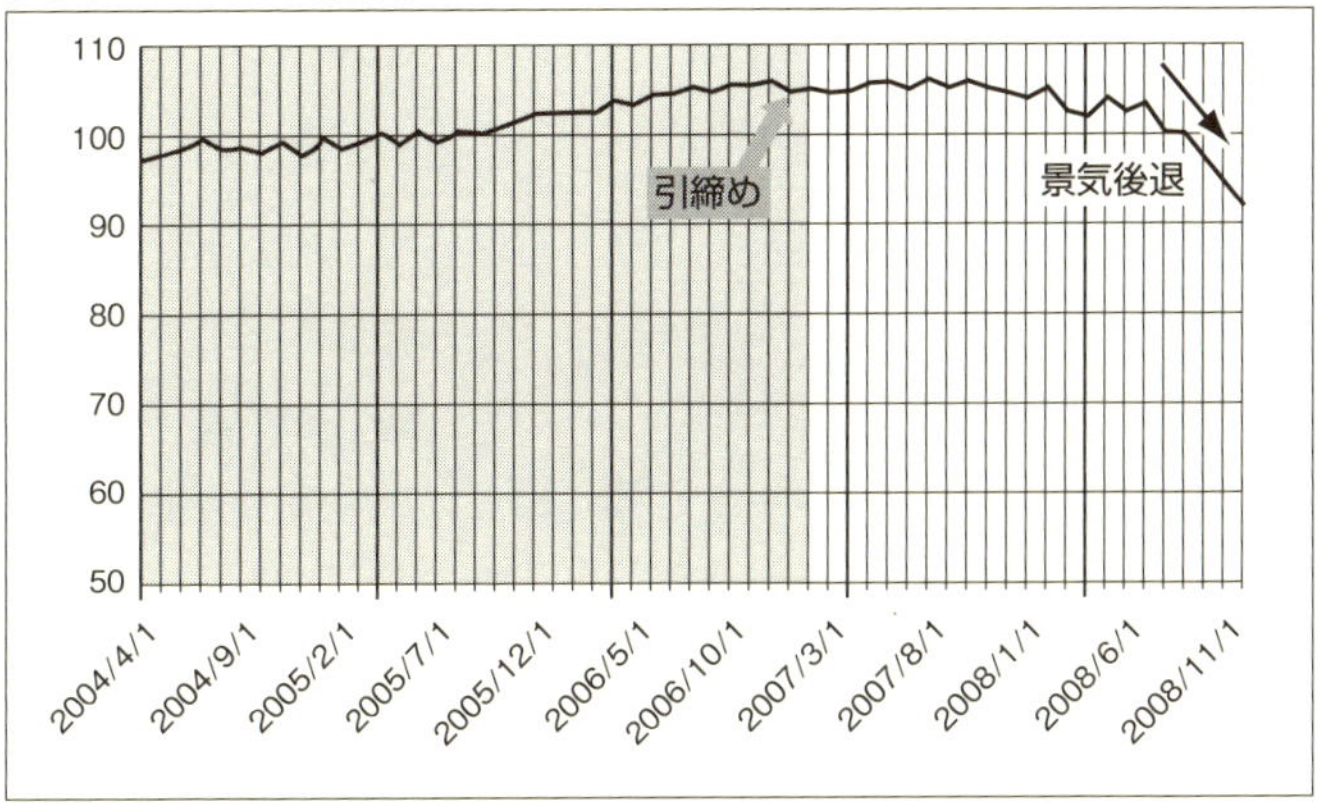

２００８年まではそれぞれ１年分の数字ですが、２００９年は第２四半期まで入れた数字です。

トヨタ、日産はかなり下落していますが、ホンダの悪化の度合いは少し緩いようです。

しかし、第２四半期といえば２００８年９月までの半年です。

リーマンショックが９月15日ですので、第２四半期までは９月30日までの15日分しか影響がないはずです。

リーマンショックでの落ち込み以前に、景気悪化による落ち込みの影響を多分に受けているようです。

ＣＩ一致指数（グラフ37）を見てください。これはグラフ１（27ページ）の一部を切り出しています。２００７年２月に引締めを行っており、同年の11月から景気後退に転じていることがわかります。引締めを

グラフ 38

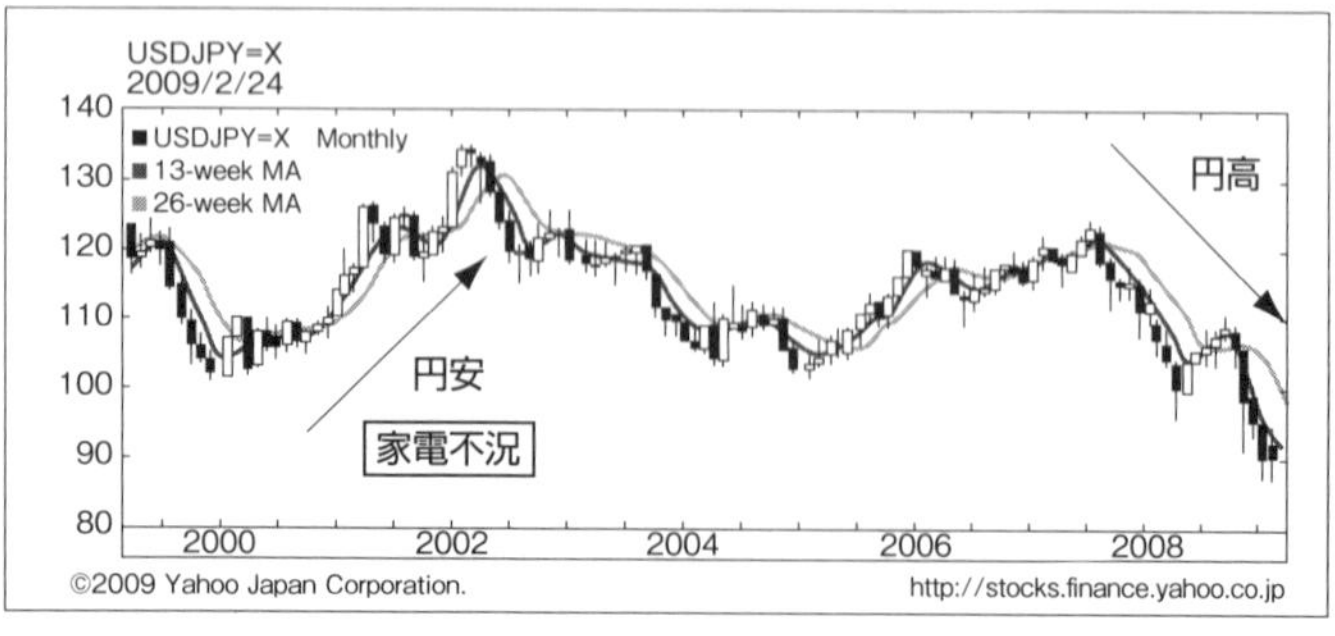

出典：Yahoo!

行ってから9か月後に景気後退期に入っています。つまり、２００９年第二四半期の自動車各社の企業力の落込みは、２００７年11月からの景気後退の影響の方が大きい可能性があります。そして、リーマン・ブラザーズが破たんし、本格的に騒ぎ出したのが２００８年9月15日です。

為替の動向をみてみましょう（グラフ38）。

２００７年後半から円高に転じており、強烈に円高が進んでいます。２００２年の家電不況のときは円安トレンドでしたから、輸出は良かったでしょう。

今回は「円高」と「景気後退」がダブルで来ていますので、２００２年の家電不況より激しい落ち込みが懸念されます。それに加えて「サブプライム問題に端を発した金融危機」もありますので実は3つ重なっているのです。

そこで、今回の事態に際しどのように対応すればよいかということですが、２００３年のパナソニックのV字回復を参考にします。パナソニックのV字回復時は景気後退のみでした。円安であり、まして金融危機もありませんでした。今回は２００３年のパナソニックのときよりも、はるかに厳しい対応を迫られるはずです。

グラフ 39

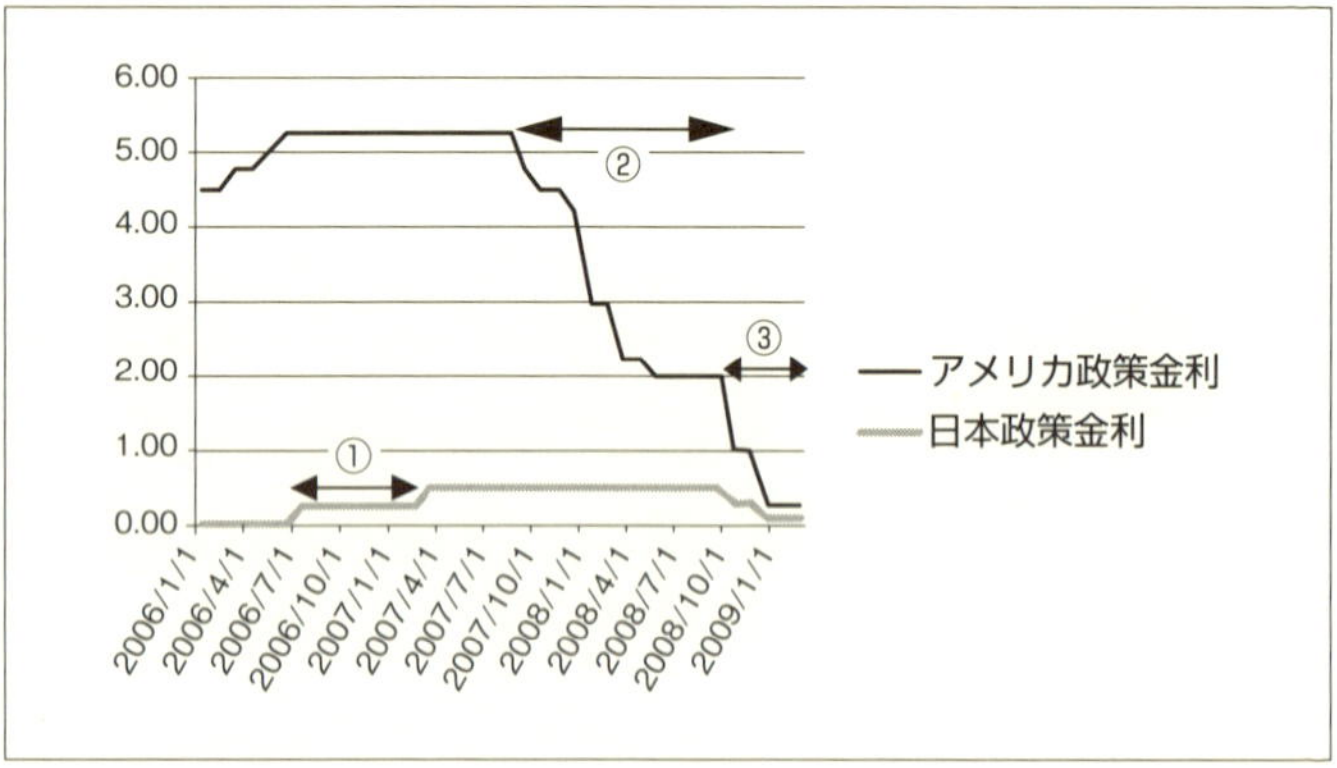
6.00
5.00
4.00
3.00
2.00
1.00
0.00
2006/1/1
2006/4/1
2006/7/1
2006/10/1
2007/1/1
2007/4/1
2007/7/1
2007/10/1
2008/1/1
2008/4/1
2008/7/1
2008/10/1
2009/1/1
①
②
③
アメリカ政策金利
日本政策金利

グラフ 40

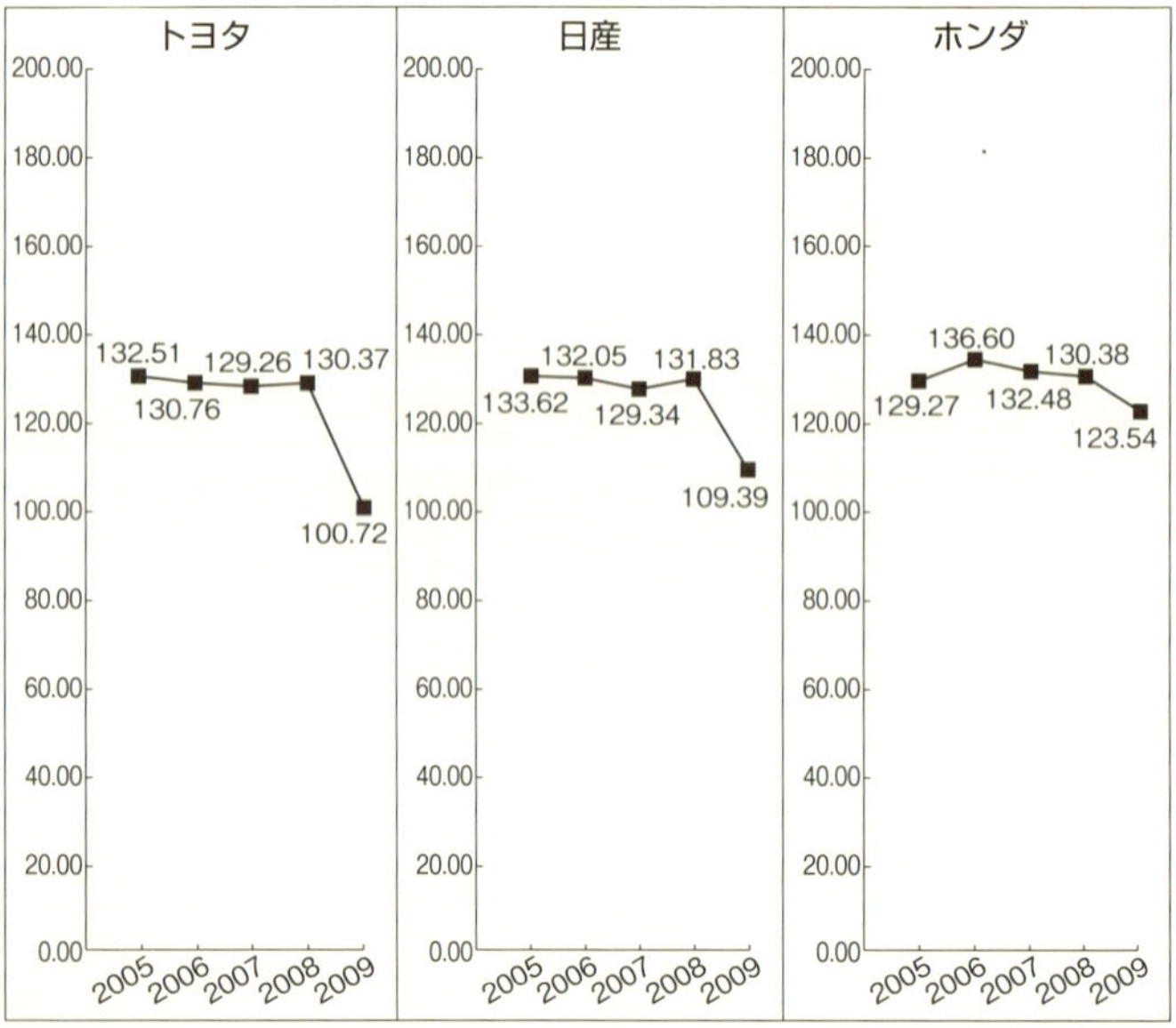
トヨタ
200.00
180.00
160.00
140.00
120.00
100.00
80.00
60.00
40.00
20.00
0.00
132.51
130.76
129.26
130.37
100.72
2005
2006
2007
2008
2009
日産
200.00
180.00
160.00
140.00
120.00
100.00
80.00
60.00
40.00
20.00
0.00
133.62
132.05
129.34
131.83
109.39
2005
2006
2007
2008
2009
ホンダ
200.00
180.00
160.00
140.00
120.00
100.00
80.00
60.00
40.00
20.00
0.00
129.27
136.60
132.48
130.38
123.54
2005
2006
2007
2008
2009

日本は２００８年10月の協調利下げに応じず、円高になった

それではなぜ、この様な強烈に円高が進んだのでしょうか。

２００６年６月からアメリカ金利は変動しませんが、日本が金利を段階的に上げたことで日米金利差は縮まり（**グラフ39①**）、２００７年９月のアメリカ金利引き下げにも日本の金利は据え置かれ、ますます金利差は縮まりました（**同②**）。

２００８年10月の欧米中央銀行６行の協調利下げにも日銀は同調せず、アメリカと日本の金利差はさらに縮まり続け（**同③**）、相対的に日本の金利は割高となりました。相対的に金利が割高になった日本に資金が向かい、ドル売り・円買いが進み、円高をまねきました（**グラフ38**）。

円高は外需依存型の日本経済に大きな打撃を与えています。

トヨタ、日産、ホンダの第３四半期の悪化度

引き続きトヨタ、日産、ホンダを分析してみました。なお、２００９年とあるのは第３四半期まで入れた数字です（**グラフ40**）。

トヨタ、日産の下落には角度があります。それに対しホンダは少し緩いようです。

先ほどの第2四半期のグラフ36と見比べてください。トヨタと日産はさらに悪化していることがわかります。

２００９年の年度決算はこれよりも悪化しているでしょう。

電機メーカー各社の２００２年の悪化の傾きと比べても、はるかに厳しくなるはずです。

第3節　「鳥の目」「虫の目」が教える円高・不況・金融危機

円高・不況・金融危機が見えましたか「鳥の目」

ここまでの説明で、景気は金融政策に影響を受けることがわかったと思います。金融政策いかんによって景気の波をコントロールできるのであれば、「もう少し何とかなるのでは？」と思われたはずです。

ゼロ金利政策解除をもう少し先にしていれば、２００２年の家電不況はなかったのでは？

２００８年10月の欧米中央銀行6行の日米金利差の協調利下げに応じていれば、急激な円高に苦しむことはなかったのでは？

サブプライムローンに発した金融恐慌も、金融政策が大きなカギを握っているのでは？

もう一つの歴史教科書問題?!

藪から棒に歴史教科書の話をします。

１９２９年の世界大恐慌では、私たちはフランクリン・ルーズベルト大統領とニューディール政策（財政政策）を習いました。１９２９年当時は変動相場制ではないので、「変動相場制の下での財政政策は効かない」という議論はありません。財政政策は効いたはずです。

しかし、最近の大恐慌研究は、大恐慌からの脱出は金融政策が鍵であったことを明らかにしています。当時、金本位制が採られており、通貨供給量はその国の金の保有高で決まっていました。

しかし、当時の世界では金本位制でない国や、早期に離脱した国もありました。それらをグループ毎に分析した研究では、金本位制でなかった国や早期に離脱した国ほど恐慌からの脱却が早かったことが[8]証明されています。

教科書の記憶が強烈すぎて、財政政策に偏っているのか、それとも金融政策が景気に与える影響のタイムラグの長さに、せっかちな日本人には金融政策は解決手段として思いつかないのか、それともその、両方でしょうか。

あなたは会社をどう守りますか「虫の目」

２００９年の企業力の落ち込みは、２００２年3月の家電不況の落ち込みより厳しいことが予想されます。

パナソニックは雇用を守るという「日本的経営」を投げ打って２３０００人のリストラをしてV字回復しました。

厳しい現実ですが、過去をつぶさに分析することによって、示唆を得ることが出来ます。

このような時代でも、企業は果敢に戦っています。第6章では、個別企業の経営の巧拙を見ていきましょう。

きっとあなたが実践できそうな優良企業の成長戦略が見つかるはずです。

8　バーナンキ（現FRB議長）氏「大恐慌論文集」

第６章

「計数力」は戦略思考への出発点

第1節　計数力を鍛える

左脳の限界

この会社に何が起こったのか、何が一番の原因か、これは他の会社でも起こり得るのか、他の会社では克服できたのか、など、自分の会社の決算書を眺めていたところで何もわかりません。

普通の財務分析をしたところで状況はあまり変わりません。

数字の羅列ではその中で何が起こっているかを読み解くことは不可能なのです。

また、自分の会社のみを分析するだけでは自社の強み・弱みがわかりません。多くの会社を分析し調べ上げることによって、有効な情報を得ることができます。

右脳でコミュニケーション

貸借対照表は会社の財産の状態、損益計算書は会社の営業活動を表す書類です。これらの決算書は、長い間、真実の状態を示すように、会計基準などを改定して工夫が凝らされてきました。

書店に行けばたくさんの「決算書がわかる」関連の書籍が出版されています。決算書が読めるように努力することは素晴らしいのですが、その中に隠された重要な情報を引き出すことはなかなか難しいでしょう。実際、自社の決算書ですら、きちんと分析し、経営に活かされているケースは少ないのです。なぜでしょうか。ただ数字が羅列されているために、ピンと来ないのです。

それは人に道順を尋ねることに似ています。

「その角を左に曲がって4つ目の辻を右に曲がっていくと池があって、それを通り過ぎて、たばこ屋の角を…」などと説明されるより、地図を描いて渡してくれたほうがよほど迷わずに進めます。

人と人とのコミュニケーションは、文字や数字で

は伝え切れないのではないでしょうか。

企業は多くの従業員が同じ目的に向かって協業します。その構成員の能力はまちまちです。彼らに企業の状況を理解させ、同じ方向に動かしていこうと思えば、彼らすべてにわかる表現方法でコミュニケーションを図らなければならないでしょう。

第2節　営業戦略を立てる

誰でも得意先に対してコバンザメ　森精機製作所

第3章では1社について総合評価をいかに出すかについて説明しました。仮にこれが自社だとすれば、自社ですら正確に企業力総合評価を行わずに、つまり、どちらの方向へ進んでいるかわからずに経営しているということです。

自社の総合評価が出ないということは他の会社も出ないということです。

企業は外部の利害関係者の影響を受けながら自社の経営をしているわけです。

少し古い例ですが、グラフ41を見てください。森精機製作所は工作機械のメーカーです。得意先は自動車産業や家電メーカーです。２００１年から5年間、自動車産業は安定した経営状況でした。それに対して総合家電各社は２００２年に大きく落ち込んでいます。そして森精機製作所は自動車および家電メーカー各社の1年遅れで自社の総合評価を描いています。

これはとりもなおさず、得意先に対して自社はコバンザメであるということです。つまり、企業は周りのステークホルダーに強い影響を受けながら存在するものである以上、常に得意先の経営状況を把握し、対応を迫られるということを意味します。

戦略的新規顧客獲得

貸し倒れてしまうと大変ですので、企業は得意先の債権管理を行います。しかし、これからの話は、得意先の債権管理の話ではありません。

今販売している先の業績が悪化すれば、自社も引きずられ、悪化を余儀なくされます。三菱電機、日立製作所、パナソニックは倒産する心配はないでしょうが、業績悪化によって、値引きを要求されたり、取引量を絞られたりする可能性はあります。

グラフ41　企業力総合評価

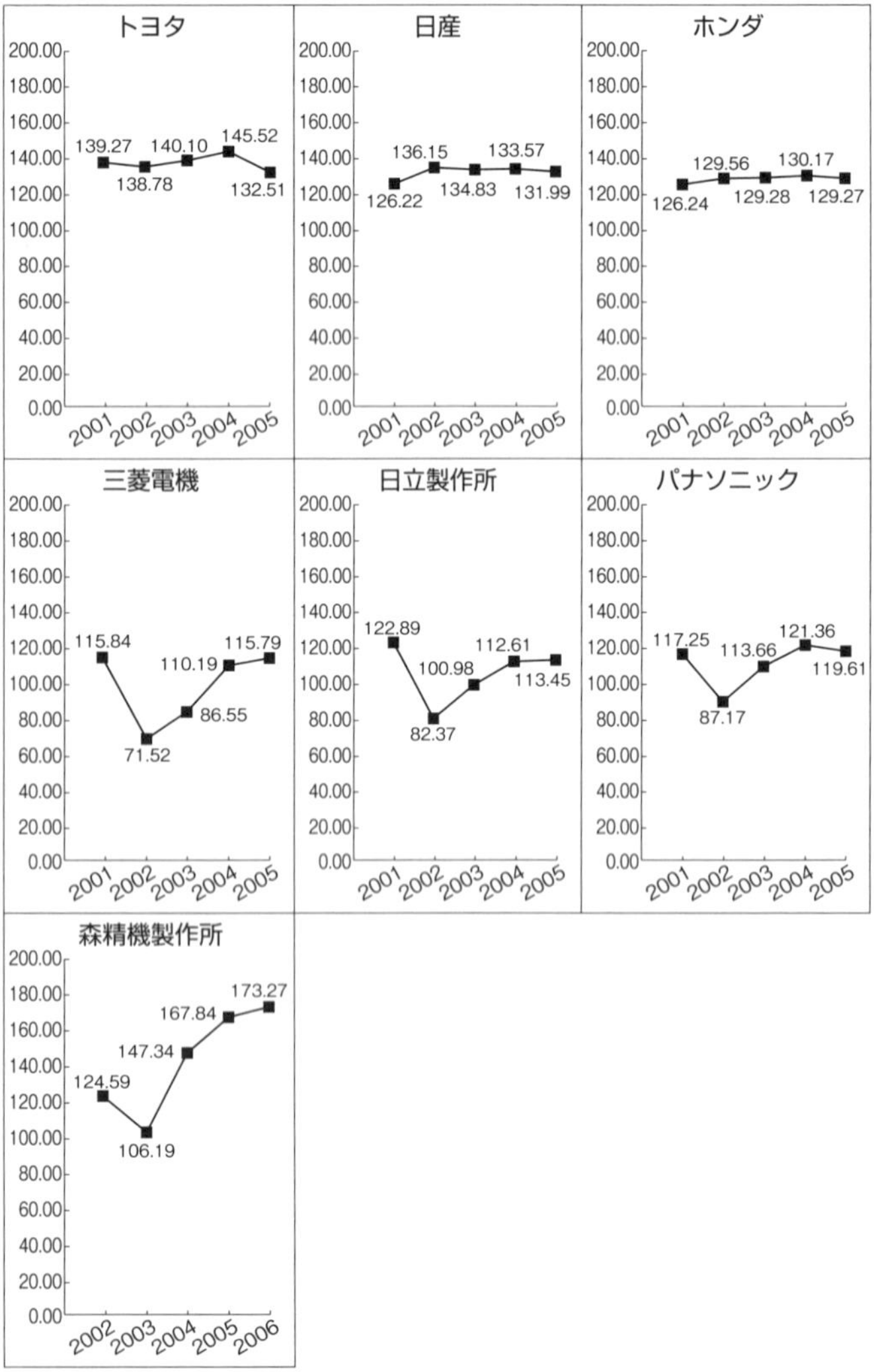

逆にいえば、業績が良いうちは、取引を開始してくれる可能性も高いわけですし、取引条件も厳しいことを言われません。

現在の取引先に悪化の予兆が見られたらすぐに新規の営業先を探すべきです。危機感の強い会社のほうが業績が良いといわれますが、それは良いときに悪くなることを想像できるかどうかではないでしょうか。

新規営業先　キャノン、コニカミノルタ、ローム

ここで貴方が精密機械部品を製造する会社を経営されていたとします。新規営業先をどう決めますか。時間が

グラフ42　企業力総合評価

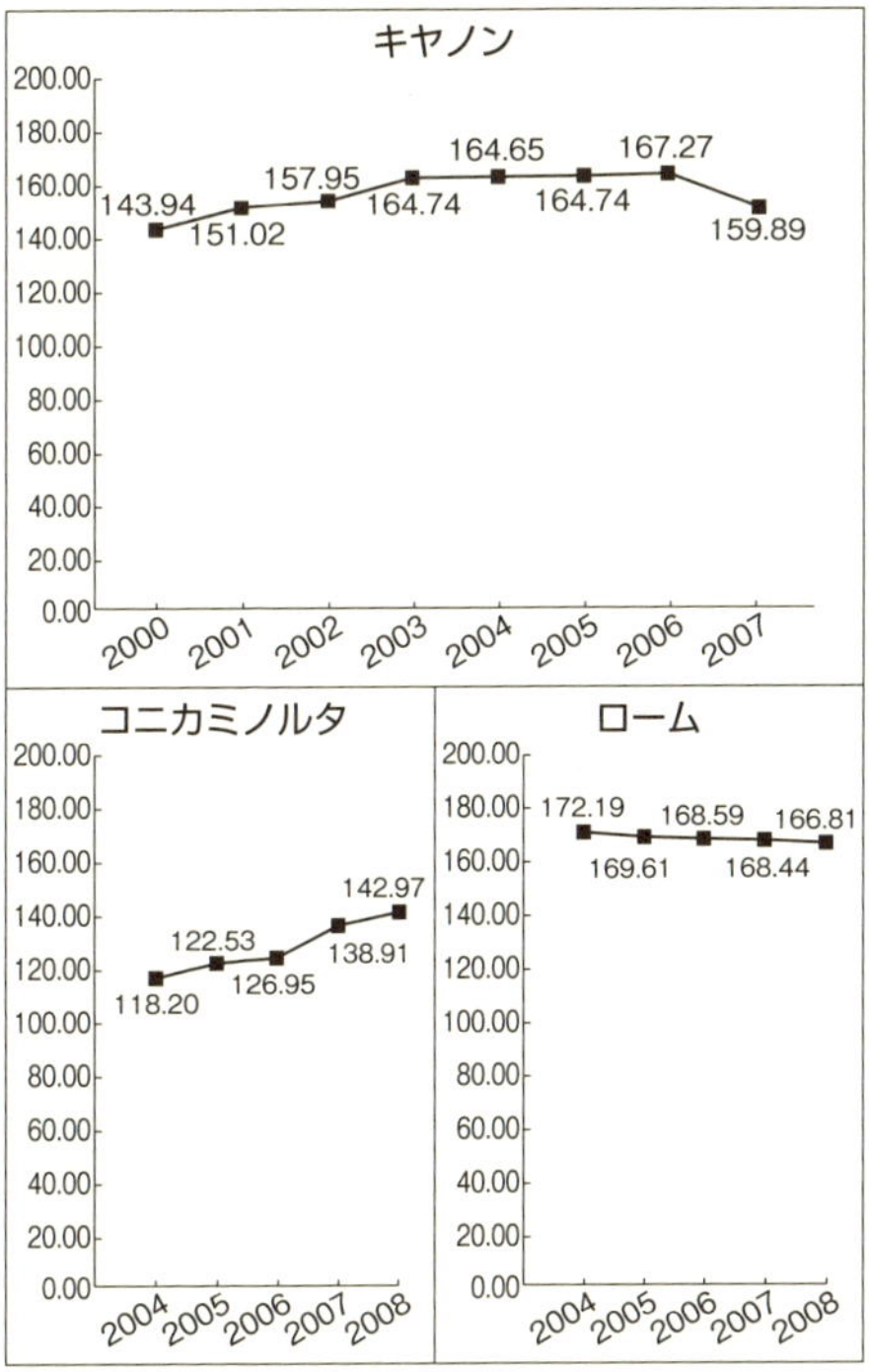

経つにつれ取引量が増えていく先がいいですよね。また、値引きを迫らないところがいいに決まっています。

さて、貴方は新しい得意先を見つけるためにいろいろ物色しています。そして、キャノン、コニカミノルタ、ロームのいずれかに営業を仕掛けようと思っています。3社とも一般的には、優良会社と思われています。どこが良いか、悪いかどうやって確認しますか。

分析してみましょう。

キャノンは順調に成長し、安定してきています。2007年で企業力が落ちましたが159ポイントと高い評価になっています。コニカミノルタも合併後、どんどん成長してきています。ロームも

グラフ43　営業効率

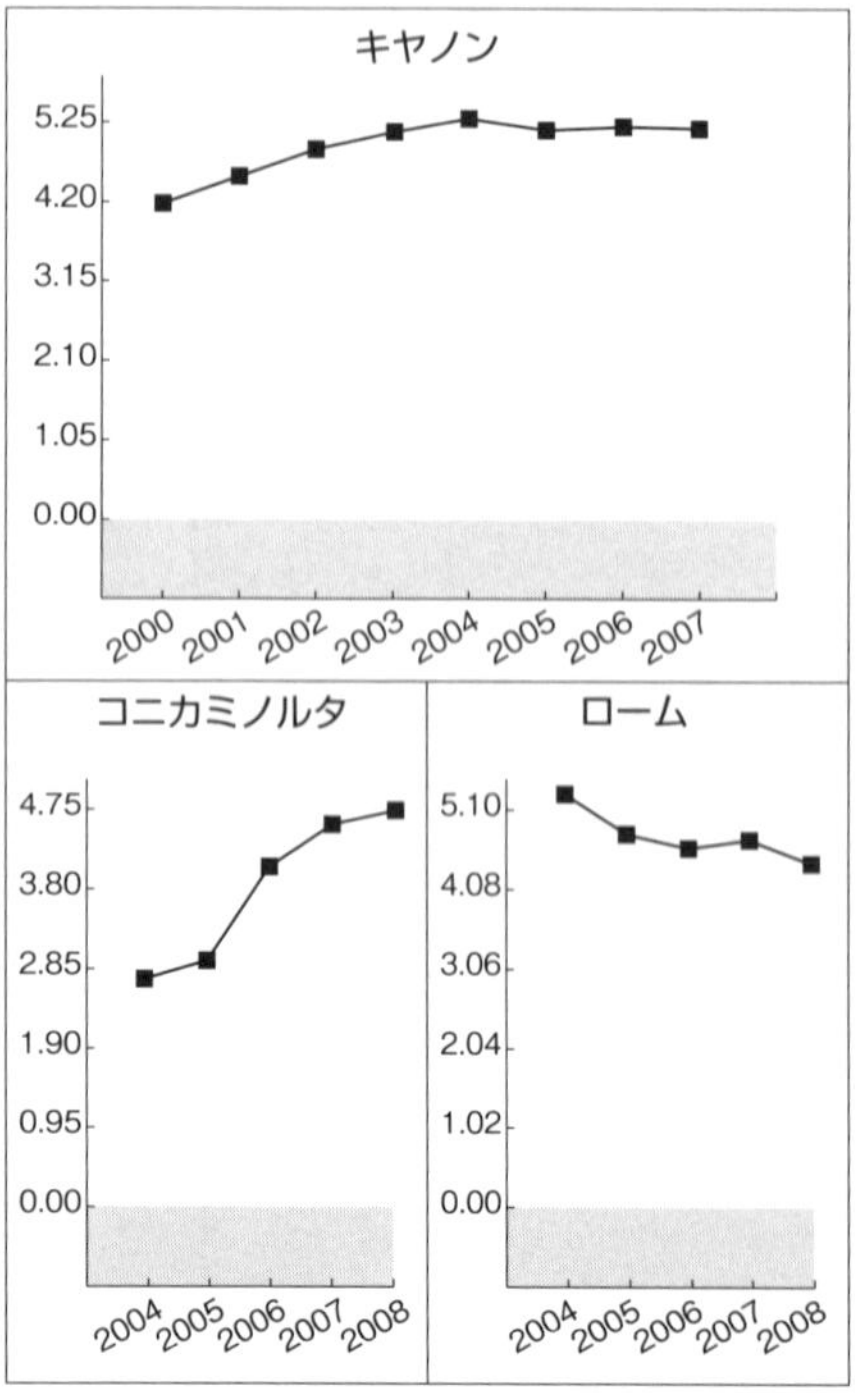

高い位置で安定しています。

総合評価を見る限りでは3社ともよさそうです。

それでは営業効率にドリルダウンしてみてみましょう（グラフ43）。何かわかるかもしれません。

キャノンは順調に伸びて、高位安定になっています。コニカミノルタはグングン伸びてきています。

ロームだけが悪化トレンドで、利益率が下がってきています。

今度はさらにドリルダウンして売上高増加率を見てみましょう（グラフ44）。やはりロームが悪化トレンドです。

ここでロームのキャッシュ・フロー計算書をチェックしてみましょう（図表27）。

2006年までは、営業活動で得たキャッシュ・フローに相当する投資キャッシュ・フローがあった（網掛け）のですが、2007年、2008年は急に投資活動のキャッシュ・

グラフ44　売上高増加率

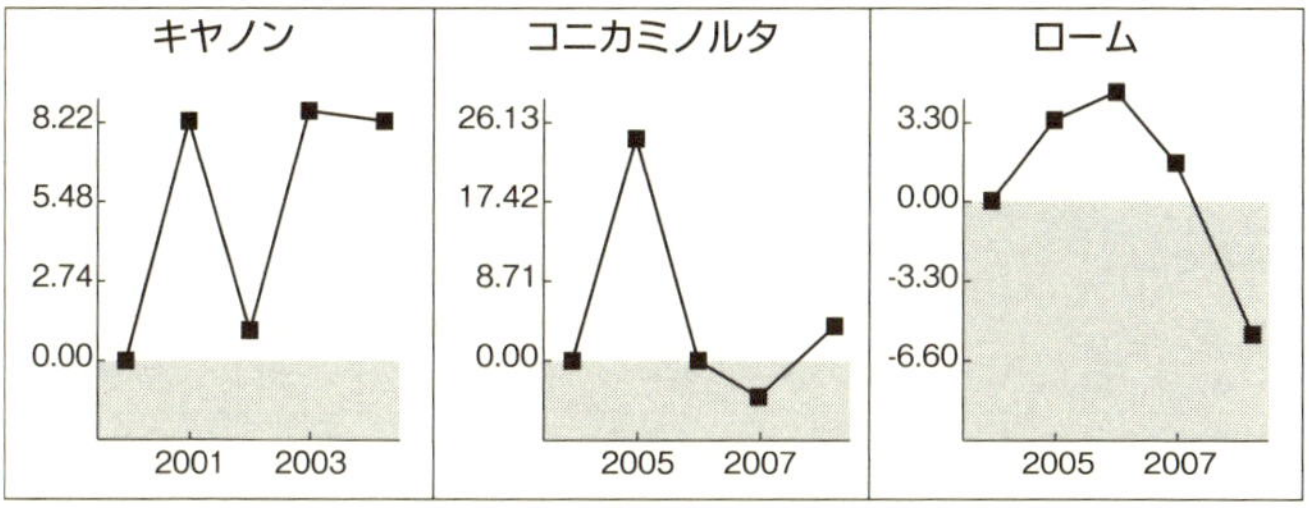

フローを絞ってきていることがわかります。

投資を減らすと企業は利益率が悪化してきます。営業効率が悪化するということです。営業効率が会社にとって一番大切な稼ぎの指標ですから、これが悪化することは一番良くありません。

こうして見てみると、営業先はキヤノンかコニカミノルタに絞ったほうがよいかもしれません。

第3節　ライバル企業を探る

家具屋対決　ニトリと大塚家具　お金の使い方が違う

ニトリと大塚家具を比較分析してみましょう。

ニトリは全国出店を加速させ、最近の円高還元で安さをアピールしています。「お、ねだん以上。ニトリ」というフレーズのテレビ

図表27　ローム　キャッシュ・フロー計算書

単位：百万円

	2004年3月	2005年3月	2006年3月	2007年3月	2008年3月
営業活動によるキャッシュ・フロー	78,365	91,919	94,548	103,929	136,191
投資活動によるキャッシュ・フロー	△72,136	△87,429	△95,332	△50,142	△33,337
財務活動によるキャッシュ・フロー	△3,028	△30,037	△25,310	△27,367	△53,118

コマーシャルをご覧になった方も多いと思います。

大塚家具は古くから高級イメージで通していますが、最近ニトリのように、円高還元をうたった宣伝が増えてきました。

ニトリの企業力総合評価は１２０ポイント台で安定しています。一方、大塚家具は１６０ポイント台で安定しています。

その差40ポイントはかなりのものがあります。

それでは下位の指標にドリルダウンしてみましょう。

営業効率は、ニトリは5の天井値に当たって水平化しています。大塚家具は5の天井から剥がれ落ち始めました。

大塚家具は儲からなくなってきたのです。

どうしたのでしょうか。

流動性を見てみると、ニトリは赤信号領域にハマっていて、短期資金は慢性的に不足気味であることがわかります。大塚家具は青信号領域で天井近い数値で推移しています。

安全性ではニトリは青信号領域の比較的高いところを推移していますが、大塚家具はそのもっと高いところを推移しています。長期資金の状況も大塚家具に軍配が上がります。

グラフ45　ニトリ

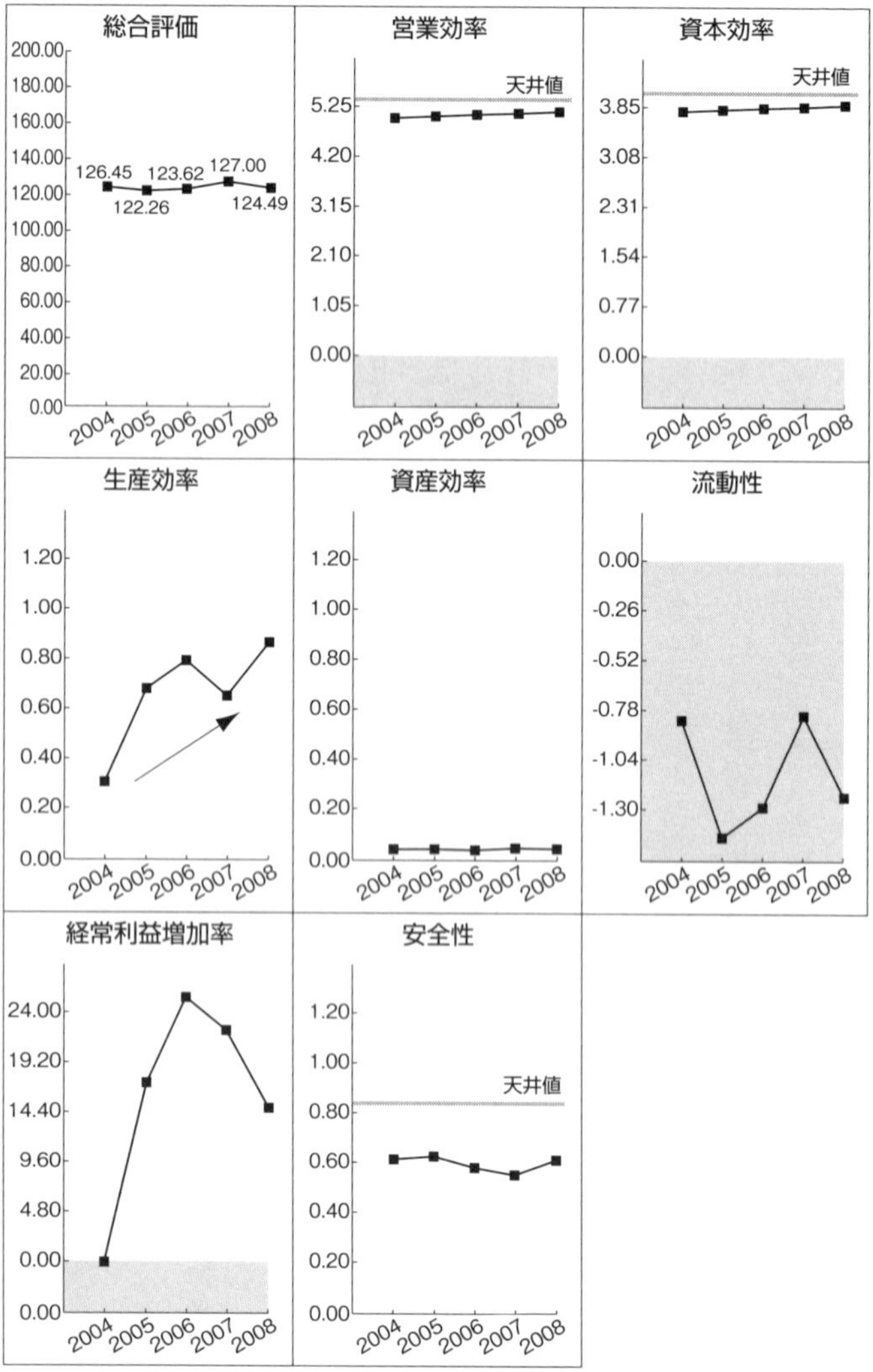
総合評価
126.45
122.26
123.62
127.00
124.49
営業効率
天井値
資本効率
天井値
生産効率
資産効率
流動性
経常利益増加率
安全性
天井値
2004
2005
2006
2007
2008

グラフ46　大塚家具

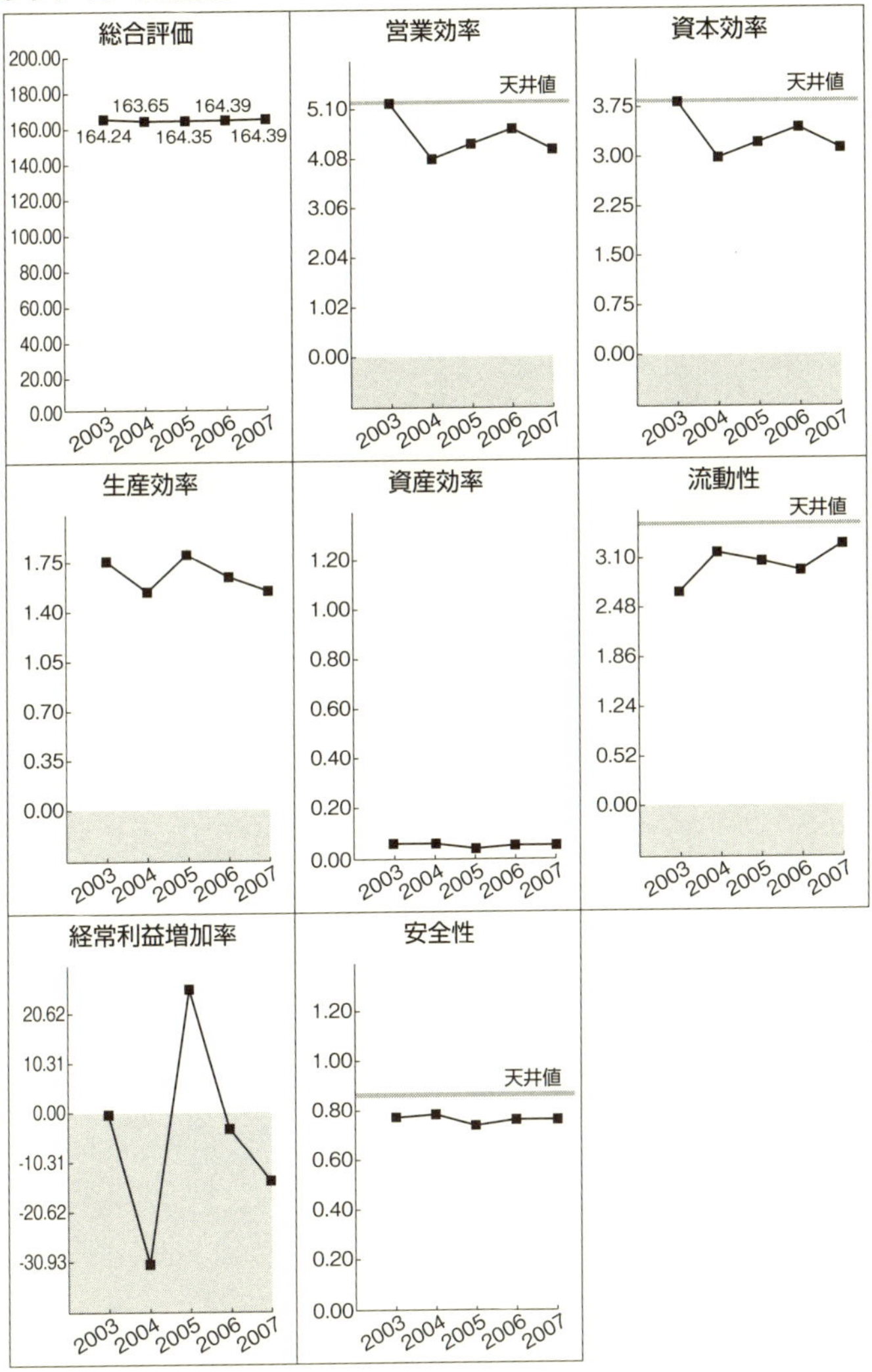

総合評価
200.00
180.00
160.00
140.00
120.00
100.00
80.00
60.00
40.00
20.00
0.00
163.65
164.39
164.24
164.35
164.39
2003
2004
2005
2006
2007
営業効率
天井値
5.10
4.08
3.06
2.04
1.02
0.00
2003
2004
2005
2006
2007
資本効率
天井値
3.75
3.00
2.25
1.50
0.75
0.00
2003
2004
2005
2006
2007
生産効率
1.75
1.40
1.05
0.70
0.35
0.00
2003
2004
2005
2006
2007
資産効率
1.20
1.00
0.80
0.60
0.40
0.20
0.00
2003
2004
2005
2006
2007
流動性
天井値
3.10
2.48
1.86
1.24
0.52
0.00
2003
2004
2005
2006
2007
経常利益増加率
20.62
10.31
0.00
-10.31
-20.62
-30.93
2003
2004
2005
2006
2007
安全性
天井値
1.20
1.00
0.80
0.60
0.40
0.20
0.00
2003
2004
2005
2006
2007

ニトリと大塚家具の分析では、新興のニトリが老舗の大塚家具を追い上げ、営業効率で追い越した5年間を示しています。

キャッシュ・フロー計算書を見てみましょう。

ニトリは営業キャッシュ・フローを上回る投資キャッシュ・フローを支出しています。それに対し大塚家具は、投資キャッシュ・フローは少なく、財務キャッシュ・フローを増加させています。また、現金預金で貯えつつあります。流動性の改善は現金預金比率の改善です。

両社はお金の使い方に大きな差があることがわかります。

このように見てくると、投資を積極的に行わない会社は徐々に競争力を失っていくことがわかります。大塚家具は借入金の返済などにお金を使い、競争力では差が出てしまっています。

企業は新市場の開拓や新製品の開発、新サービスの提供など、どんどん新しい取り組みをしなければなりません。

儲けたお金を借金の返済に向けても、競争力を失っていくのです。少し儲かると無駄使いをしたりしては到底勝ち目はありません。

2年後3年後、何で収益を上げていくかを考え、それに向けての投資していかなければなりません。

対照的な2社を比較すると経営の巧拙がよくわかります。

ここでお断りしておきますが、決して大塚家具の経営が悪いと言っているのではありません。企業力総合評価はかなりありますし、営業効率も悪化トレンドとはいえ、青信号領域です。流動性、安全性も申し分ないわけです。大塚家具は新しい事業展開を考えているのかもしれません。

そのために家具事業を固めているのかもしれません。その体力は十分にある会社です。

ラーメン対決　ハイディ日高と幸楽苑　出店戦略が違う

ハイディ日高と幸楽苑を比較分析してみましょう。

ハイディ日高は、「日高屋」を主軸業態として東京都内に95店舗、埼玉県に71店舗、神奈川県に14店舗、千葉県に6店舗の計186

図表28　ニトリ・大塚家具　キャッシュ・フロー計算書

単位：百万円

ニトリ	年決算	2004年2月	2005年2月	2006年2月	2007年2月	2008年2月	5年合計
	営業活動	11,233	9,635	13,363	18,692	19,114	72,037
	投資活動	-19,403	-17,946	-21,034	-21,569	-21,096	-101,048
	財務活動	9,567	7,553	10,250	4,067	2,403	33,840
大塚家具	年決算	2003年12月	2004年12月	2005年12月	2006年12月	2007年12月	5年合計
	営業活動	4,465	1,272	6,866	1,256	4,088	17,947
	投資活動	-554	-1,125	1,545	323	-1,073	-884
	財務活動	-327	-958	3,768	-4,499	-581	-10,133

グラフ 47　ハイディ日高

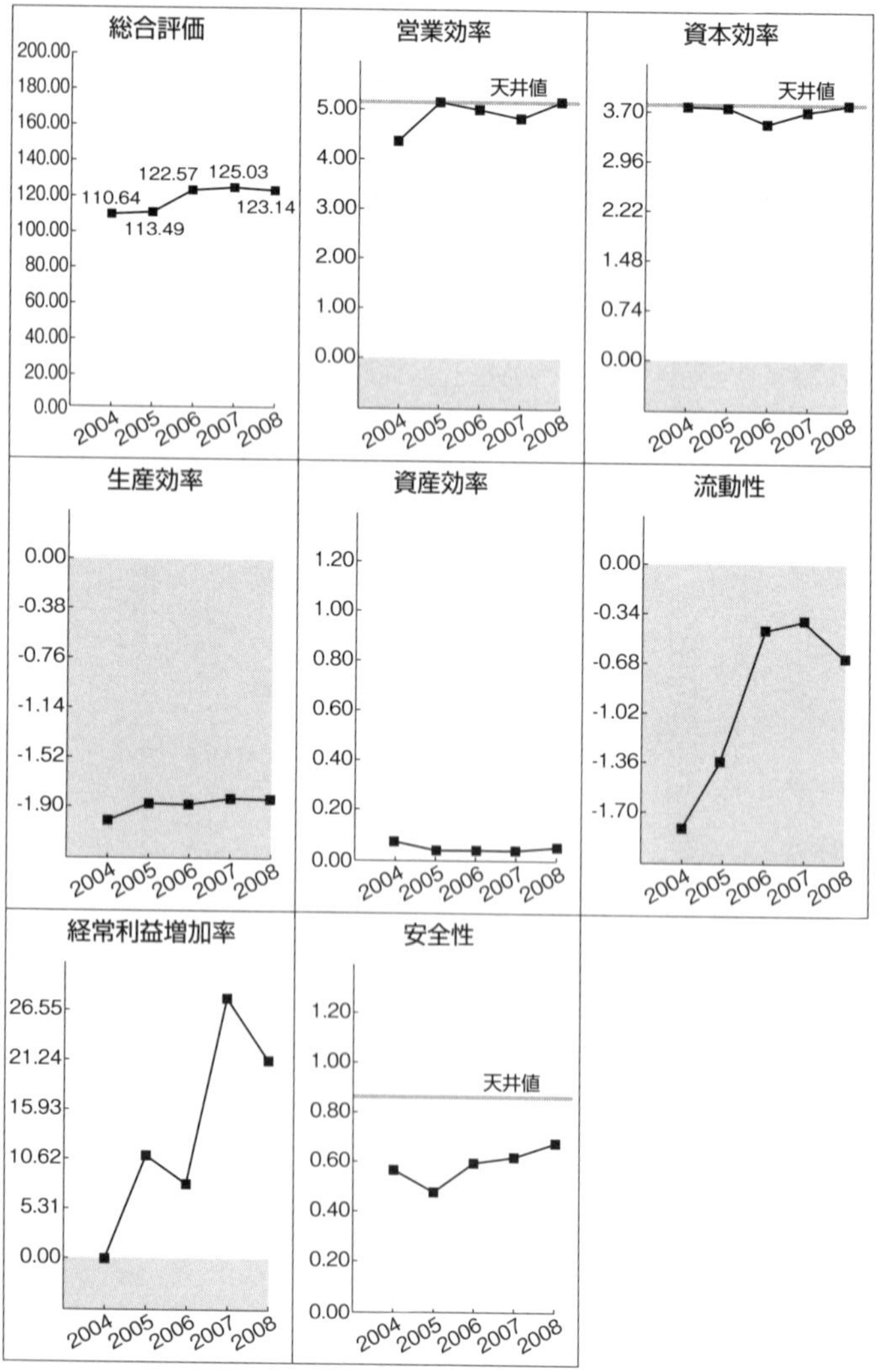

グラフ48　幸楽苑

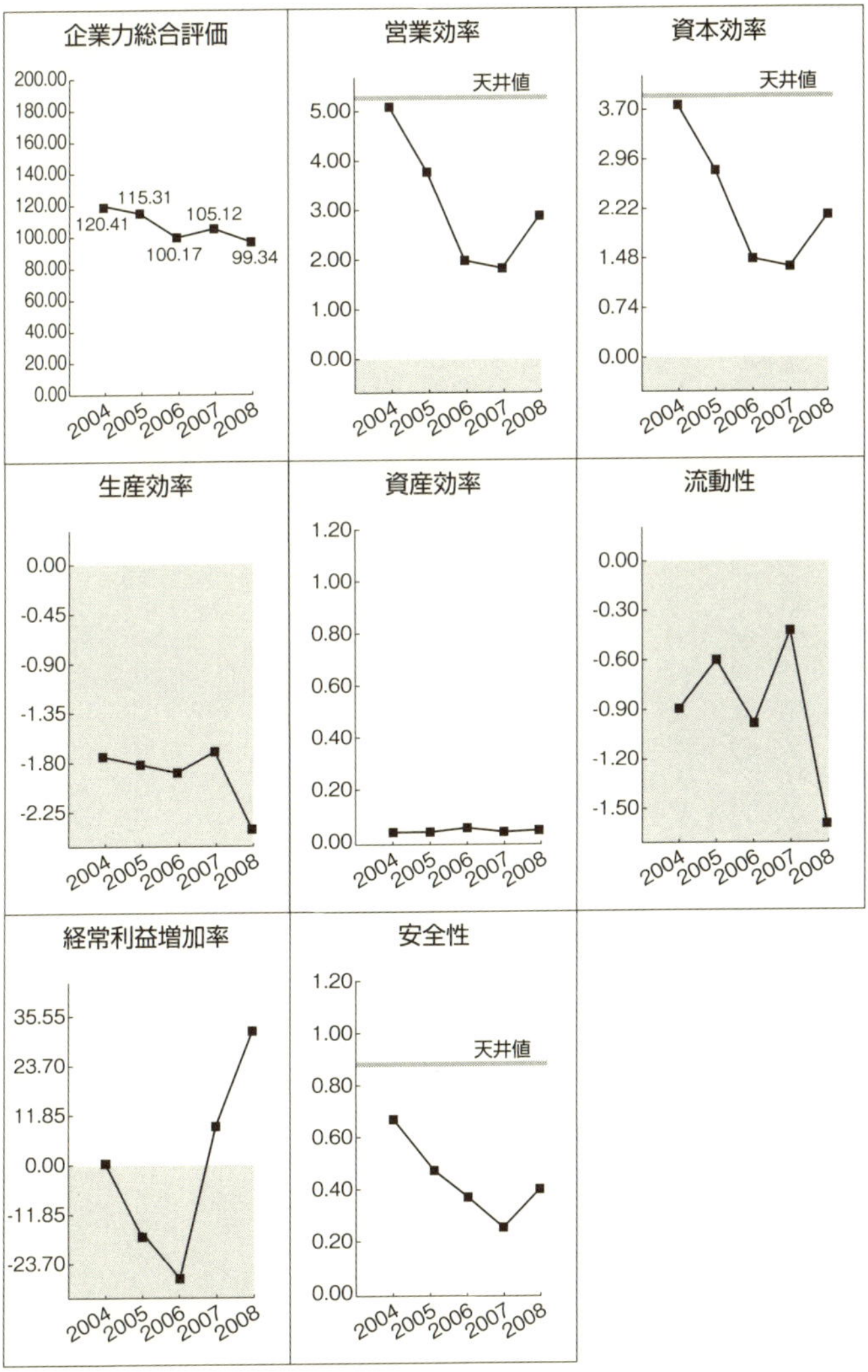

企業力総合評価
200.00
180.00
160.00
140.00
120.00
100.00
80.00
60.00
40.00
20.00
0.00
120.41
115.31
100.17
105.12
99.34
2004 2005 2006 2007 2008
営業効率
天井値
5.00
4.00
3.00
2.00
1.00
0.00
2004 2005 2006 2007 2008
資本効率
天井値
3.70
2.96
2.22
1.48
0.74
0.00
2004 2005 2006 2007 2008
生産効率
0.00
-0.45
-0.90
-1.35
-1.80
-2.25
2004 2005 2006 2007 2008
資産効率
1.20
1.00
0.80
0.60
0.40
0.20
0.00
2004 2005 2006 2007 2008
流動性
0.00
-0.30
-0.60
-0.90
-1.20
-1.50
2004 2005 2006 2007 2008
経常利益増加率
35.55
23.70
11.85
0.00
-11.85
-23.70
2004 2005 2006 2007 2008
安全性
天井値
1.20
1.00
0.80
0.60
0.40
0.20
0.00
2004 2005 2006 2007 2008

店舗をすべて直営で経営しています。品質の向上と安定、均一化を図るため、食材の購買、麺・餃子・調味料などの製造、各店舗の発注に関わる業務管理、物流までの機能を行田工場1か所に集約しています。首都圏4都県にのみ店舗を出店し、工場なども1か所にして効率の良い経営を目指しています。

幸楽苑は、青森県から兵庫県までの広い範囲に398店舗展開しています。工場も福島県、神奈川県、京都府と3か所あります。

ハイディ日高は総合評価が上げトレンドで120ポイント台を推移しています。幸楽苑は120ポイントから悪化トレンドになり直近では100ポイントを切ってきました。

それでは下位の指標にドリルダウンしてみましょう。

営業効率は、ハイディ日高は5の天井値に当たって水平化しています。幸楽苑は2008年に上向きましたが、悪化トレンドです。

流動性は両社ともに赤信号領域にどっぷり浸かっています。飲食業は棚卸資産をあまり持ちません。生鮮食料品のため腐りやすいからです。また、現金商売のため売掛金や受取手形もありませんので、流動性は赤信号領域にハマりがちです。

安全性は、ハイディ日高は天井に向かって着々と改善していますが、幸楽苑は悪化トレンドです。

ハイディ日高と幸楽苑の違いは出店戦略にあります。

ハイディ日高は狭い範囲に集中的にお店を出します。東京などでは、主要な駅のすぐ近くに必ず店舗があります。狭い範囲に出店すれば、広告宣伝を他の店がしてくれるという効果もあり、認知度を高めやすい利点があります。また、食材の配送や店舗管理などの動線が短くなりますので効率的な経営ができます。

幸楽苑は広い範囲に出店しているため、そのような利点を享受できません。しかし、自店同士の食い合いがないともいえます。

出店戦略は長期にコストの発生を決めてしまいます。後になって配送費が高くつくからと運送業者に見積りを出させて安い業者を探しても到底勝ち目はありません。

幸楽苑の営業効率の各指標を見てみましょう（図表29）。

図表29　幸楽苑　営業効率

単位：円・%

	2004年3月	2005年3月	2006年3月	2007年3月	2008年3月
売上高合計	19,746,594,000	24,683,212,000	28,842,545,000	31,396,875,000	32,915,091,000
売上総利益	14,101,621,000	17,596,302,000	20,477,567,000	21,579,286,000	22,892,842,000
売上高総利益率	71.41	71.29	71.00	68.73	69.55
営業利益	1,769,395,000	1,429,265,000	1,005,764,000	1,094,241,000	1,484,448,000
売上高営業利益率	8.96	5.79	3.49	3.49	4.51
経常利益	1,808,205,000	1,500987,000	1,059,992,000	1,146,156,000	1,507,650,000
売上高経常利益率	9.16	6.08	3.68	3.65	4.58
当期利益	884,328,000	683,234,000	279,200,000	107,512,000	321,030,000
売上高当期利益率	4.48	2.77	0.97	0.34	0.98

※前期と比較して改善した指標は網掛けにしています。

利益率は２００７年まで下落、２００８年に持ち直しに転じました。売上は毎期伸びています。

不効率で利益率が悪化している状態では、売上高を伸ばしても企業力は通常伸びません。悪化します。

営業効率の指標から幸楽苑は毎期黒字であることがわかります。最も悪い２００７年で３月期ででも１億７５１万円の黒字です。

しかし、安全性が悪化傾向です。通常、黒字であれば自己資本が増加するので、安全性は悪くならないと思われるかもしれません。

ところが、自己資本比率が悪化し続けています。簡単なことですが、自己資木の伸びよりも総資産の伸びが激しいのです。

また固定比率が悪化トレンドです。これも簡単なことですが、自己資本の伸びよりも固

グラフ49　幸楽苑

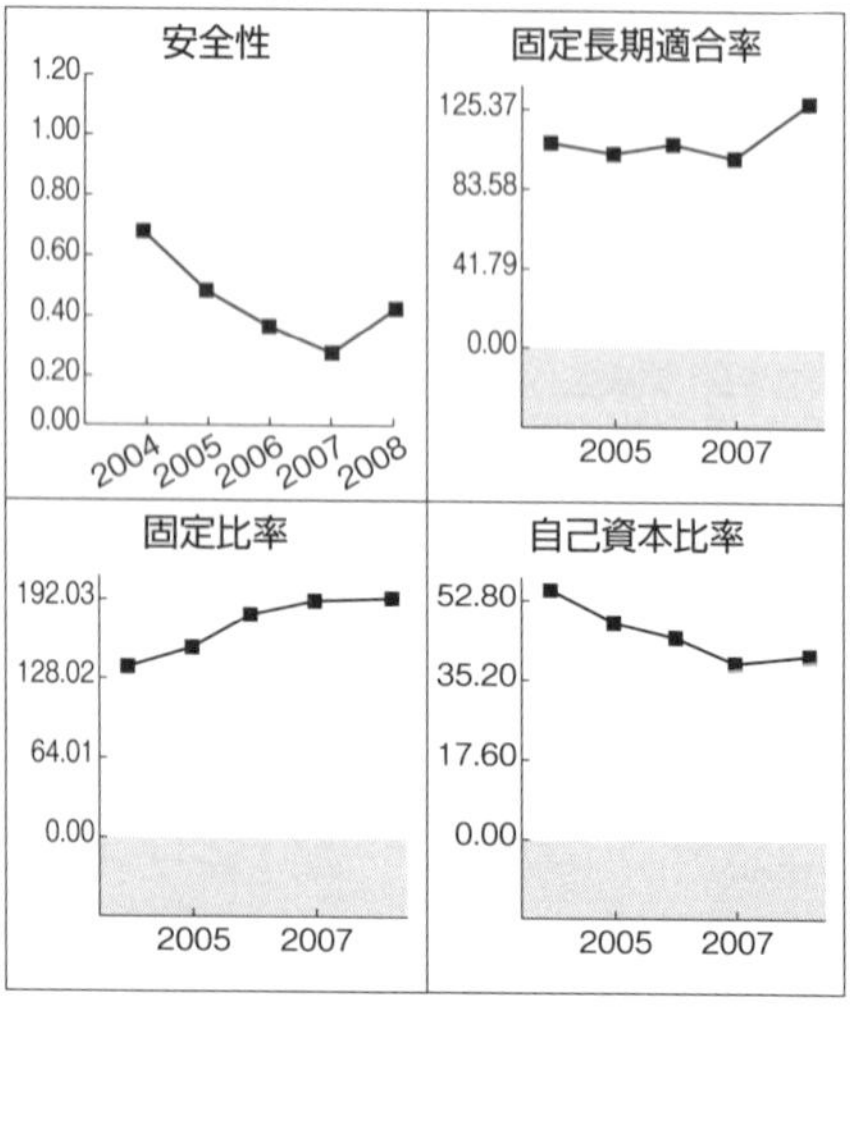

定資産の伸びが激しいためです。

なお、固定長期適合率が2007年まで横ばいなのは長期負債を増やし続けたからです。

つまり、出店速度が速く、借入で対応してきたため、安全性は悪化トレンドになったのです。

幸楽苑の場合は赤信号領域へ入りませんでしたが、拡大をしすぎて赤信号領域に突っ込んでしまう会社があります。借入過多になっているケースです。売上を増やす会社は融資がされやすく、気がつくと借金が山のようになっていた、というケースもあります。

商社対決　大塚商会と日本ユニシス　オーナー社長か否か

大塚商会と日本ユニシスを比較してみましょう。

大塚商会は上場企業ですが、大塚裕司氏が社長のオーナー会社です。日本ユニシスは三井物産の関連会社で代々三井物産から社長が来る、非オーナー会社です。

大塚商会の総合評価は常に右肩上がりです。営業効率（儲かるかの指標）も右肩上がり。つまり、利益率がどんどん上がっているようです。生産効率も右肩上がり、従業員1人当たり売上高などもぐんぐん伸びています。流動性（短期資金繰り指標）も赤信号領域から

グラフ50　大塚商会

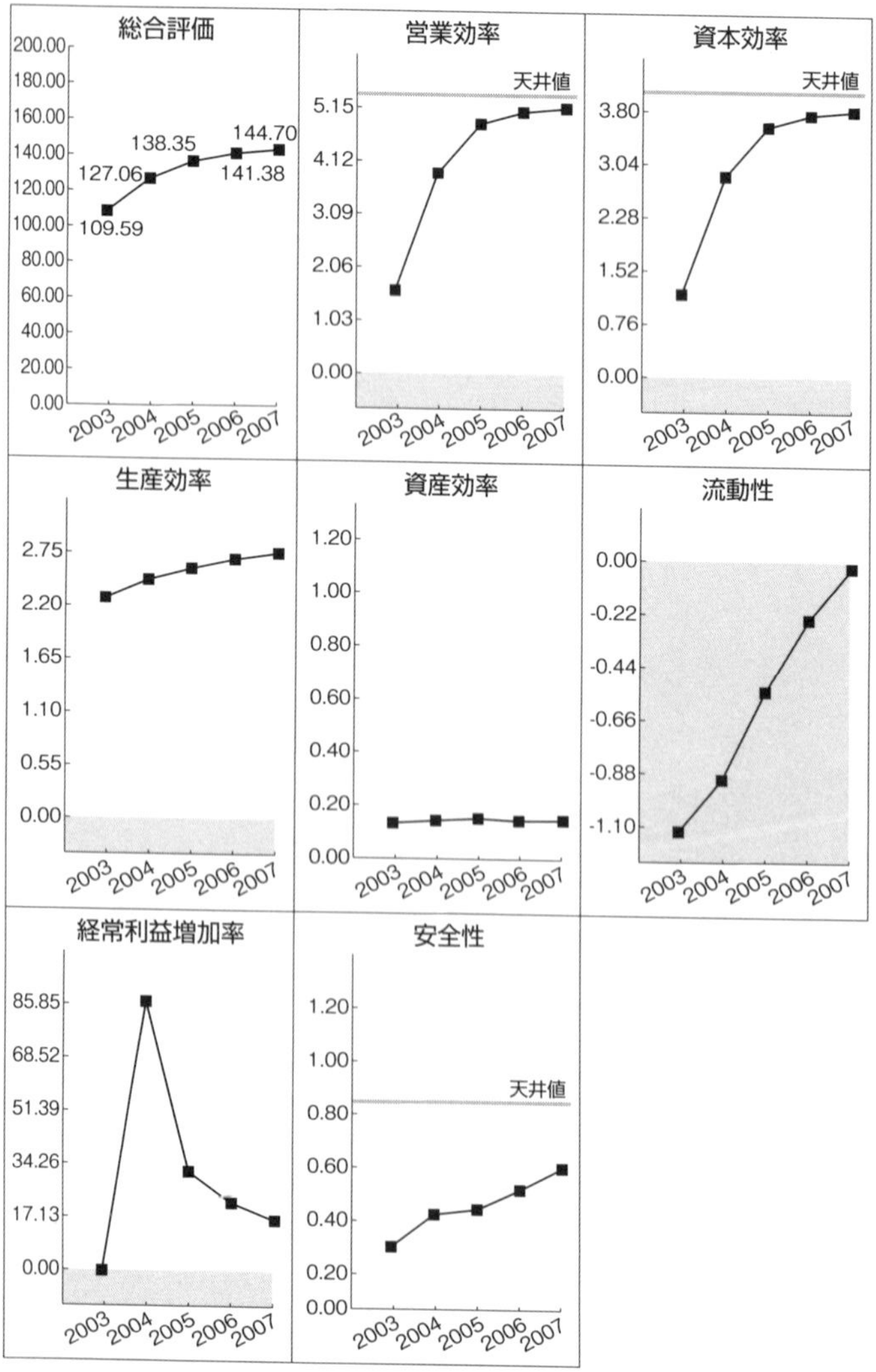
総合評価
200.00
180.00
160.00
140.00
120.00
100.00
80.00
60.00
40.00
20.00
0.00
109.59
127.06
138.35
141.38
144.70
2003
2004
2005
2006
2007
営業効率
天井値
5.15
4.12
3.09
2.06
1.03
0.00
2003
2004
2005
2006
2007
資本効率
天井値
3.80
3.04
2.28
1.52
0.76
0.00
2003
2004
2005
2006
2007
生産効率
2.75
2.20
1.65
1.10
0.55
0.00
2003
2004
2005
2006
2007
資産効率
1.20
1.00
0.80
0.60
0.40
0.20
0.00
2003
2004
2005
2006
2007
流動性
0.00
-0.22
-0.44
-0.66
-0.88
-1.10
2003
2004
2005
2006
2007
経常利益増加率
85.85
68.52
51.39
34.26
17.13
0.00
2003
2004
2005
2006
2007
安全性
天井値
1.20
1.00
0.80
0.60
0.40
0.20
0.00
2003
2004
2005
2006
2007

グラフ51　日本ユニシス

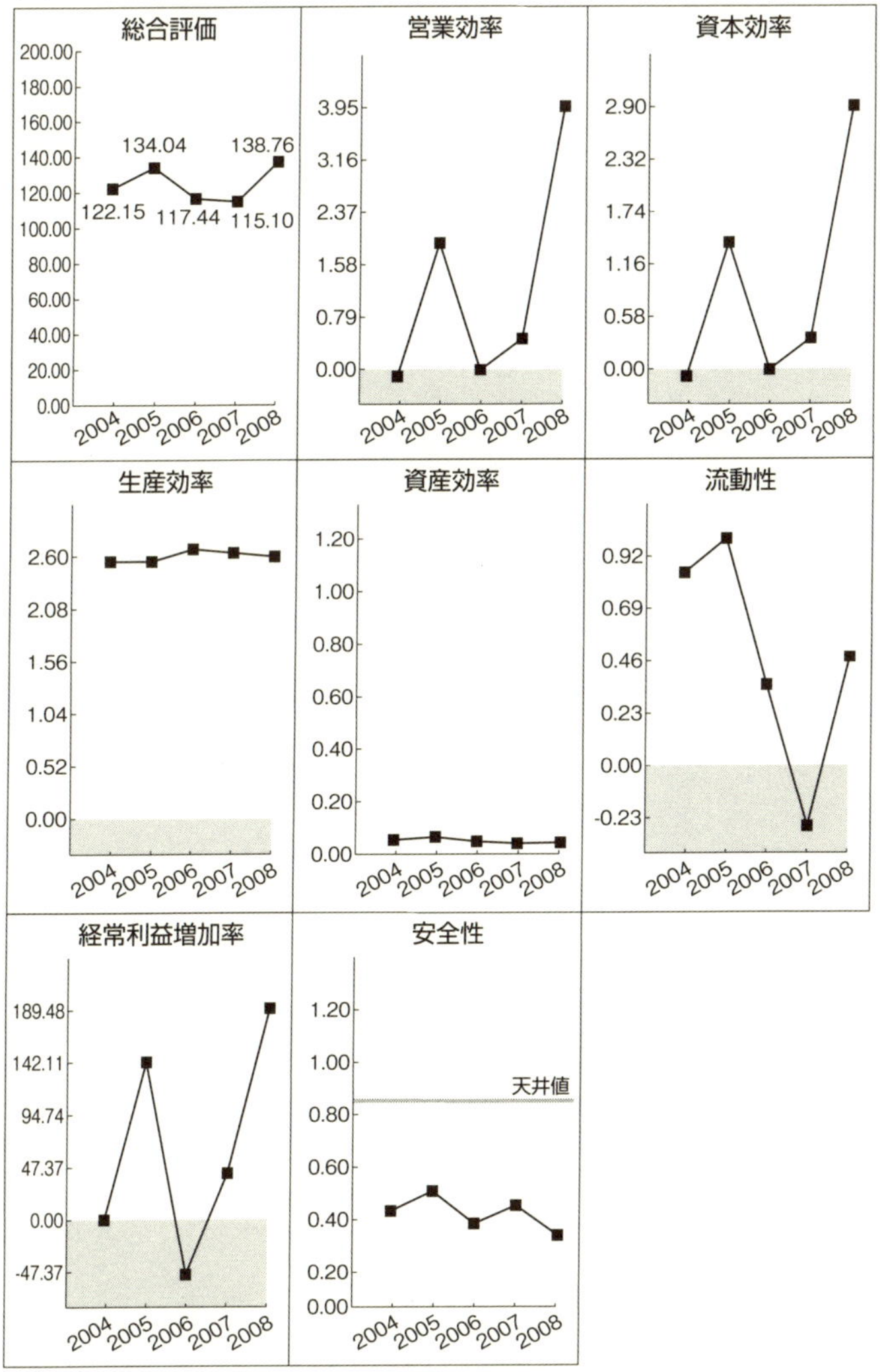

急速に改善中で、もうすぐ青信号領域へ到達します。安全性（長期資金繰り指標）も改善しています。

大塚商会の企業力アップは営業効率の改善が牽引していますので、文句なく順調に成長しているといえます。

日本ユニシスは、企業力総合評価は青信号領域ですが、乱高下しています。営業効率は、２００４年、２００６年は赤青ゼロ判別地点にいますが、改善トレンドです。流動性は２００７年に赤信号領域へハマっています。安全性は悪化トレンドです。

大塚裕司氏は１９８１年の入社以来、業務改善畑を歩かれ、２００１年から社長をされています。大塚商会はなぜ強いのでしょうか。

大塚商会の売上高増加率と経常利益増加率の不等式を見てみましょう。

このような不等式が成立する企業は、常に無駄を排除した、数字に強い利益率追求型の会社にしか見られません。これは大塚社長が業務改善畑を歩かれ、オーナー会社として、長期視点に立った成長を目指しているからでしょう。

図表 30

	2004年12月	2005年12月	2006年12月	2007年12月
売上高増加率	8.16	9.92	5.91	8.27
	∧	∧	∧	∧
経常利益増加率	88.12	30.36	19.29	15.2

一方、２００５年６月、三井物産から日本ユニシスに転じた籾井勝人社長は年率10％超で売上高を増加させ、２０１０年度に売上高５０００億円、営業利益３００億円という目標を掲げました。

そこで２００７年のネットマークス買収、２００８年にはインドのインフォシス・テクノロジーズとの提携を行いましたが５０００億円の壁は容易に超えることはできませんでした。

また、赤字案件もあり、米ユニシスとの商標永代使用権の獲得が重なり、利益率を犠牲にしました。

図表31　大塚商会・日本ユニシス　営業効率

単位：円・％

	2003年12月 2004年3月	2004年12月 2005年3月	2005年12月 2006年3月	2006年12月 2007年3月	2007年12月 2008年3月
売上高合計	344,377,000,000	372,481,000,000	409,413,000,000	433,617,000,000	469,481,000,000
	309,417,000,000	308,868,000,000	317,486,000,000	307,455,000,000	337,759,000,000
売上総利益	77,726,000,000	86,826,000,000	95,271,000,000	103,444,000,000	109,046,000,000
	74,481,000,000	75,927,000,000	68,934,000,000	63,197,000,000	86,032,000,000
売上高総利益率	22.57	23.31	23.27	23.86	23.23
	24.07	24.58	21.71	20.55	25.47
営業利益	9,223,000,000	17,011,000,000	21,911,000,000	26,158,000,000	30,052,000,000
	3,166,000,000	10,413,000,000	5,066,000,000	6,280,000,000	19,650,000,000
売上高営業利益率	2.68	4.57	5.35	6.03	6.4
	1.02	3.37	1.60	2.04	5.82
経常利益	9,057,000,000	17,038,000,000	22,210,000,000	26,494,000,000	30,521,000,000
	4,395,000,000	10,533,000,000	4,870,000,000	6,647,000,000	19,266,000,000
売上高経常利益率	2.63	4.57	5.42	6.11	6.5
	1.42	3.41	1.53	2.16	5.7
当期利益	2,460,000,000	11,249,000,000	11,748,000,000	15,622,000,000	18,859,000,000
	3,925,000,000	4,717,000,000	1,889,000,000	3,435,000,000	2,547,000,000
売上高当期利益率	0.71	3.02	2.87	3.60	4.02
	1.27	1.53	0.59	1.12	0.75

上段：大塚商会　下段：日本ユニシス　網掛け：勝ち

２００８年11月、籾井社長は長期目標として「営業利益３００億円から３５０億円、営業利益率10％」を掲げ、売上より利益率重視の戦略転換に踏み切りました。

利益率重視に転換した日本ユニシスは今後、安定成長をつかむかもしれません。しかし、3年周期で社長が三井物産から送り込まれてくる日本ユニシスはその度に経営方針が変わるリスクを抱えています。

アパレル対決　オンワードホールディングスと東京スタイル　人材育成度が違う

オンワードホールディングスといえば、「組曲」、「23区」、「自由区」など、キャリアに絶大な支持を集めているブランドが1つの百貨店にいくつも入っています。

オンワードホールディングスは、総合評価は下げトレンドです（グラフ52）。営業効率は少しの下げトレンドですが、高いレベルを保っています。生産効率は赤信号領域にあり悪化トレンドです。さらに２００６年から流動性が悪化し総合評価が下落しています。安全性はほぼ天井を打っています。

オンワードホールディングスの総合評価の下落は生産効率と流動性の下落が主要因です。

一方、東京スタイルは、総合評価は160ポイント以上で安定しています。営業効率、資本効率は悪化トレンドです。生産効率は改善、流動性は天井、安全性もほぼ天井を打っています（グラフ53）。

オンワードホールディングスの生産効率の下落について見てみましょう。（グラフ54）従業員を増加させていますが、これは次の成長のための採用と思われます。生産効率を下げても将来の成長のための布石を打っています。次の成長、次の成長と人材育成を図りながら、営業効率も下落しません。人が育ち利益を上げているのでしょう。

流動性の下落は現金預金の減少が大きく響いています。現金預金を減らし、投資有価証券を増やしています。有望先に投資をしているのでしょうが、少し流動性を悪化させすぎているように思われます。

東京スタイルを見ると、営業効率が悪化トレンドです。生産効率と従業員増加率を見てください（グラフ55）。

オンワードホールディングスと対照的に従業員を減らし、生産効率を上げています。従業員を減らせば必ず生産効率は上がります。しかし、次の成長のためにはよくありません。営業効率が長期的に下落します。

グラフ 52　オンワールドホールディングス

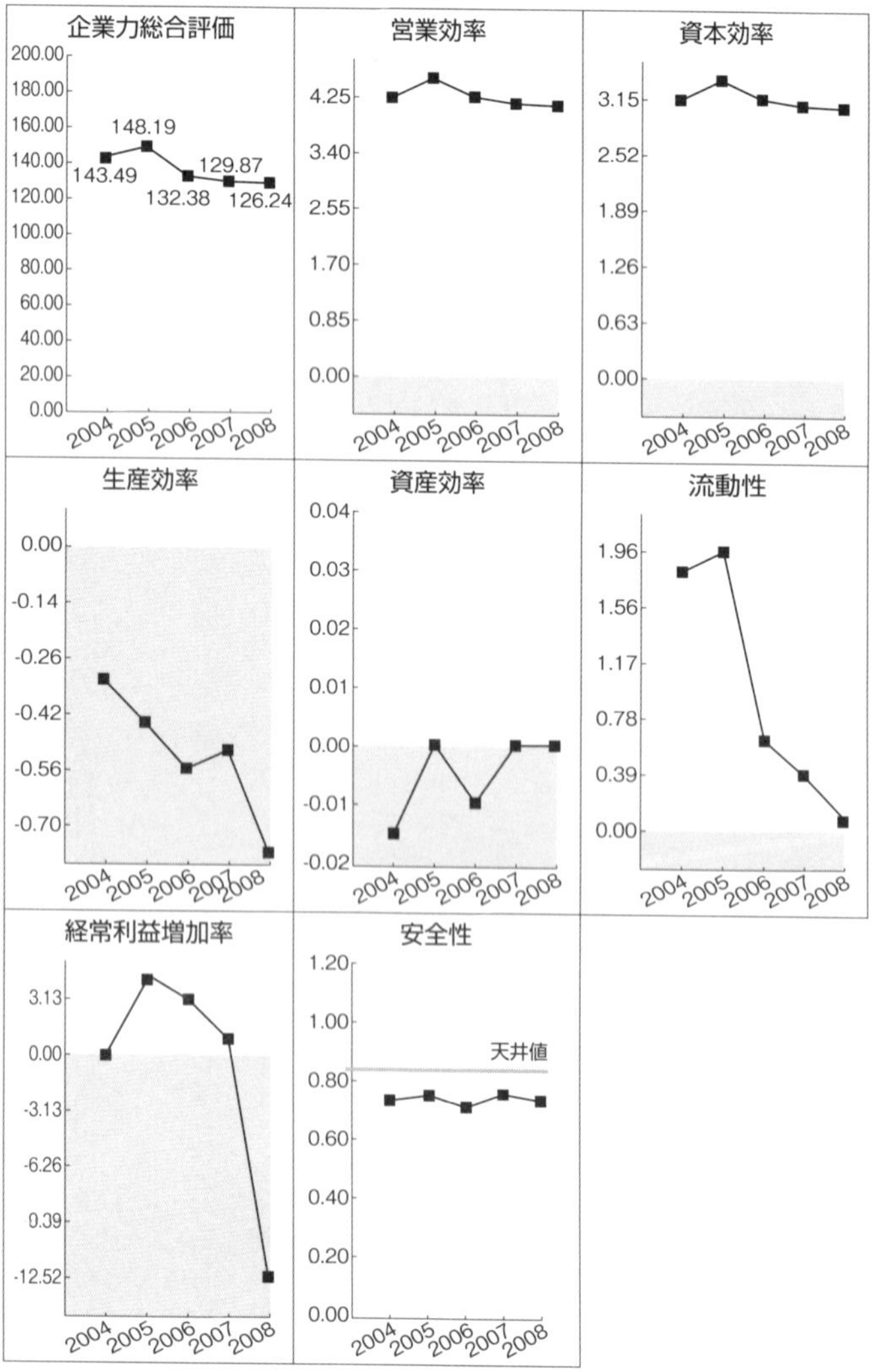

グラフ 53　東京スタイル

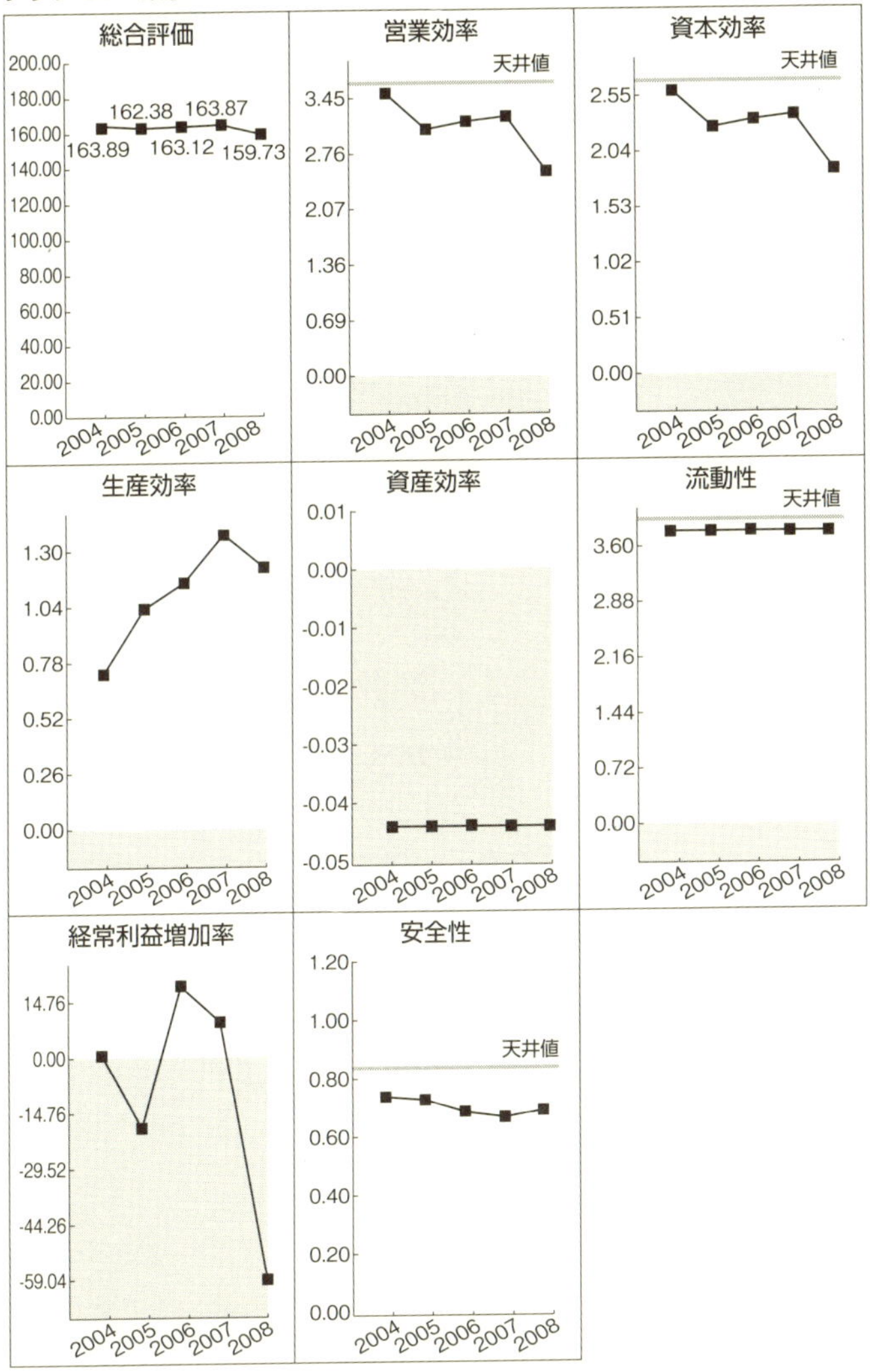

グラフ 54　オンワードオンワードホールディングス

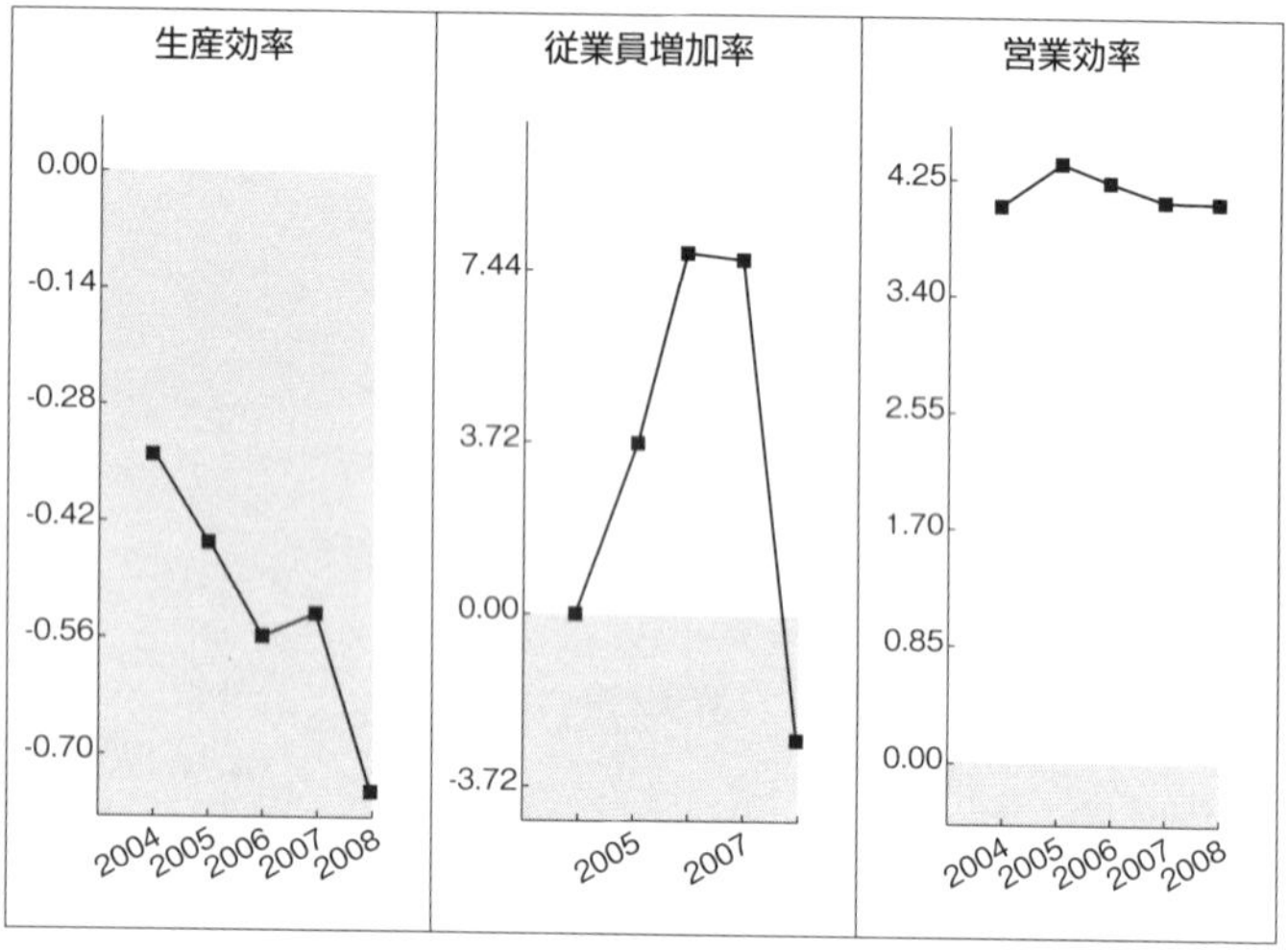

グラフ 55　東京スタイル

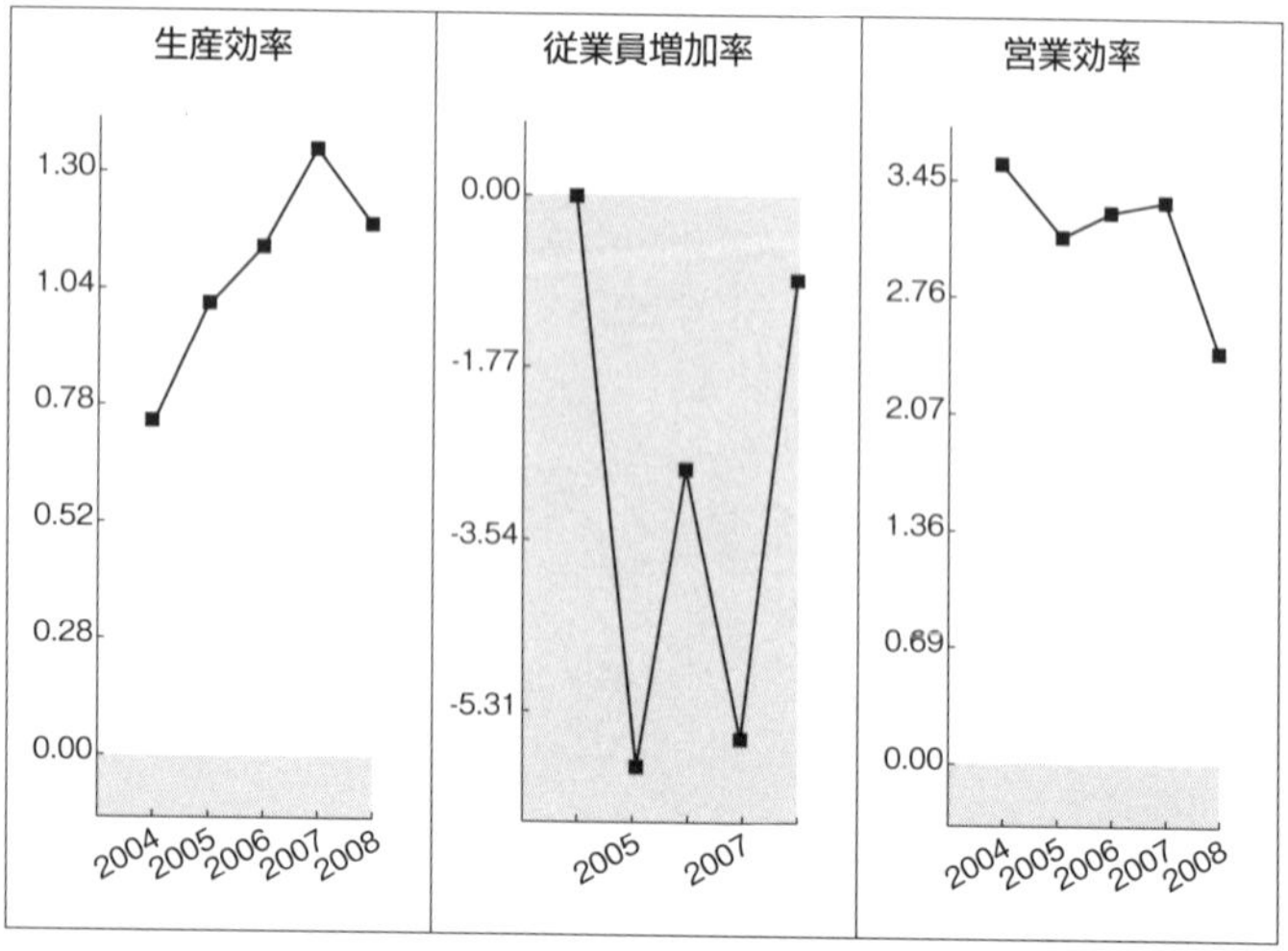

人材育成は企業の永遠のテーマです。

短期的に考えれば、人員削減は肯定されるでしょうが、長期的な視野に立ったとき、人材不足が重いツケとなって業績不振に陥るケースも少なくありません。

第４節　ベンチマーク企業を探る

壱番屋　公私混同まったくなし

壱番屋はカレーハウス「ＣｏＣｏ壱番屋」、あんかけスパゲッティ「パスタ・デ・ココ」、カレーらーめん「麺屋ここいち」など国内1,165店舗、海外24店舗を展開する外食チェーンです。

少子高齢化で全体の胃袋が小さく、少なくなる中、出店過剰傾向に苦しむ外食産業界にあって、定規で引いたかと思われるような成長曲線を描いています。（グラフ56）

２００２年6月に創業者の宗次徳二氏から新社長浜島俊哉氏にバトンタッチされ、事業

グラフ56　壱番屋

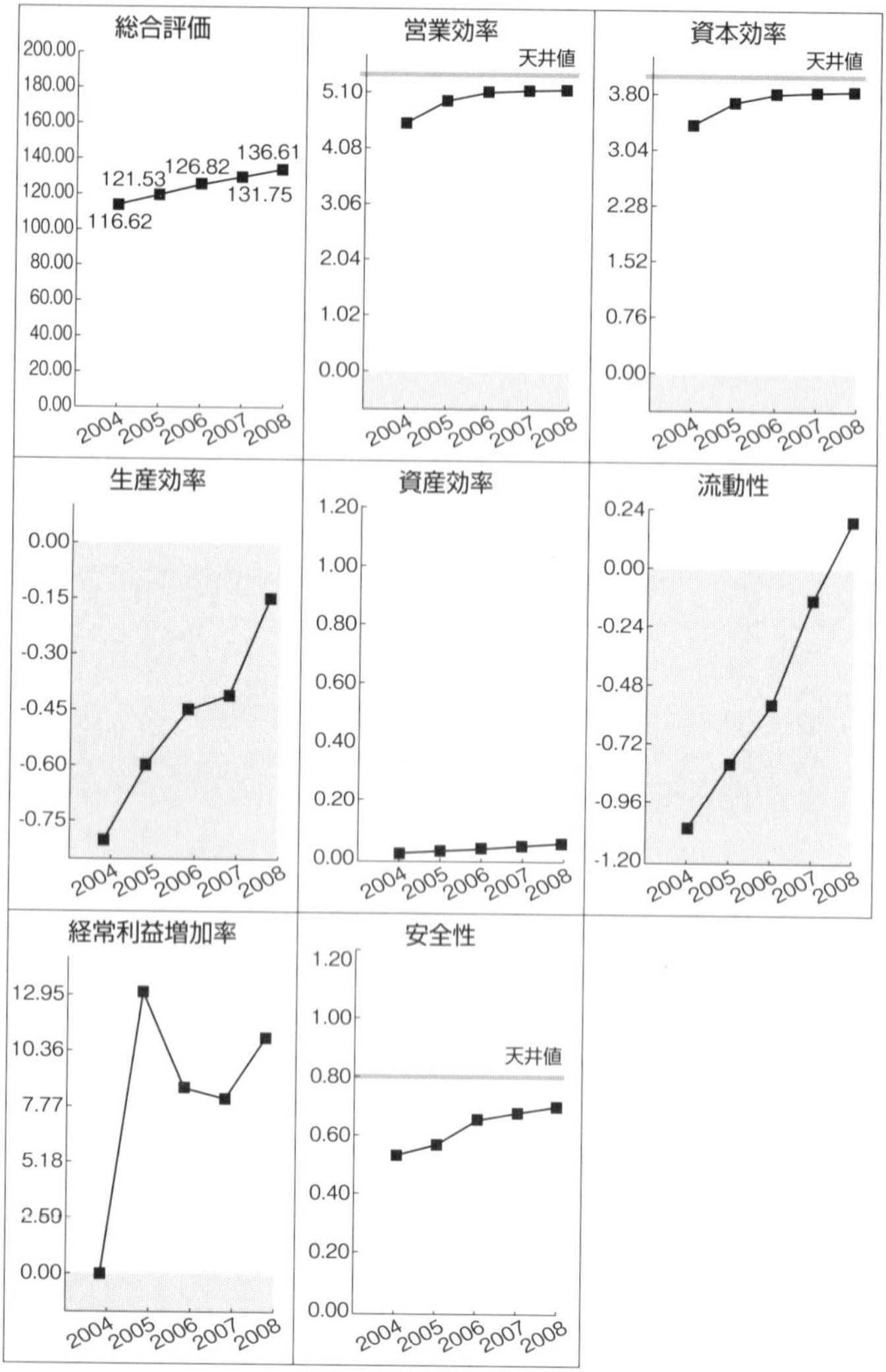
総合評価
116.62
121.53
126.82
131.75
136.61
営業効率
天井値
資本効率
天井値
生産効率
資産効率
流動性
経常利益増加率
安全性
天井値
2004
2005
2006
2007
2008

承継でも成功したといえます。

企業力総合評価は着実に伸びてきています。この成長を支えたのが営業効率です。利益率が改善し（営業効率が改善）、お金が貯まって流動性が改善し、利益が出て内部留保が高まり安全性が天井値に向かって改善している様子が見て取れます。

外食産業では、バラバラにある店舗ごとに人を配置するため、生産効率はなかなか上がりません。そのため、多くが赤信号領域から抜け出せないでいます。

また、食材が腐りやすいこと、現金商売であることが多いため棚卸資産は少なく、売上債権も少ないため、流動性も赤信号領域にある会社が頻繁に見られます。

そんな中、生産効率がもうすぐ青信号領域へ、流

図表 32　壱番屋　営業効率

単位：円・%

	2004年5月	2005年5月	2006年5月	2007年5月	2008年5月
売上高合計	32,248,513,000	33,489,618,000	34,100,604,000	36,930,057,000	38,563,058,000
売上総利益	18,277,653,000	18,733,470,000	18,790,356,000	18,708,029,000	18,953,375,000
売上高総利益率	56.68	55.94	55.10	50.66	49,15
営業利益	2,611,604,000	2,932,177,000	3,175,773,000	3,452,268,000	3,853,965,000
売上高営業利益率	8.10	9.07	9.31	9.35	9.99
経常利益	2,679,610,000	3,036,310,000	3,308,794,000	3,593,801,000	3,987,522,000
売上高経常利益率	8.31	8.76	9.70	9.73	10,34
当期利益	1,527,155,000	614,088,000	1,575,442,000	1,323,535,000	1,707,652,000
売上高当期利益率	4.74	1.83	4.62	3.58	4.43

動性はすでに青信号領域に到達するなど目覚ましい躍進を示しています。

営業効率の各指標を見てください（図表32）。売上高総利益率は連続下落していますが、売上高経常利益率は連続して改善しています。売上高経常利益率が4期連続で改善する企業は、無駄を排除する姿勢が会社内の隅々まで行き渡り、社員全員の意識改革がなされた会社でなければ達成できません。

壱番屋は値引きをしません。客単価800円で、適正利潤を得ることを貫きます。これまで数多くの外食産業の企業を分析しましたが、クーポンを配ったり、値引きをしたりする会社はほとんどの場

グラフ 57

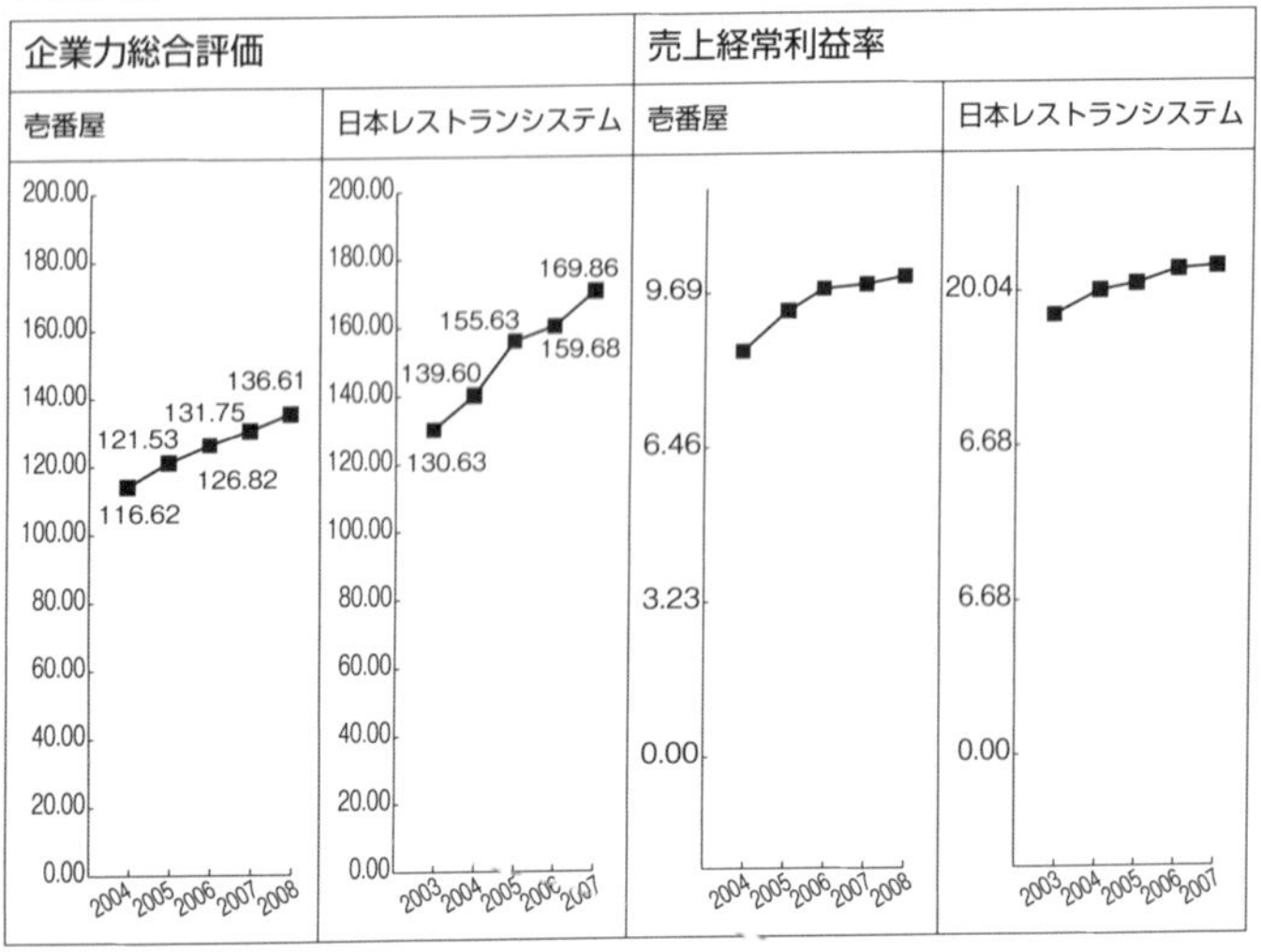

合営業効率が悪化し、総合評価が悪化トレンドでした。そして、それが業界のトレンドでもありました。

同じように値引きをほとんどしない日本レストランシステムも壱番屋と同様、企業力総合評価はなだらかに右肩上がり、売上高経常利益率も毎期連続で上昇しています。

業界の常識はかならずしも正しいとは限りません。自社を見つめ、多くのライバル企業を分析して、何が一番よいかを決定しないと誤った判断をしてしまいます。

壱番屋の創業者である宗次徳二氏は社長在任中、朝4時過ぎに起き、会社に入るのはいつも5時前であったそうです。会社前の広小路通りの中央分離帯に冬はパンジー、夏はポーチュラカを植え、毎日、水やりと草引きを欠かしませんでした。役員の送別会も会費制とし、会社の福利厚生費にしませんでした。

また、お客さまに配るレトルトカレーもポケットマネーで購入し、会社の経費にしなかったそうです。

トップが襟を正すことがいかに大切かを教えられる例です。

ユニ・チャーム　セグメント別分析で方針明確化

ユニ・チャームは、ベビー用紙オムツを中心とするベビーケア用品や生理用品をはじめ、大人用排泄介護用品、シートクリーナーなどの掃除用品、ウェットティッシュや立体型マスク、ペットケア用品などを製造・販売しています。２００８年、新中期経営計画「グローバル10計画」を策定し、現在、世界78か国で展開していますが、さらなるグローバル化を図り「不織布・吸収体事業でアジアNo.１、グローバルシェア10％の世界トップ３」企業への飛躍を目指しています。

総合評価は着実に伸びています（グラフ58）。営業効率も５期連続、ほぼ天井を打っています。生産効率は改善に反転しました。流動性は順調に伸びており、安全性もほぼ天井を打っています。

５年間で７９６億円の当期純利益を上げましたが、そのうち５２４億円は現金預金で保有されているため流動性の急改善に繋がっているようです。

営業効率の各指標を見てみましょう（図表33）。

売上高は４期連続で増加しており、売上高総利益も４期連続増加しています。ただ、売上高総利益率は逆に４期連続で下落しています。売上高の増加が売上高総利益率の悪化を

グラフ58　ユニチャーム

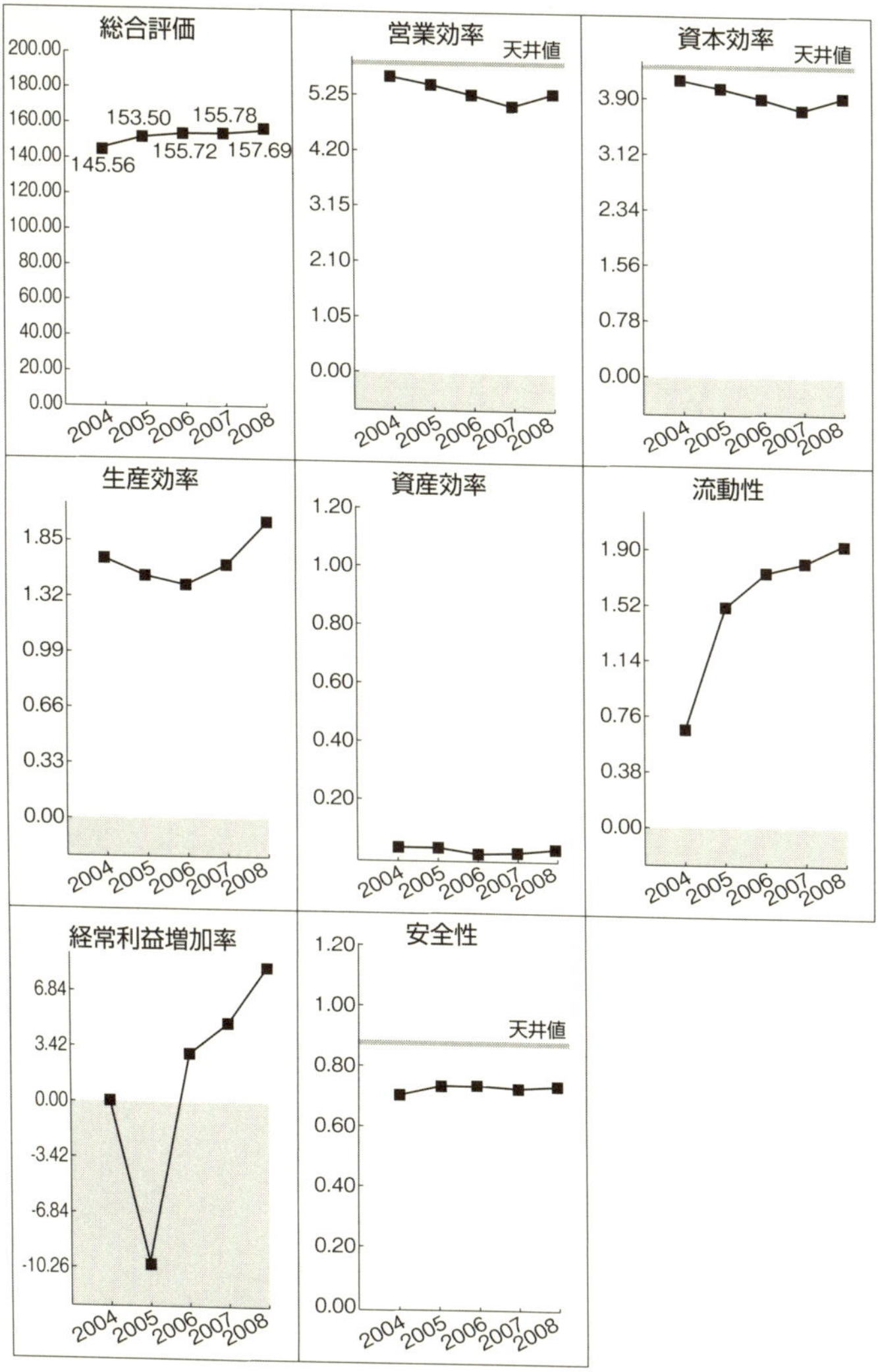

図表 33　ユニ・チャーム　営業効率

単位：百万円・%

	2004年3月	2005年3月	2006年3月	2007年3月	2008年3月	4年間下落
売上高合計	240,109	246,050	270,380	301,880	586,451	
売上総利益	108,035	108,709	117,116	128,642	140,734	
売上高総利益率	44.99	44.18	43.32	42.61	41.78	3.21
営業利益	30,726	27,285	28,532	29,9331	33,732	
売上高営業利益率	12.8	11.09	10.55	9.91	10.01	2.79
経常利益	31,120	27,979	28,782	30,073	32,328	
売上高経常利益率	12.96	11.37	10.65	9.96	9.60	3.36
当期利益	16,240	16,383	15,290	15,061	16,684	
売上高当期利益率	6.76	6.66	5.66	4.99	4.95	1.81

※前期と比較して増加改善した実数指標は網掛けにしています。

グラフ 59

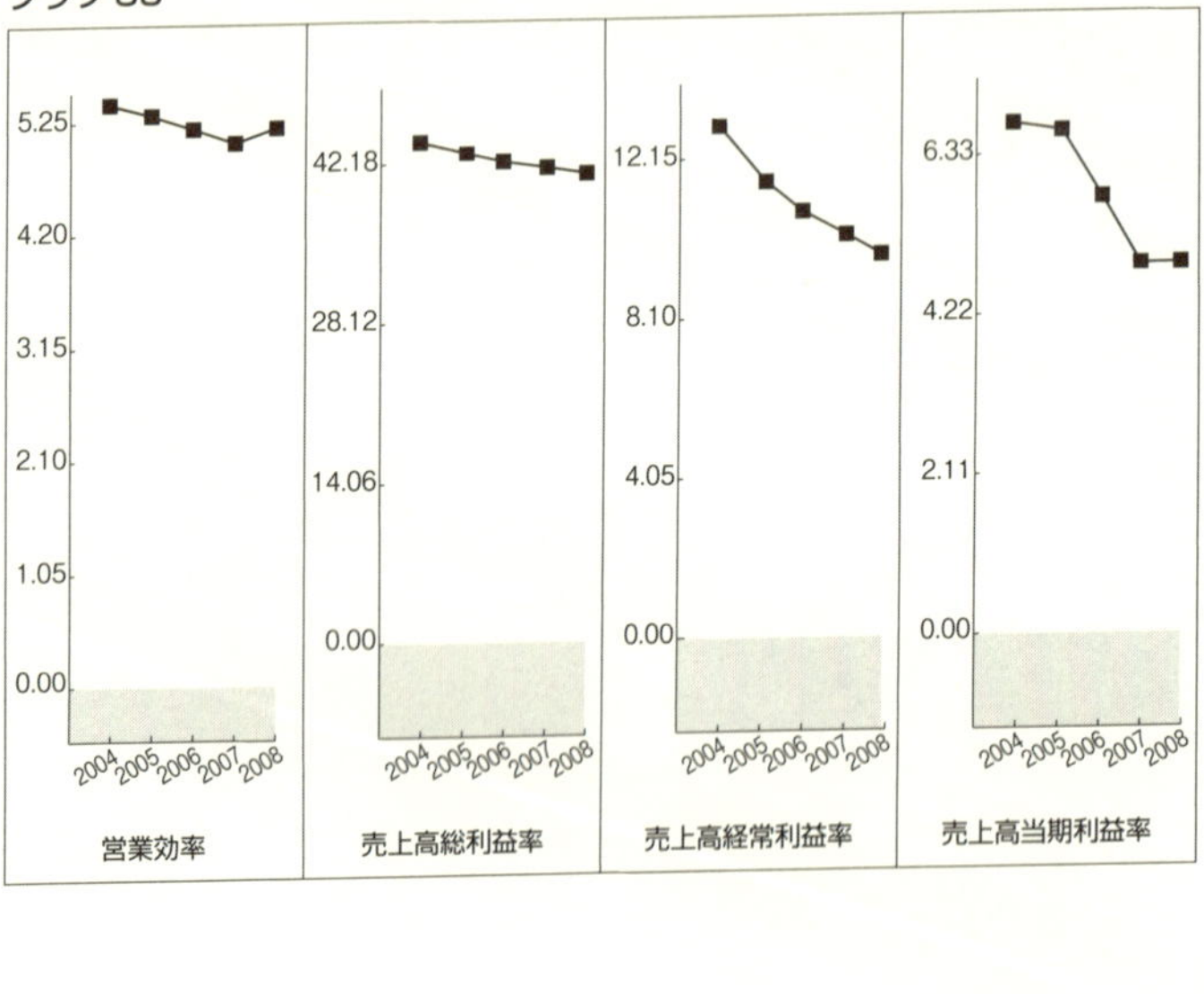

グラフ60　商品別売上推移

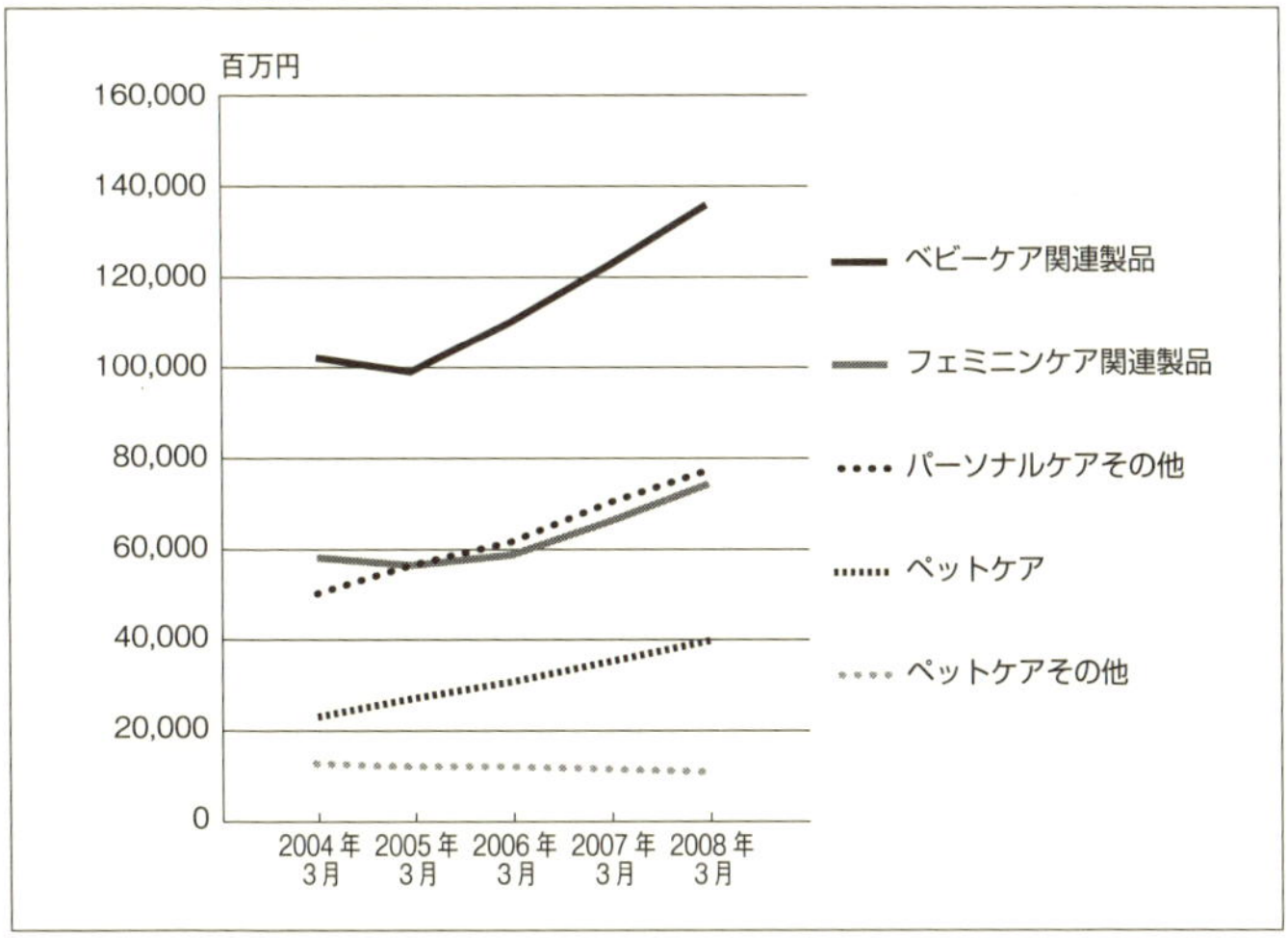

グラフ61　地域別売上推移

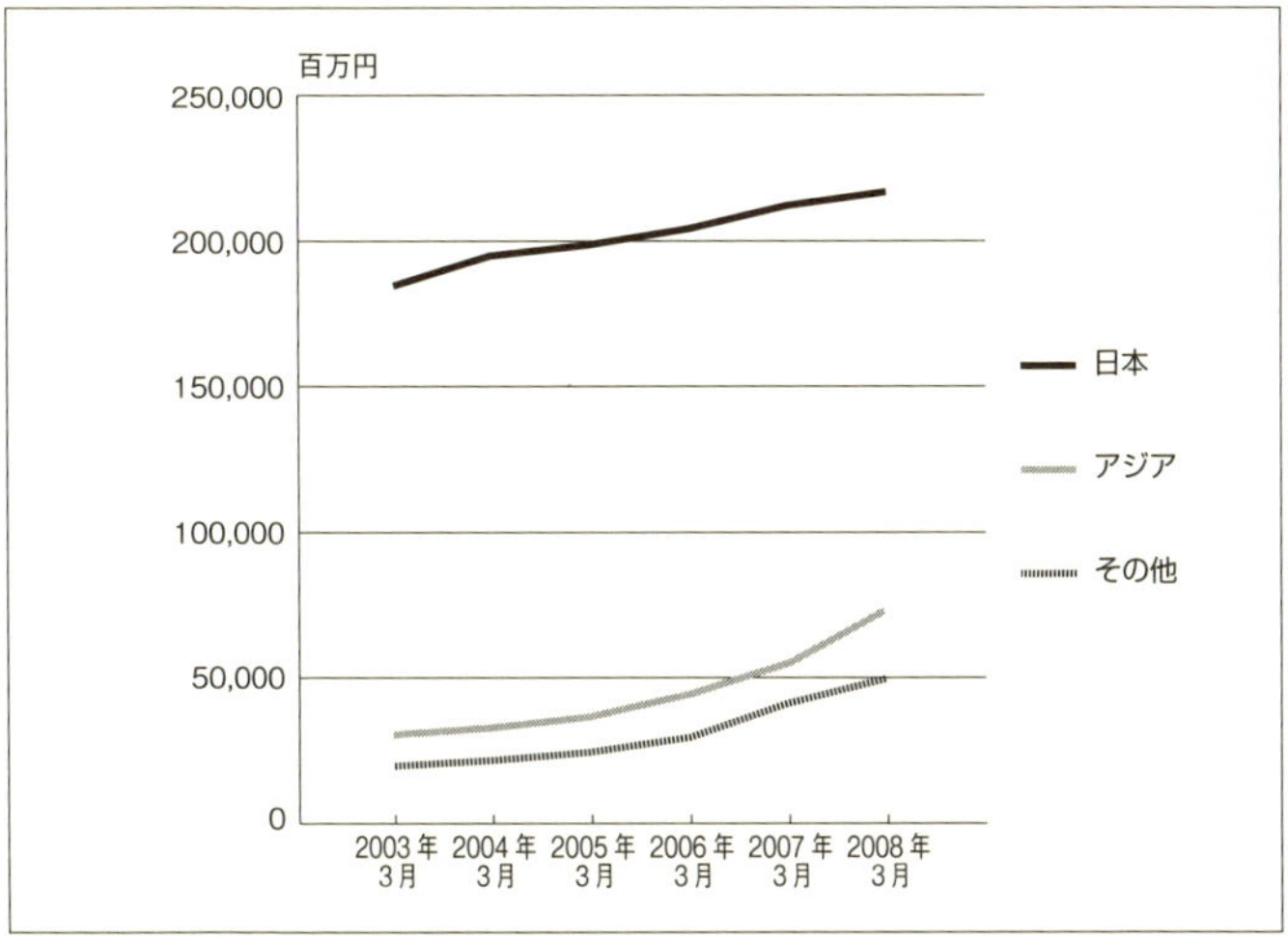

カバーし、売上高総利益ベースで増収増益を確保したようです。

利益率の連続下落が少し気になるところです。

商品別売上高の推移を見てください。ペットケアその他の商品を除き、どの商品群も売上が増加しています（グラフ60）。

地域別売上高の推移を見ても、すべての地域で売上が増加しています（グラフ61）。

地域別営業利益率の推移を見ると、アジア地域が伸びています（グラフ62）。

営業利益率の下落が激しい日本に売上のボリュームがあるため、営業効率が下がっているのではないでしょうか。

今後、アジア地域での売上をさらに増や

グラフ 62　地域別営業利益率

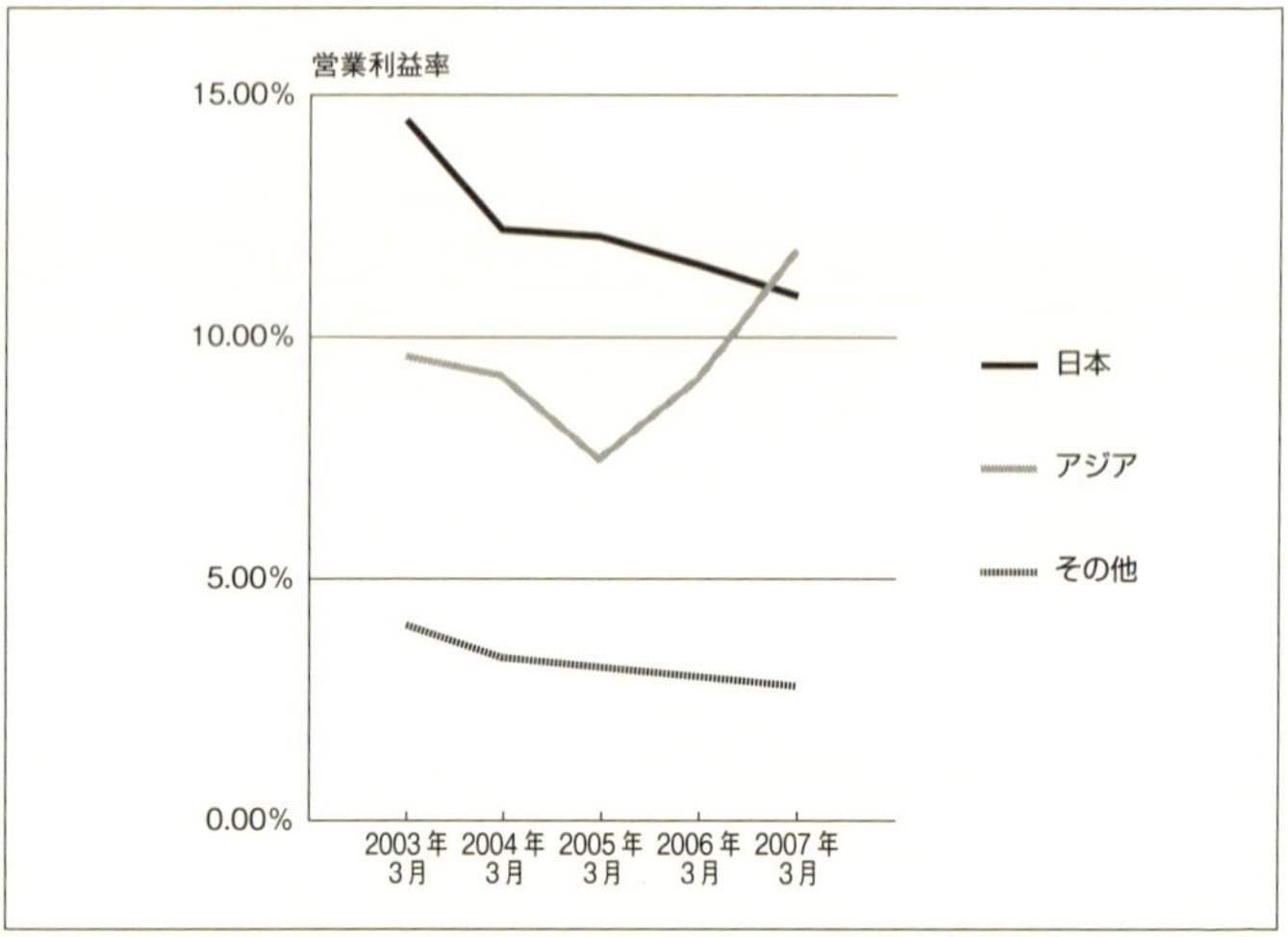

してくることが予想され、そうすれば利益率は反転して改善に向かうものと思われます。

ユニ・チャームは１９６１年に現取締役会会長高原慶一朗氏が、愛媛県で建材の販売製造から創業し、成長分野、地域を求めて会社を成長させてきました。冷静で数字に強い会社です。

ユニ・チャームの分析は中小企業が成長するためのヒントが素直に表現されています。その意味は、セグメント別（商品別、地域別事業部別など）に営業利益まで時系列に把握し、分析して意思決定をしていることです。

ユニ・チャームは、地域別売上高は日本が一番高いのですが、営業利益率は下降の一途をたどっています。しかし、アジア地域では営業利益率は急上昇しており、明確にアジア市場開拓に向かっています。

セグメント別に把握していなかったら、これほど明確に結果は出ません。営業効率が会社全体で若干下がっていることの意味は明確化しません。

もし、貴方の会社の顧問会計事務所が、製品別、営業マン別、顧客別、事業所別などセグメント別に分析し、意思決定をする必要性を説かないようでしたら、その指導をお願いするか、それができなければ会計事務所を変えるべきでしょう。

きちんと分析し、現状を明確に把握する「管理」をしっかりやってください。何をすべきかは係数が教えてくれます。

モロゾフ　老舗の復活　第1楽章

モロゾフは、ユーハイム、ゴンチャロフと並ぶ神戸における著名なロシア系洋菓子店で、バレンタインデーにチョコレートを贈る習慣を始めた会社としても有名です。会社名が示すとおり、モロゾフの母体はロシア革命後の社会主義化を嫌って亡命してきたモロゾフ家が別の経営者と共同で1926年に設立したものです。

黄信号領域（80～100）にあった企業力総合評価をここ数年上げてきており、青信号領域（100以上）に到達しました。

営業効率、資本効率も赤信号領域を出て、青信号領域へウナギ登りです。しかし、生産効率は赤信号領域に浸かったままです。

流動性は青信号領域に上がってきましたし、安全性の指標は5期とも青信号領域です。自己資本比率の高い会社です。

営業効率の各指標を見てみましょう（図表34）。営業利益率が改善され良くなってきて

グラフ63　モロゾフ

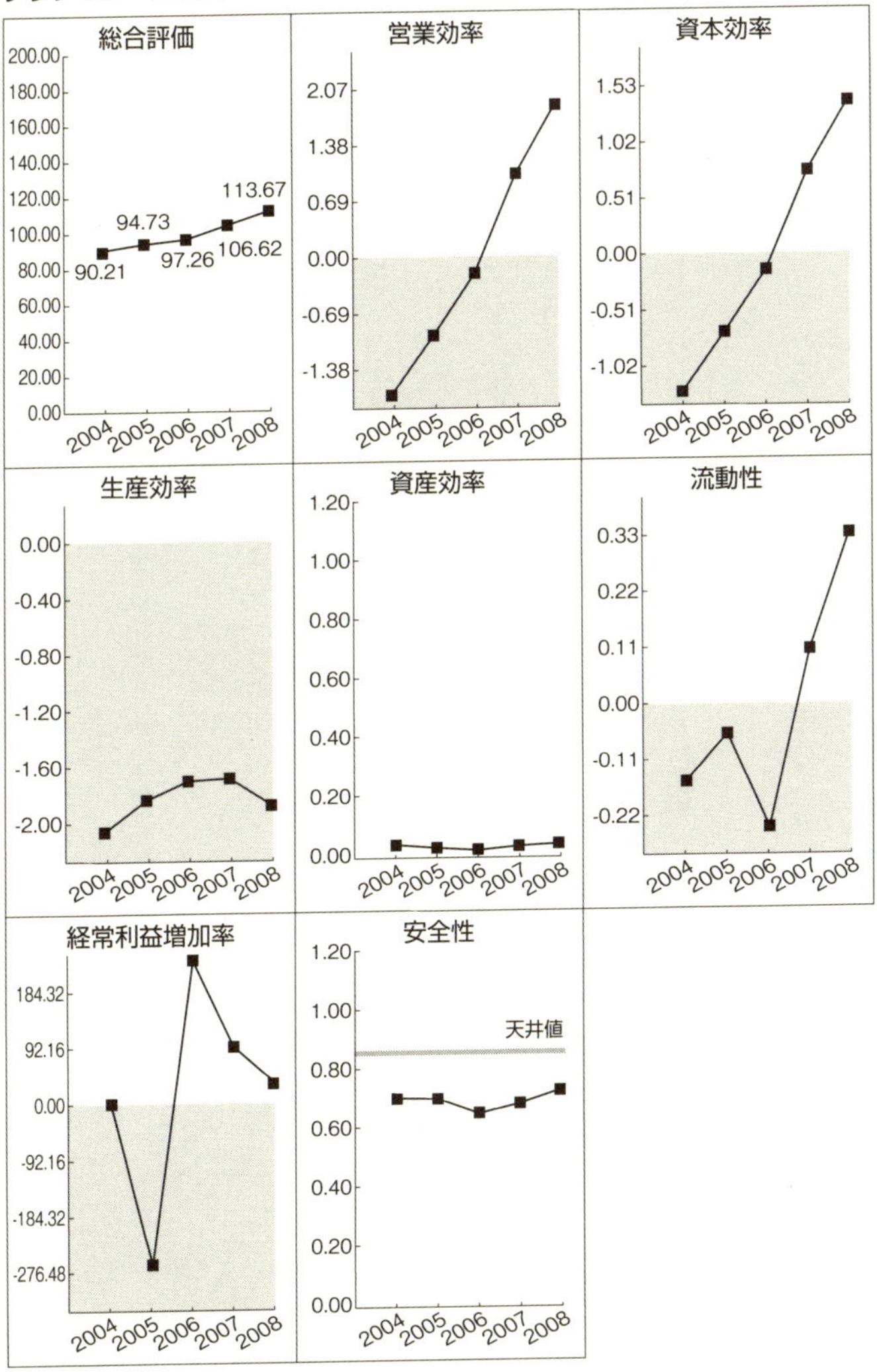
総合評価
200.00
180.00
160.00
140.00
120.00
100.00
80.00
60.00
40.00
20.00
0.00
90.21
94.73
97.26
106.62
113.67
2004
2005
2006
2007
2008
営業効率
2.07
1.38
0.69
0.00
-0.69
-1.38
資本効率
1.53
1.02
0.51
0.00
-0.51
-1.02
生産効率
0.00
-0.40
-0.80
-1.20
-1.60
-2.00
資産効率
1.20
1.00
0.80
0.60
0.40
0.20
0.00
流動性
0.33
0.22
0.11
0.00
-0.11
-0.22
経常利益増加率
184.32
92.16
0.00
-92.16
-184.32
-276.48
安全性
1.20
1.00
天井値
0.80
0.60
0.40
0.20
0.00

います。安全性の高い会社は借金が少ないため、営業利益率を上げればそのまま経常利益率も上がります。

業績が良いときに正しい納税姿勢を貫いてきた成果といえます。

商品群別売上の推移を見てみましょう（グラフ64）。

菓子部門（干菓子群、洋生菓子群、その他菓子群）は順調に売上高を伸ばしていますが、喫茶・レストラン部門はなかなか伸びません。

ドトール、サンマルクなどのカフェは好業績ですが、銀座ルノアールなどの喫茶は苦戦しています。

このようにカフェ業態と戦うのは激戦が予想され、モロゾフの喫茶・レストラン部門は飲食業のトレンドと整合しています。

製造原価比率を見てみると、材料費率と経費率は上昇していますが、労務費率は随分下がっています（グラフ65）。

図表34　モロゾフ　営業効率

単位：千円・%

	2004年1月	2005年1月	2006年1月	2007年1月	2008年1月
売上高合計	24,148,048	23,689,540	24,866,998	25,979,483	26,951,592
売上総利益	11,353,751	11,139,736	11,669,280	12,012,858	12,576,208
売上高総利益率	47.02	47.02	46.93	46.24	46.66
営業利益	△69,363	96,576	349,002	633,653	968,257
売上高営業利益率	-0.29	0.41	1.40	2.44	3.59
経常利益	△69,657	108,209	344,797	654,049	940,498
売上高経常利益率	-0.29	0.46	1.39	2.52	3.49
当期利益	△207,268	△71,134	191,315	284,501	673,265
売上高当期利益率	-0.86	-0.30	0.77	1.10	2.50

※前期と比較して改善した指標は網掛けにしています。

グラフ 64　商品別売上推移

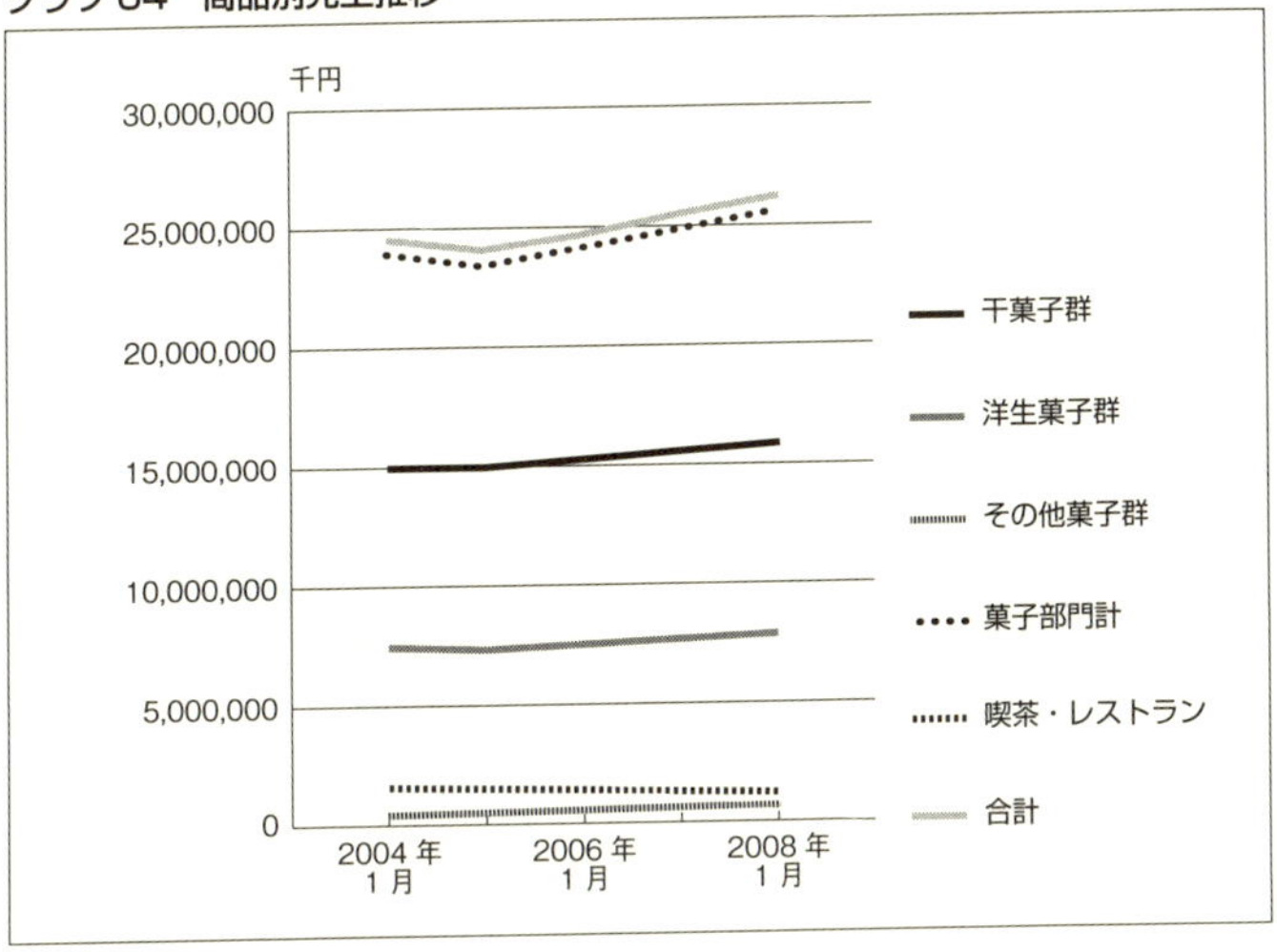

グラフ 65　製造原価比率

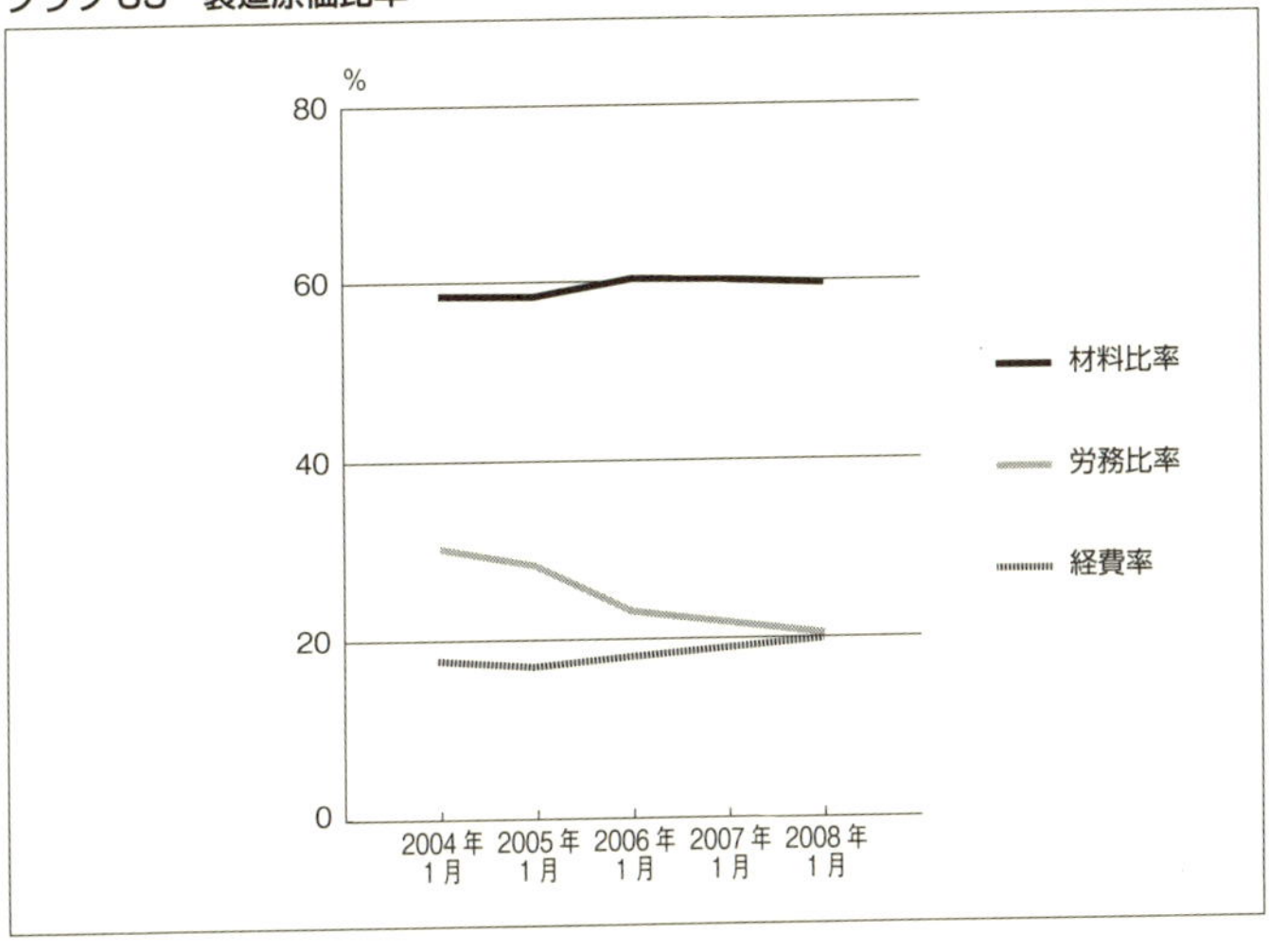

これは合理化によるものと思われます。

平均給与と従業員数の推移を見ると、従業員数は増加していますが、一方で平均給与は下落しています（グラフ66）。

設備投資など合理化もあるでしょうが、賃金を下げてきていることも確かなようです。

従業員の平均年齢は高いほうですが、２００８年1月では3歳近く若返りました（図表35）。

グラフ66　平均給与と総従業員数

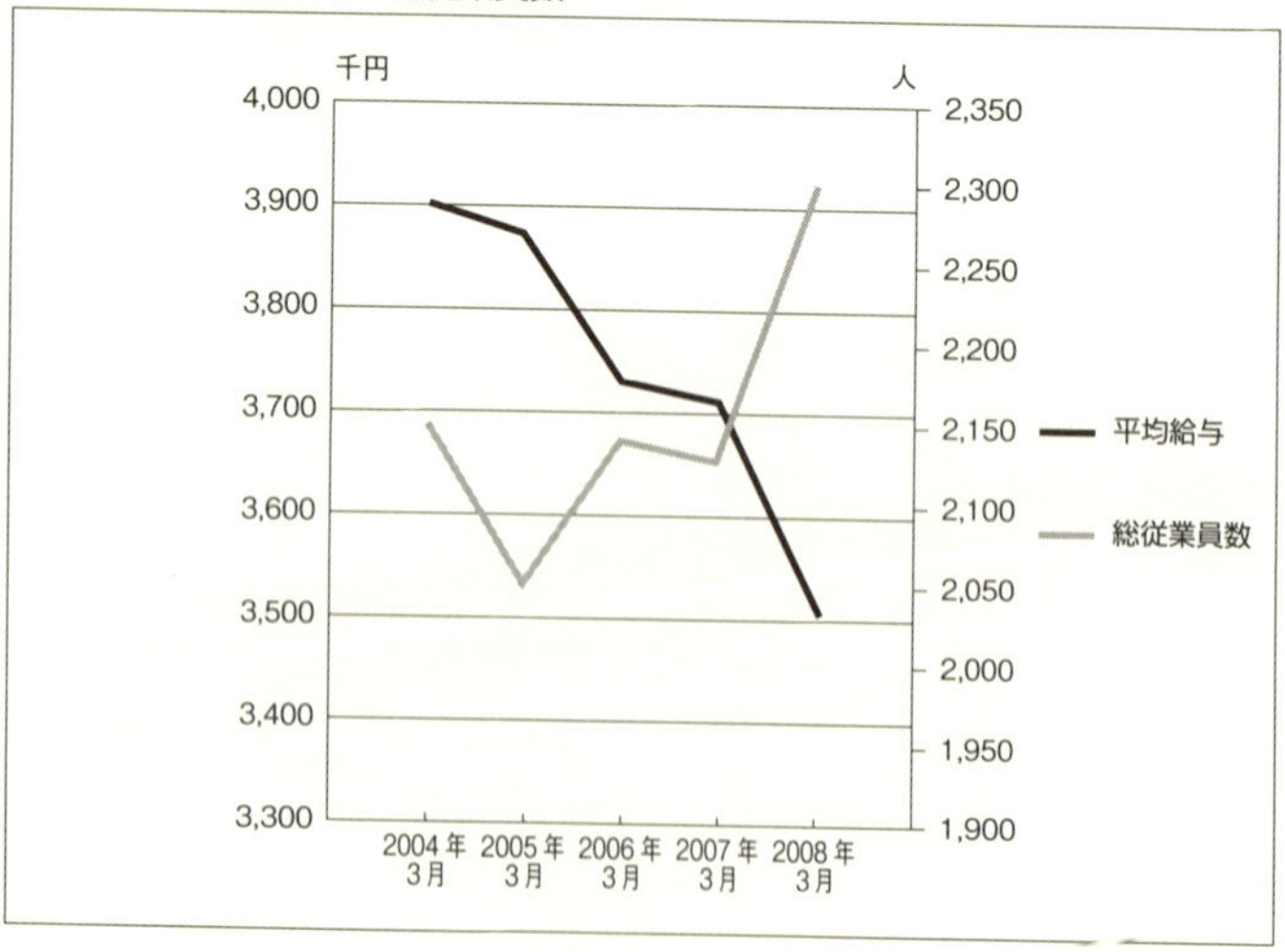

図表35　モロゾフ

単位：年

	2004年1月	2005年1月	2006年1月	2007年1月	2008年1月
平均年齢	45.3	45.9	46.1	46.1	43.7
平均勤続年数	19.9	20.5	20.6	20.8	16.1

業績を上げたいと思えば、自社の状況を客観的に把握する必要があります。たとえば同業他社を分析し、自社と比較すると、強み・弱みとなってわかります。また、業績を上げる手法や、悪化のアラームなどを知ることができます。

大学受験のとき、科目別の偏差値や行きたい学校の偏差値を出してもらうことによって自分の得意・不得意を理解したと思います。企業経営においても、もっと分析を大切にすべきではないでしょうか。

ロック・フィールド　マイウエイ

ロック・フィールドは、「神戸コロッケ」、「アール・エフ・ワン（ＲＦ１）」、「そうざいや地球健康家族」など、持ち帰りの惣菜ショップを展開しています。都市部のターミナル駅にある百貨店に出店し、仕事を持った女性をターゲットに伸びてきましたが、最近、郊外型店舗も増やしています。

総合評価が高い水準から右肩上がりに成長しています。これは流動性、安全性が高いからです。

営業効率、資本効率は５期連続して右肩上がりです。

グラフ67　ロック・フィールド

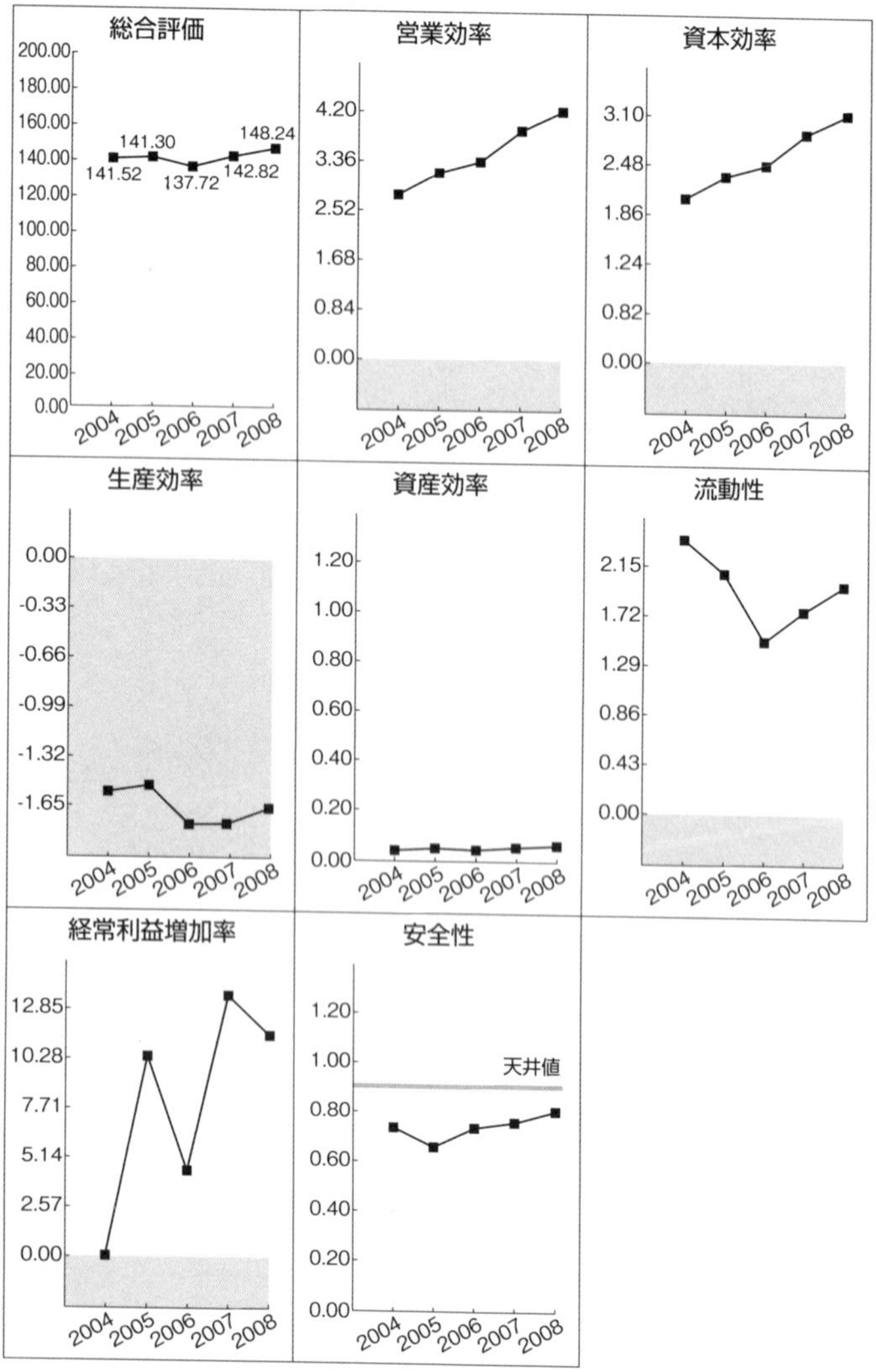

しかし、生産効率は赤信号領域にどっぷりハマっています。

流動性は高い位置でV字を描き、安全性はほぼ天井を打っています。

ロック・フィールドの営業効率の各指標を見てみましょう（図表36）。

営業効率を上げてきています。モロゾフ同様、安全性の高い会社なので売上高経常利益率の心配は無用です。業績が良いときに、節税志向が強すぎると、いざ不景気になったとき身動きが取れなくなります。法人税等の支払額を売上高で割ってみてください。販売費及び一般管理費の中でもっと削除すべき費目に気づきます。

２００３年に首都圏方面向け玉川ＳＰＳファクトリーを、２００４年に神戸ファクトリーをそれぞれ開設しています。

図表 36　ロック・フィールド　営業効率

単位：円・%

	2004年4月	2005年4月	2006年4月	2007年4月	2008年4月
売上高合計	39,571,612,000	41,341,638,000	41,880,015,000	44,433,000,000	46,904,000,000
売上総利益	22,685,518,000	23,345,407,000	23,393,237,000	25,058,000,000	26,470,000,000
売上高総利益率	57.33	56.47	55.86	56.40	56.43
営業利益	1,765,202,000	1,936,418,000	2,017,536,000	2,269,000,000	2,503,000,000
売上高営業利益率	4.46	4.68	4.82	5.11	5.34
経常利益	1,756,271,000	1,929,950,000	2,014,280,000	2,281,000,000	2,546,000,000
売上高経常利益率	4.44	4.67	4.81	5.13	5.43
当期利益	654,247,000	1,694,000	1,049,708,000	1,187,000,000	1,220,000,000
売上高当期利益率	1.65	0.00	2.51	2.67	2.60

※前期より改善した指標は網掛けにしています。

ベンチマーク企業をトヨタとし、生産・物流・販売に至るまで「カイゼン」「ジャストインタイム」などを導入し、ムリ・ムラ・ムダの排除を徹底しています。

また研究開発にも熱心で、野菜や果物類の血液流動性改善（血液サラサラ）作用および活性酸素消去（病気や老化から体を守る力）作用について、東海学園大学人間健康学部の西堀すき江教授と共同研究を進めています。これまでに約150種類の野菜や果物類の活性を評価し、ある種の野菜・果物に顕著な抗酸化活性、血液流動性の改善作用を確認するなど成果を挙げています。

今後、これらの研究で得られた成果を

グラフ68　業態別売上推移

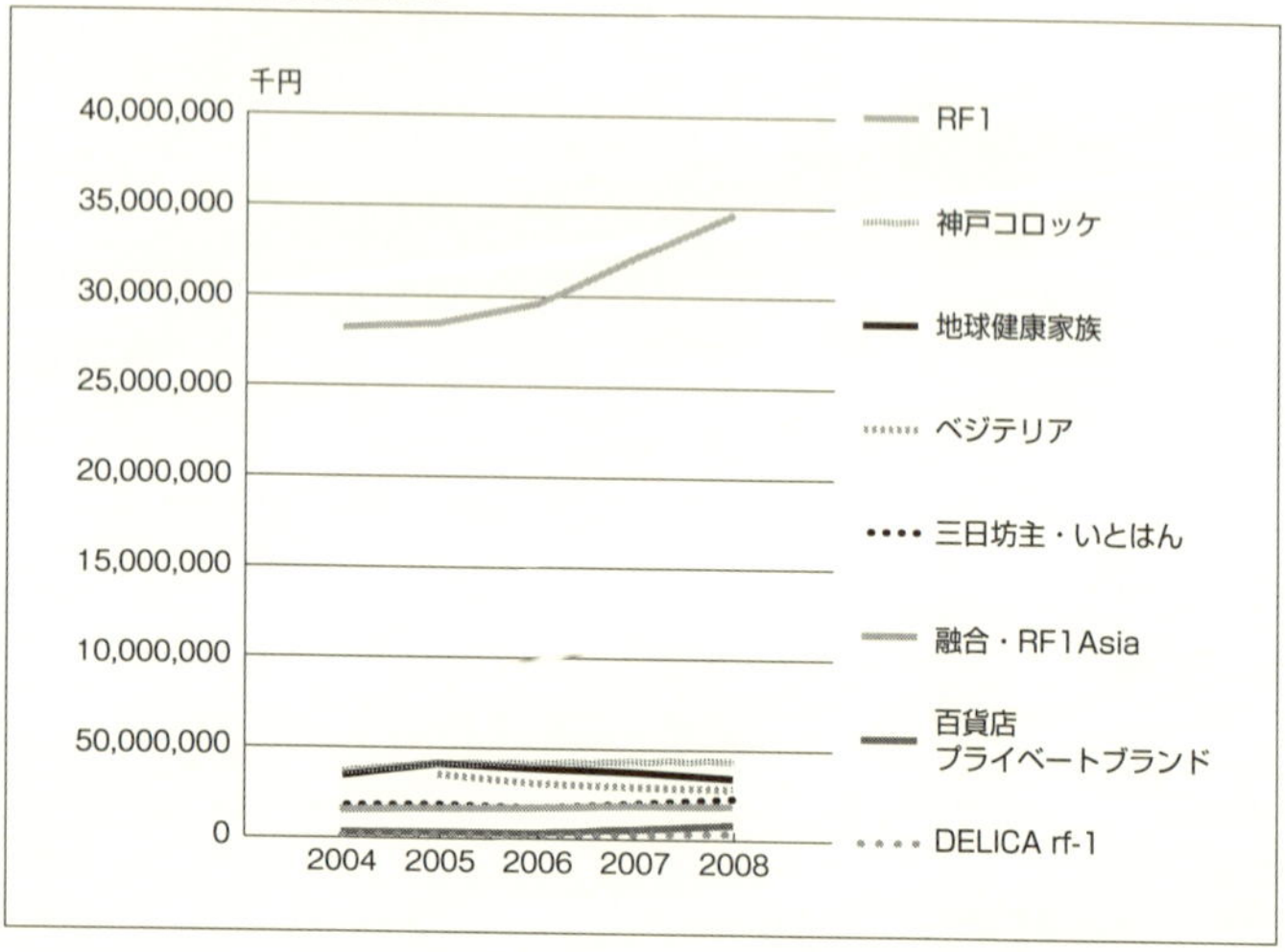

もとにヒト試験を計画しています。ベジテリアの生ジュースの活性酸素消去作用については継続して分析を実施しており、その成果は抗酸化パワーの表示として主要商品の表示に応用しています。筆者は研究開発でこれほど学術的な取り組みをしている飲食業を他に知りません。

また、子会社RockField（Califrnia）Inc.で、アメリカの食の発信基地であるサンフランシスコにおいて、日本では入手困難なオーガニック野菜や現地の食材を使った惣菜の開発、現地での流行など食に関する情報発信を行っています。

業態別売上高推移を見てみましょう（グラフ68）。思ったより神戸コロッケは売上を上げていません。ＲＦ１の構成比率が圧倒的に高くなっています。

名前がよく知られているものが収益の柱とはなっていません。

これほどの会社でも、新業態をなかなか育てることができないのです。

図表 37

単位：千円

	2004年	2005年	2006年	2007年	2008年
RF1 売上高	28,266,470	28,320,260	29,477,324	31,538,000	34,030,000
RF1 店舗数	141	144	149	164	175
店舗あたり売上	200,471	196,668	197,834	192,305	194,457

ＲＦ１の店舗当たり売上高を調べてみると、３％未満の下落率です（図表37）。（期末店舗数で計算していますので、店舗増加時は、実際よりも少なく計算されています。）マイナスとはいえ、今の時代、善戦しています。

企業力が強い会社の特徴の一つに、経営者の方針が一貫していることが挙げられます。自社の抱える経営課題を時系列で見ていくと、優良な会社ほど毎年、同じことを挙げています。ロック・フィールドはこれに当てはまります。逆に業績の悪い会社ほど、毎年、いろいろな方針を掲げて訴えています。

当然、企業外部に対するのと同じ内容を社員にも語っているはずです。

とどのつまり、何度も同じことを話し、社員の行動に落とし込むのは、とても時間がかかり根気のいる作業であるということはないでしょうか。

吉本興業　選択と集中

吉本興業は、子会社25社および関連会社16社で構成され、主な事業の内容は、制作では、テレビ・ラジオ番組の制作・配給および演芸・演劇の制作・配給・興行、ブロードバンドを利用したコンテンツの制作・配給、ＣＤ・ＤＶＤの制作および販売、不動産では、不動

グラフ69　吉本興業

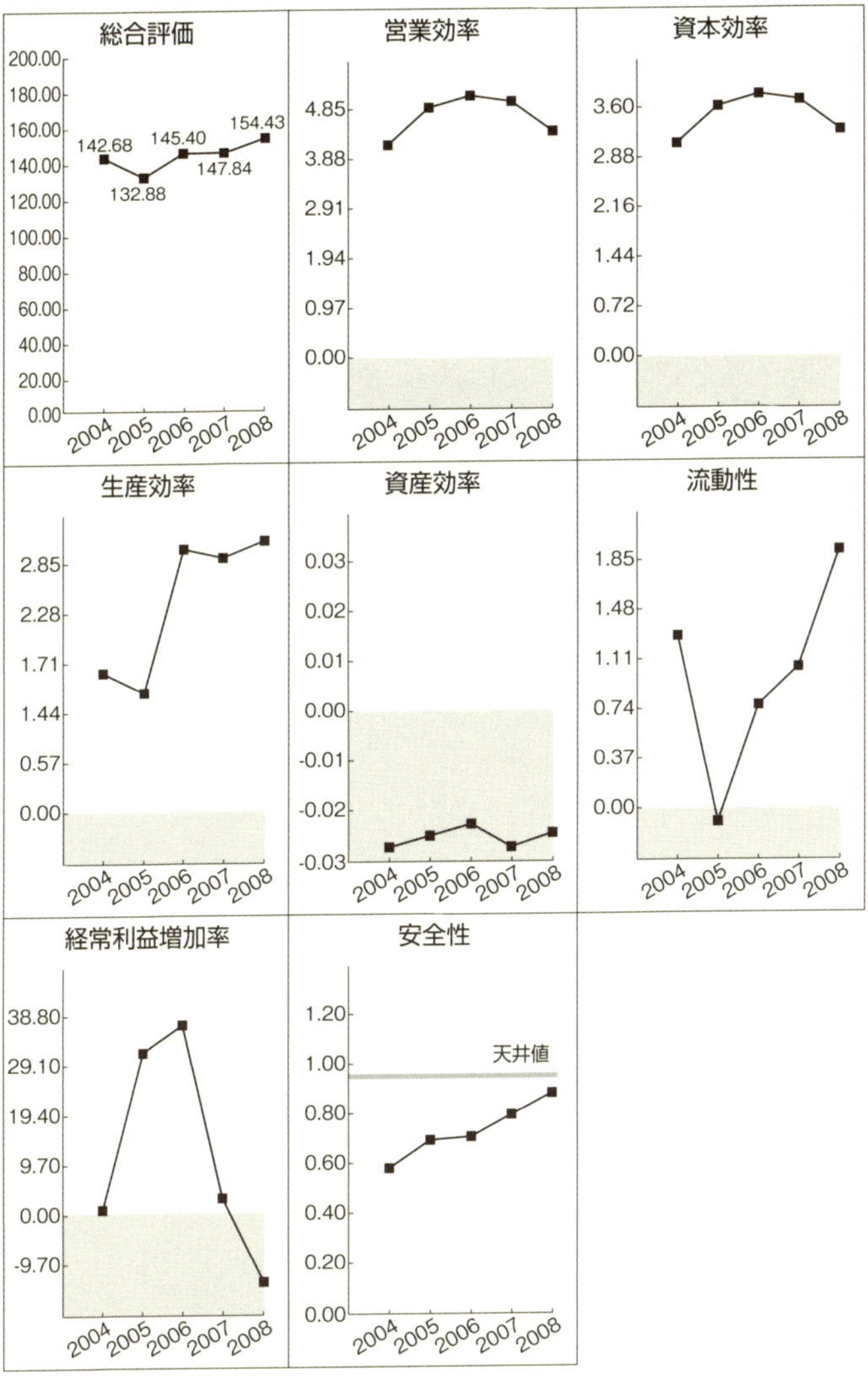

総合評価
200.00
180.00
160.00
140.00
120.00
100.00
80.00
60.00
40.00
20.00
0.00
142.68
145.40
154.43
132.88
147.84
2004
2005
2006
2007
2008
営業効率
4.85
3.88
2.91
1.94
0.97
0.00
資本効率
3.60
2.88
2.16
1.44
0.72
0.00
生産効率
2.85
2.28
1.71
1.44
0.57
0.00
資産効率
0.03
0.02
0.01
0.00
-0.01
-0.02
-0.03
流動性
1.85
1.48
1.11
0.74
0.37
0.00
経常利益増加率
38.80
29.10
19.40
9.70
0.00
-9.70
安全性
1.20
1.00
0.80
0.60
0.40
0.20
0.00
天井値

産の賃貸、その他に食料品・日用雑貨の販売を行っています。

総合評価は２００５年を除き右肩上がりの成長を続けています。青信号領域の高い位置を飛んでいます（グラフ69）。

営業効率および資本効率はいずれも青信号領域ですが、悪化トレンドになりました。

生産効率は急改善しています。資産効率は赤信号領域にどっぷり浸かっています。

流動性は２００５年に急降下しましたが、それ以降は改善トレンドになりました。

安全性は改善トレンドで、もうすぐ天井を打ちます。

営業効率の下位指標を見ていきましょう（図表38）。

営業利益率が２００７年までに改善し13・92％になりました。

図表 38　吉本興業　営業効率

単位：円・%

	2004年3月	2005年3月	2006年3月	2007年3月	2008年3月
売上高合計	34,304,334,000	38,289,295,000	46,238,481,000	46,553,734,000	50,108,301,000
売上総利益	7,048,948,000	8,795,299,000	11,312,138,000	11,214,486,000	11,155,950,000
売上高総利益率	20.55	22.97	24.46	24.09	22.26
営業利益	3,496,364,000	4,451,589,000	6,350,572,000	6,479,840,000	5,919,898,000
売上高営業利益率	10.19	11.63	13.73	13.92	11.81
経常利益	3,537,990,000	4,695,043,000	6,394,952,000	6,640,688,000	5,730,992,000
売上高経常利益率	10.31	12.26	13.83	14.26	11.44
当期利益	1,874,660,000	2,184,297,000	3,458,967,000	3,313,521,000	3,076,576,000
売上高当期利益率	5.46	5.7	7.48	7.12	6.14

※前期と比較して改善した指標は網掛けになっています。

セグメント別売上高の推移でわかるように、制作事業が伸びており、売上高が急増しています（グラフ70）。セグメント別営業利益率を見ると２００７年に若干下げたものの17・11％となっています。２００８年の落ち込みは、配信・パッケージ販売に関する自社タレントの実演家印税料率の見直しを行ったための悪化です。そのため、今後、利益率の改善は期待できそうです。

２００７年その他の事業の売上高の落ち込みは、飲食店経営、ＦＣ加盟店募集業務などを止めたためであり、営業利益率の推移を見れば不採算事業であったと思われます。

不動産事業では２００８年3月に事業領

グラフ 70　セグメント別売上高推移

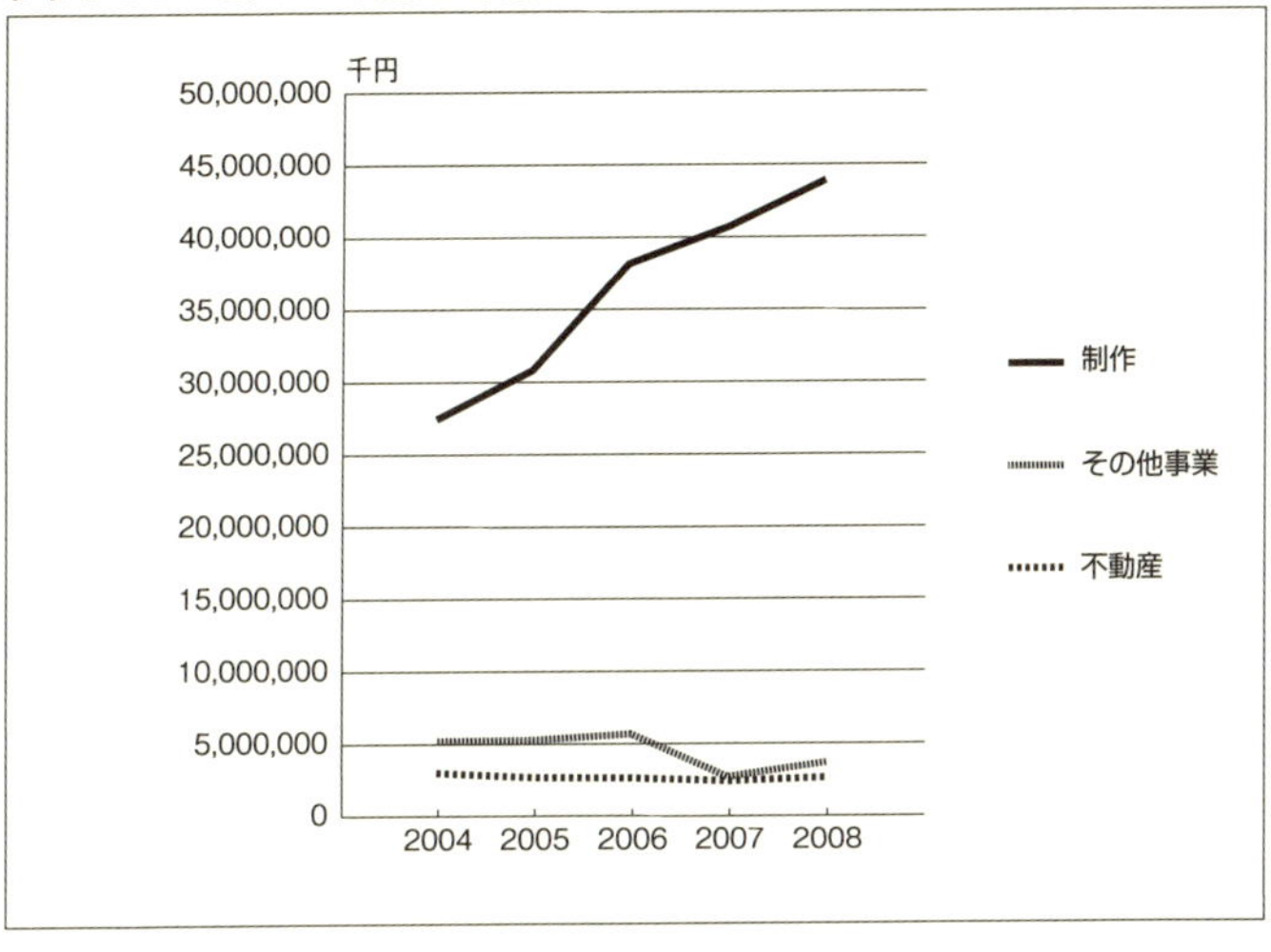

域を見直し、「SWINGうめだ」、「吉本興業ビル心斎橋1号館」、「吉本興業ビル心斎橋2号館」を売却しているため、今後、セグメントが縮小していくと思われます。

吉本興業は事業ドメインを本業である制作に集中させて、さらなる差別化を志向しているようです。

生産効率を見てみましょう（グラフ72）。

生産効率が急改善しています。

セグメント別従業者推移を見るとその他事業が急落しています（グラフ73）。これは、その多くが臨時雇用者で、飲食撤退に伴う減少と思われます。

グラフ71　セグメント別営業利益率推移

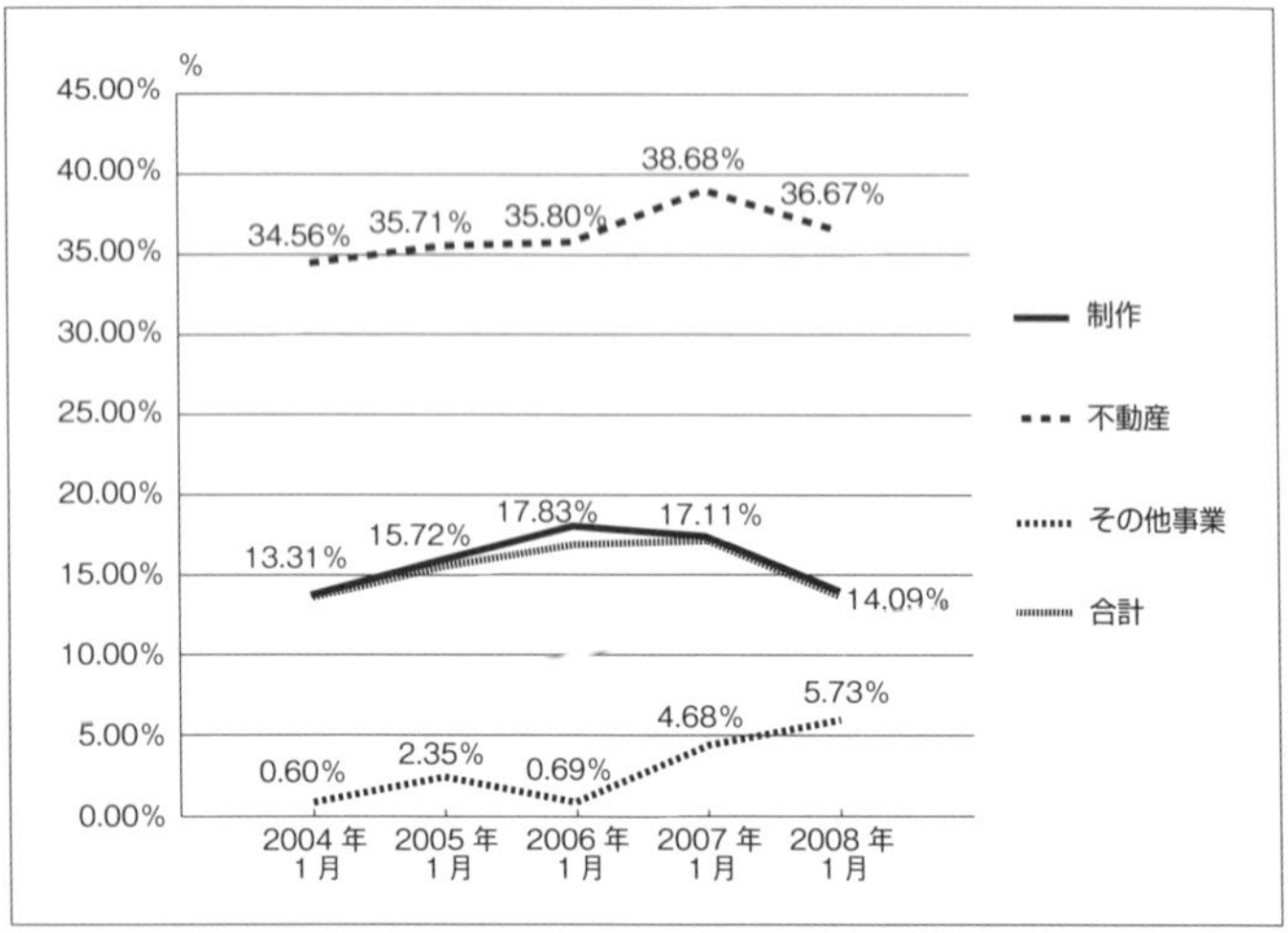

気になるのは流動性です（グラフ74）。２００５年に急落し、赤信号領域にハマりそうになりました。

２００５年に総合評価が下落しているのは、この流動性悪化が要因です。企業力を下げるのは営業ばかりではありません。このように財務面での悪化もありうるのです。

２００５年は、１年以内に返済予定の長期借入金が60億２５９９万円ありましたが、吉本興業は借入を起こすなどの対応で凌ぎました。

今日の不況において、東京ディズニーランドなど近場の娯楽が繁盛しています。吉本興業もその波に乗って成長を続

グラフ 72　生産効率

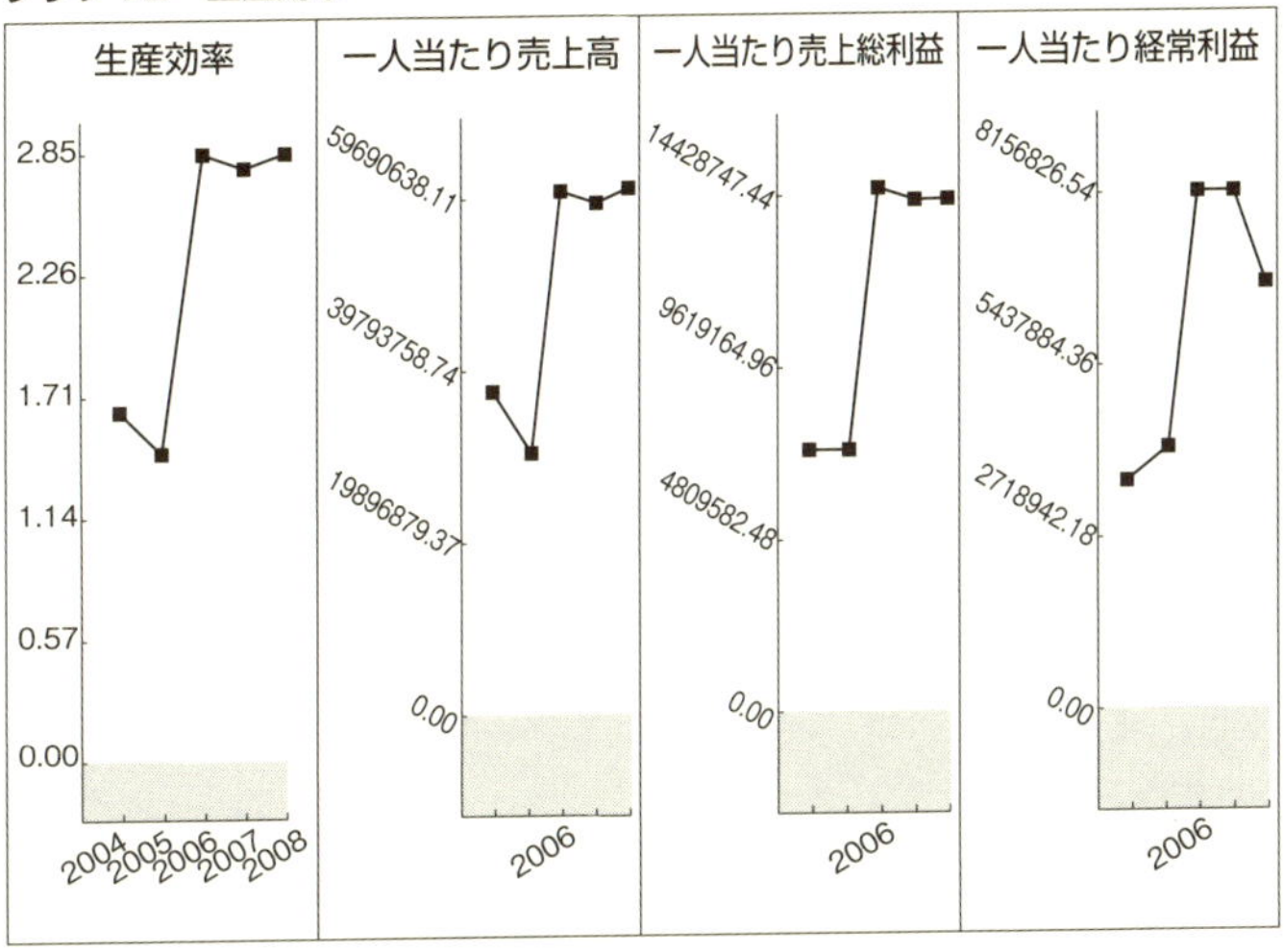

グラフ 73　セグメント別従業者推移

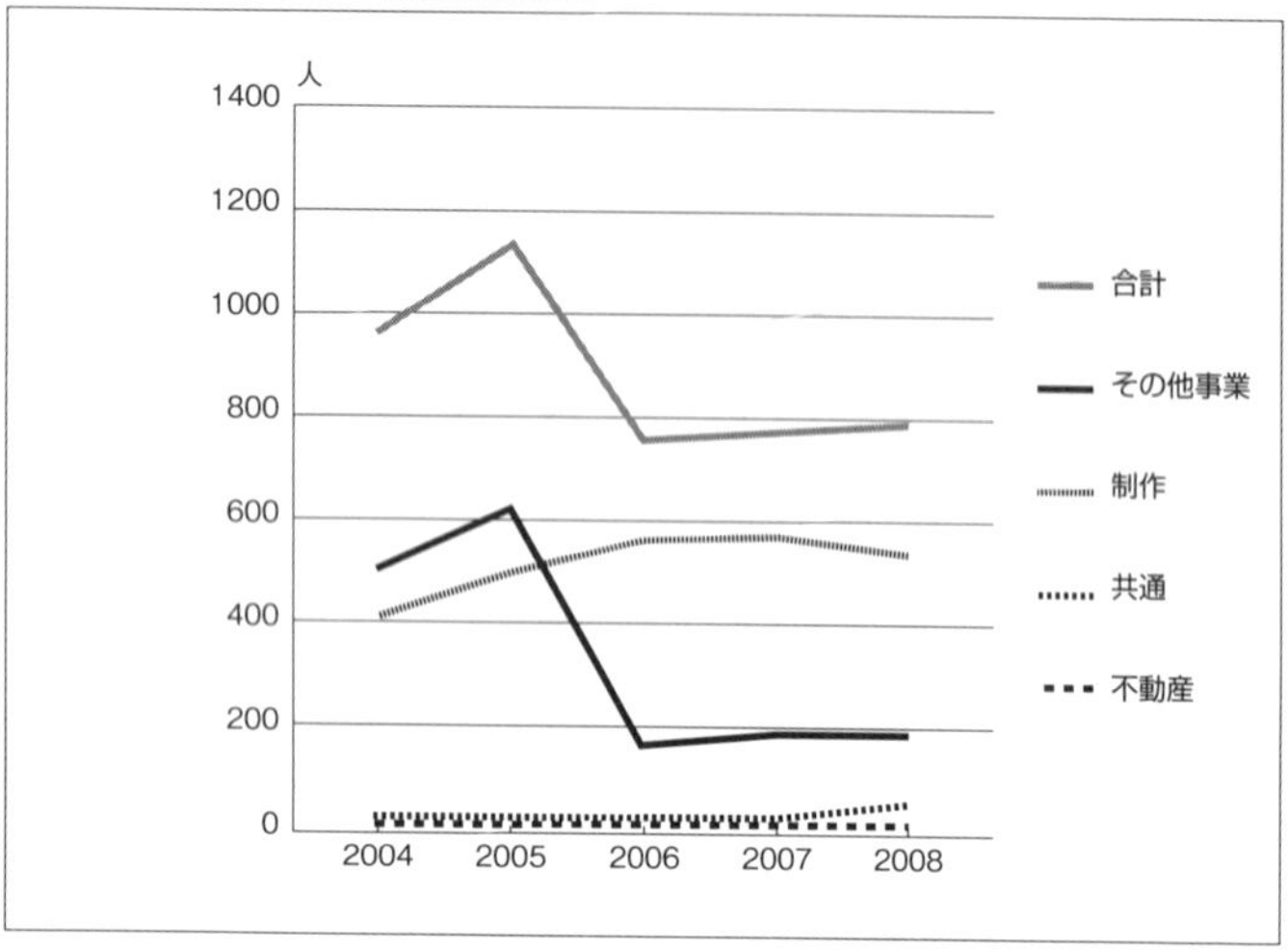

グラフ 74

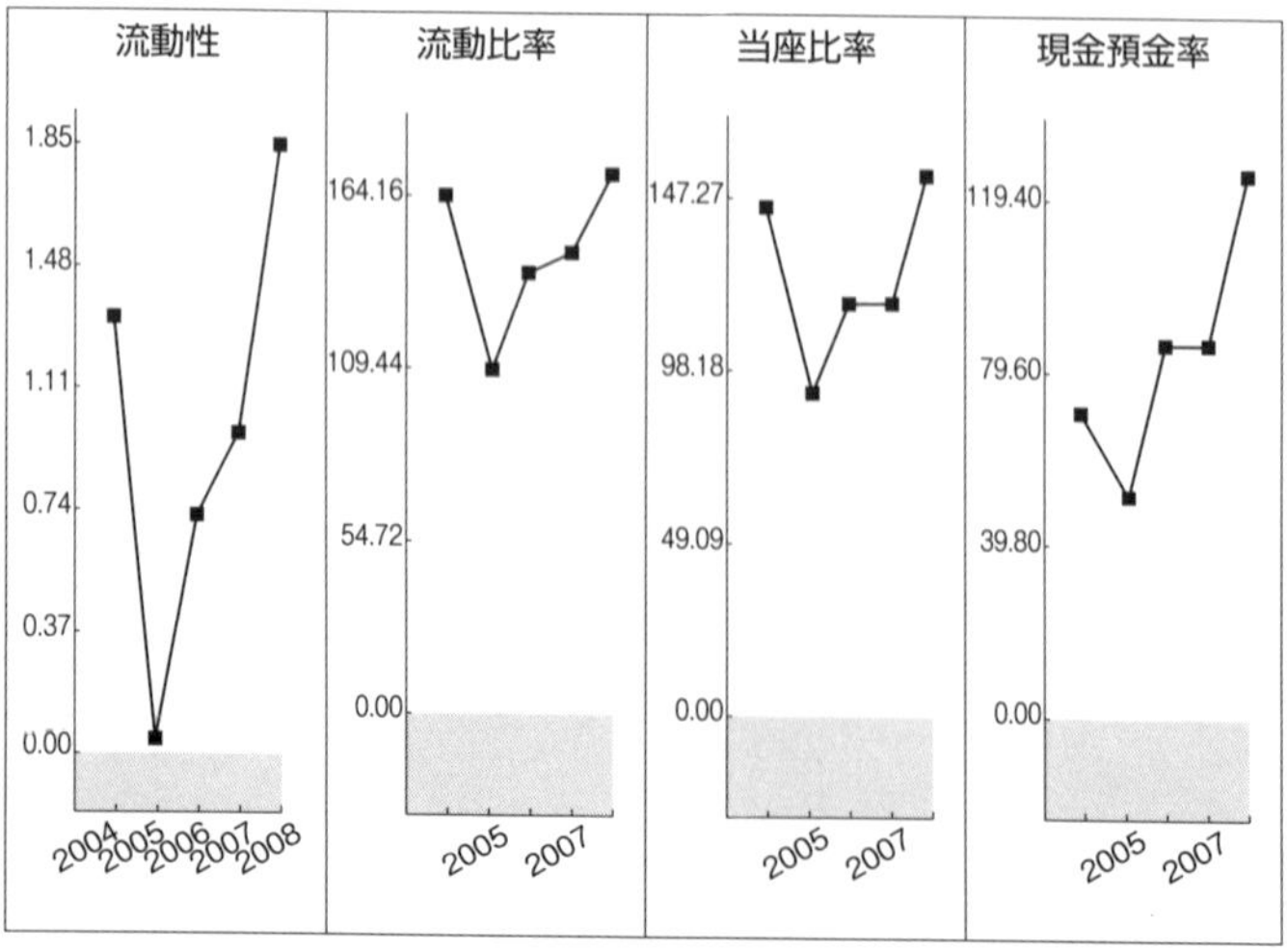

ける と思われます。
この厳しい時代にはハングリーでガッツのある若者も登場してくるでしょうから、お笑い界はさらに明るく楽しくなりそうです。

ファーストリテイリング　稀代の名社長

ファーストリテイリングは、１９９８年の原宿出店でフリースの大ブームを起こし一躍有名になりました。ユニクロと言ったほうがわかりやすいかもしれません。２００８年秋にはヒートテックを投入し、売り切れ店が続出しました。

総合評価は高い位置を若干の下げトレンドで安定しています（グラフ75）。

営業効率、資本効率とともに、ほぼ天井値ですが、ほんの少しの下げトレンドです。

生産効率は、反発しながら下げトレンドです。

流動性は、天井に近いところから、反発しながら下げトレンドで、安全性は、ほぼ天井から若干の下げトレンドです。

このように、下位の指標が少しずつの下げトレンドで総合評価は若干の下げトレンドというところですが、１６０ポイント台ですのでかなり立派な成績といえます。

グラフ75　ファーストリテイリング

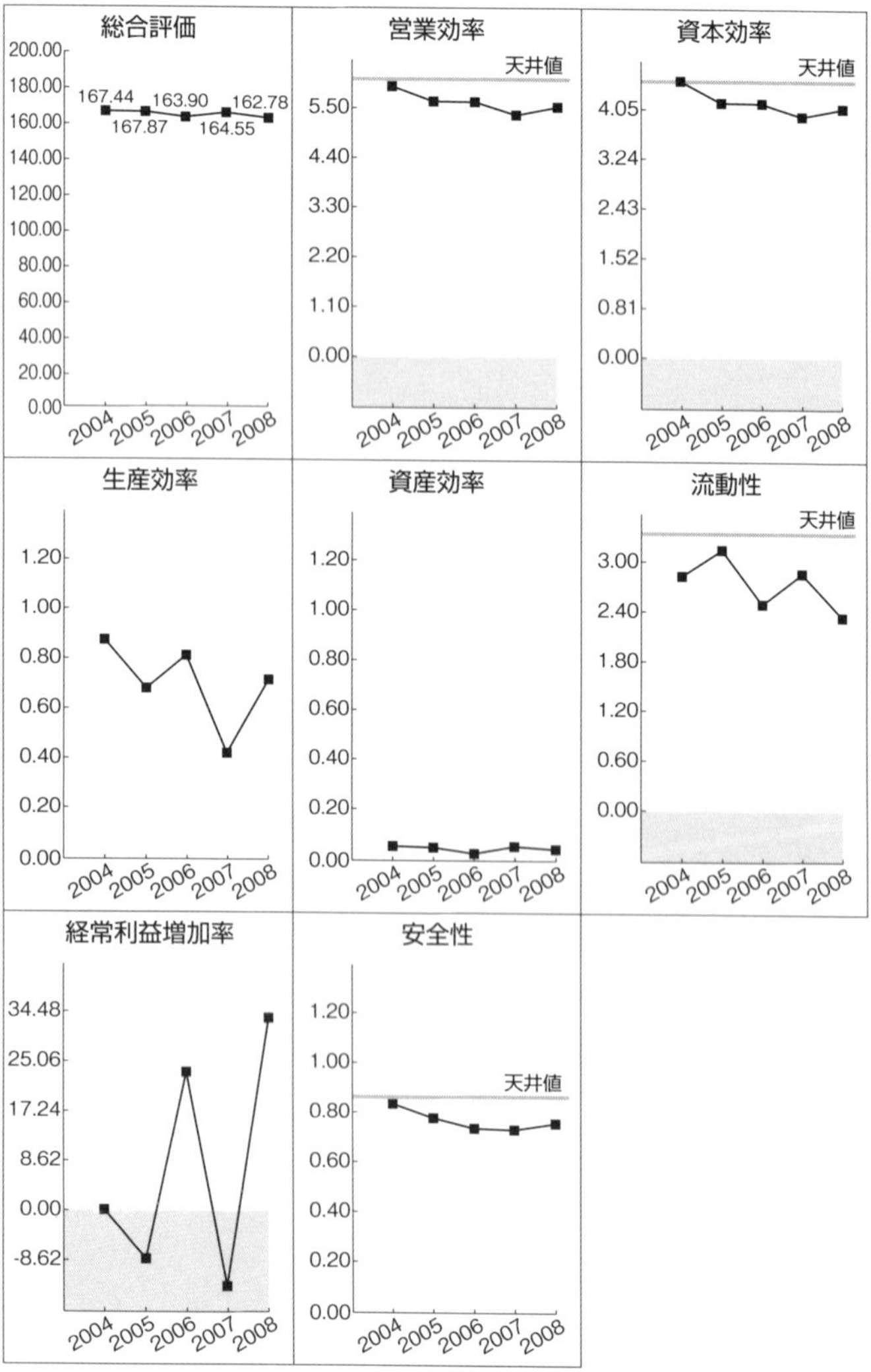

営業効率の各指標を見ていきましょう（図表39）。

２００５年に大きく売上総利益率を下げています。48・00％から44・35％へと3・65ポイントの大きな下落です。これは商品の販売動向に応じて在庫処分を実施したほか、素材品質にこだわった新商品の投入などを行ったためです。

販管費率は連続して悪化しています。フリースが爆発的に売れたとき、臨時雇用者ばかりを増やし、正社員の割合が10％程度になった時期がありました（グラフ76）。最近では正社員割合を増加させてきています。

そのため人件費率が高くなってきています（図表40）。（連結では福利厚生費が不明のため推計している。）

企業レベルが上がるのに伴い、優秀な人材育成を考えてのことでしょうか。

企業が成長する過程を見るような気がします。

図表 39　ファーストリテイリング　営業効率

単位：円・％

	2004年8月	2005年8月	2006年8月	2007年8月	2008年8月
売上高合計	339,999,000,000	383,973,000,000	448,819,000,000	525,203,000,000	586,451,000,000
売上総利益	163,195,000,000	170,291,000,000	212,418,000,000	248,395,000,000	293,682,000,000
売上高総利益率	48.00	44.35	47.33	47.30	50.08
販管費率	29.19	29.59	31.65	34.93	35.16
営業利益	63,955,000,000	56,693,000,000	70,356,000,000	64,964,000,000	87,493,000,000
売上高営業利益率	18.81	14.76	15.68	12.37	14.92
経常利益	64,184,000,000	58,608,000,000	73,139,000,000	64,605,000,000	85,699,000,000
売上高経常利益率	18.88	15.26	16.3	12.3	14.61
当期利益	31,367,000,000	33,886,000,000	40,440,000,000	31,776,000,000	43,531,000,000
売上高当期利益率	9.23	8.83	9.01	6.05	7.42

※前期と比較して改善した売上高、指標は網掛けにしています。

安全性の各指標を見ていきましょう（グラフ77）。

自己資本比率は65％前後で安定しており、とても良い数字です。

固定比率、固定長期適合率ともに100％を大きく下回り、いずれも良い数字ですが、悪化トレンドです。

純資産や固定負債の増加以上に投資等を行っているため、悪化しているのです。これは将来の成長のために投資しているわけですから、評価すべきことです。

グラフ76　正社員割合・従業員数推移

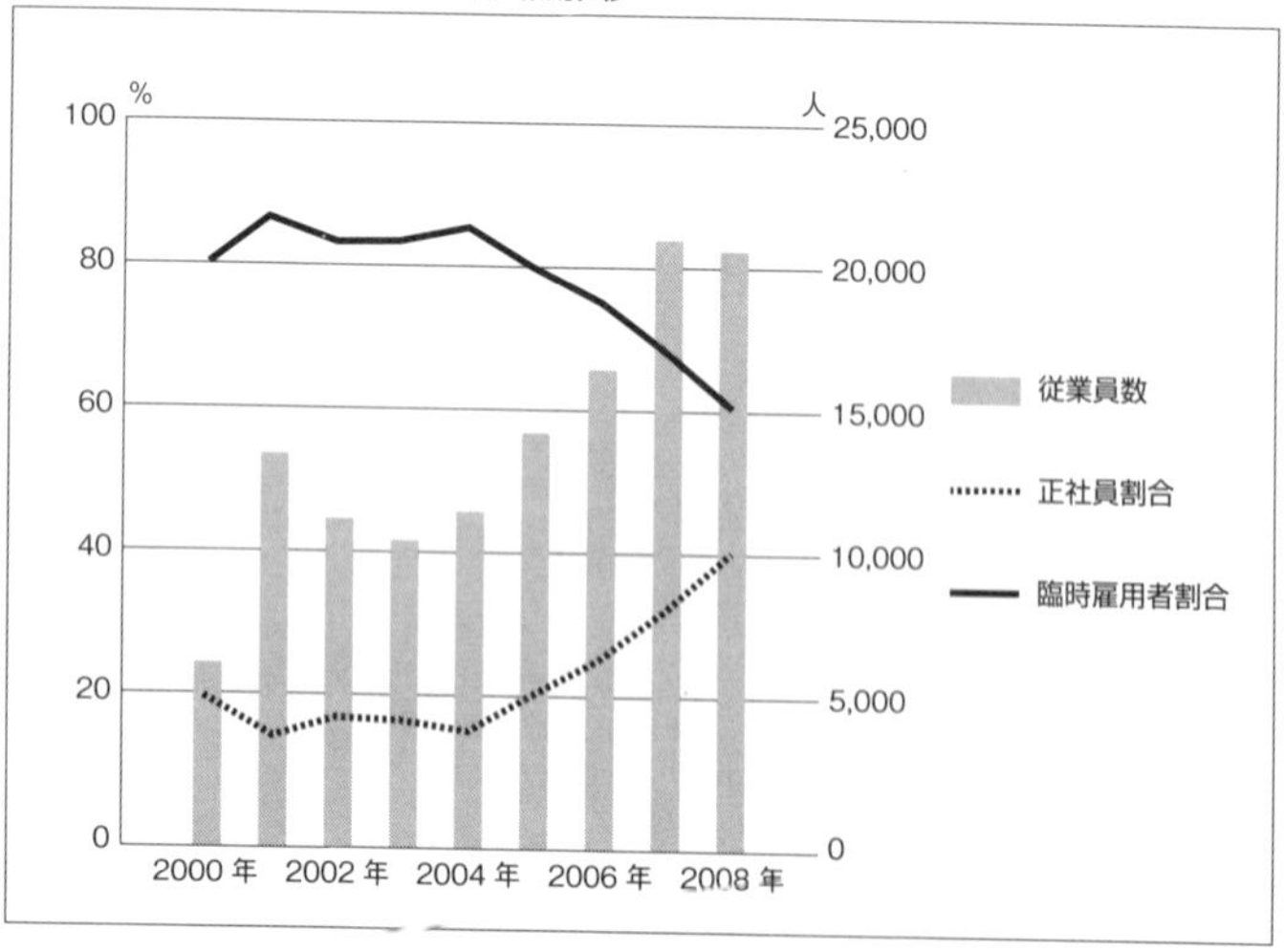

図表40　ファーストリテイリング　人件費率

単位：％

	2004年	2005年	2006年	2007年	2008年
推計人件費率	9.22	9.49	9.94	11.47	11.16

フリースに続き、ヒートテックで大ヒットしたファーストリテイリングは、素材メーカーまで巻き込み新製品開発を行っています。多くのアイディアを出し、投資（人、モノ）をしています。しかしながら、その成功の陰には少なからぬ失敗もある様です。

　業種は違っても教えられることが多い会社です。

グラフ77

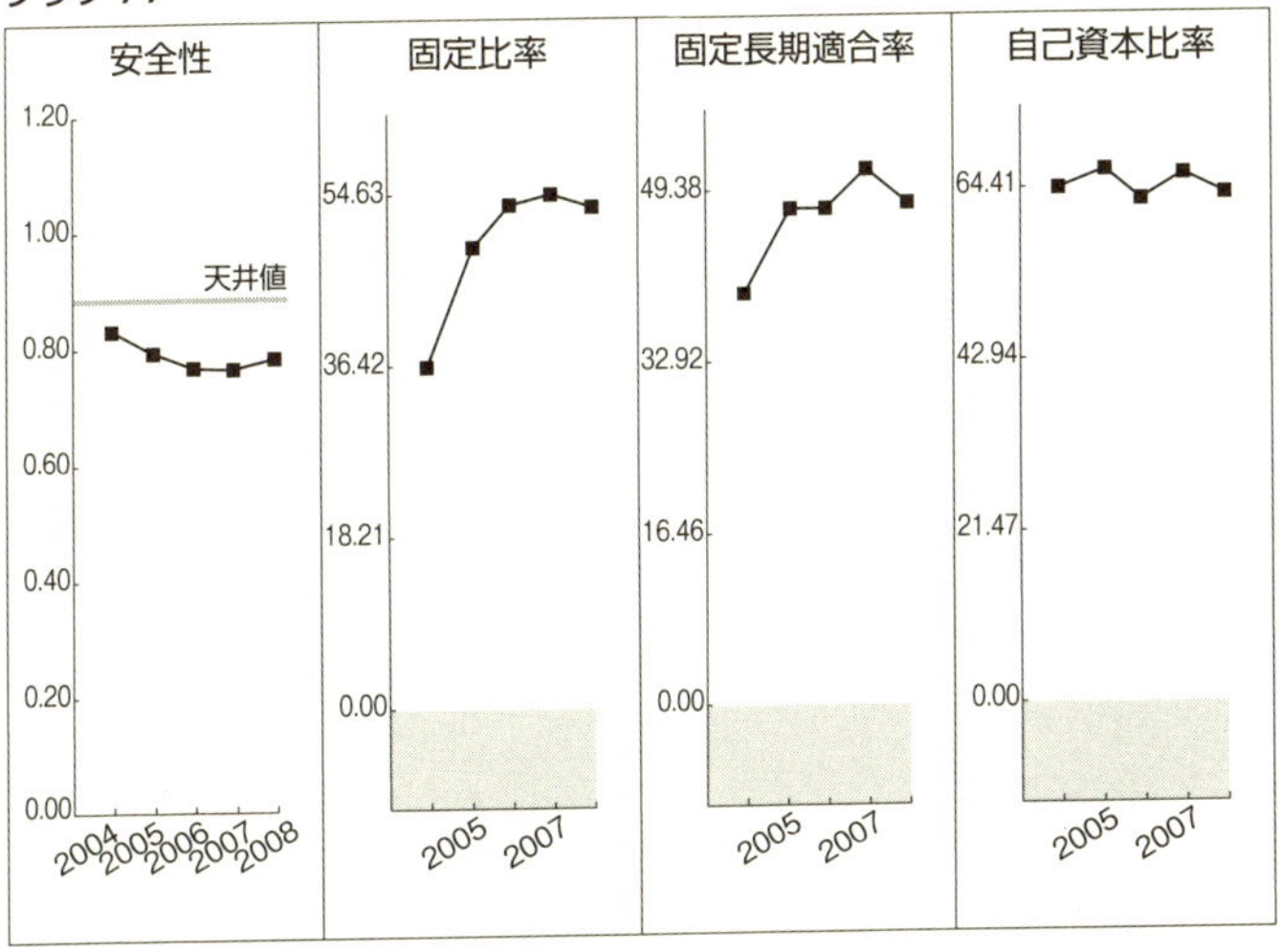

第７章

状況定義能力が権威を生み、権威は報酬を生む

第1節　状況定義の現実「虫の目」

これまでに説明したことをおさらいしてみましょう。

第2章第1節では、社長は全体性を見ている、見ようとすることを述べました。製造、販売、財務、人事など会社のすべてのことを把握し、全体を見ながら企業を成長させることを考えている、という内容で、これはミクロの話、いわば「虫の目」の視点です。

企業という閉鎖された環境の中では、財務指標という計数で会社を複眼的に見ることができます。細かいところを見落としなく、優先順位までわかる。総合評価にまとめ上げることも統計の演算で可能であることもわかりました。

しかし、ほとんどの会社では精緻な分析をしないまま、経験や勘に頼って大雑把にしか把握していません。

原因は、①財務指標が百数十あり、その指標のどれが企業の成長衰退にどれくらいの因果関係があるかわからない、②グループ毎にまとめ上げた指標がＯＫなのかダメなのかの判別計算が判然としない、③因果関係の高いものをまとめ上げて総合評価を出す際のウェイトがわからず、計算不能である、ということでした。
虫の目による視点では企業力総合評価という、ミクロの全体性の計算が大きな問題であったわけです。

状況定義能力の現実「鳥の目」

第1章ではマクロ、つまり企業を取り巻く環境について述べました。この視点の問題は、把握するにはグローバルすぎて、いろいろな変数（虫の目でいえば、財務指標）が多すぎてわけがわからないことでした。金利が上がった、為替が円安になった、インフレが起こった、異常気象が起こったなど、あまりにも多くの変数があるため、それらのインパクトをデータ化できず、まとめ上げることが難しいのです。

そこで内閣府が用意してくれたＣＩ一致指数をつかいます。金利の変動と、景気動向指数が数か月から十数か月のタイムラグを持ちながら連動していることを説明しました。

金利変動を景気変動の先行指標とし、為替の変動などを加味することで、「鳥の目」視点の全体性がわかるのです。

さらに第5章で、２００２年の家電不況の状況を説明しました。家電不況時は、ゼロ金利政策解除の時期が尚早で、景気の失速が起きたこと、また今と違い、円安であったことでした。

今私たちが直面している状況は、①金融引締め（１４１ページグラフ37参照）による不況が２００７年11月から始まっていること、②日米金利差の縮小から円高になっている（１４２ページグラフ38・１４４ページ39参照）こと、③サブプライム問題に端を発した金融危機であるであること、の三重苦を加味すれば、２００２年の家電不況をはるかに凌ぐ厳しさであると推察できることを説明しました。

状況定義はどうあるべきか

係数は整理し、モレやダブりがない状態（ミッシー）で扱われて初めて有用となります。企業が利益を上げ、存続・成長を目的とする存在であることを考えれば、精緻な計数で状況定義ができなければならないでしょう。

氾濫した情報の中から、報告者にとって都合のいい状況定義ばかりが報告されるようでは正しい判断はできないはずです。

また、そのようなことが常態化すれば、社長はまったく報告者の報告に耳を傾けなくなるでしょう。

第2節　権威があれば報酬はついてくる

山本勘助はなぜ召し抱えられたか

名軍師と謳われた山本勘助は、もともと甲斐の人ではなく甲斐のことは余り知りません。しかし、諸国方々を歩き諸国の事情に明るかった。

それに対し武田信玄は、甲斐の国に生まれ、とてもよく甲斐の国のことを知っていました。ですが、彼は30歳ぐらいで初めて海を見て感動しているくらい（大河ドラマの話なので真偽のほどは知りません）で、諸国のことは知らなかったのです。

武田信玄が社長、山本勘助が貴方

武田信玄は社長です。会社でずーっと御館様をしているのと同じですから、会社のことはよく知っています。しかし、よそのことはわからない。

山本勘助は貴方です。あなたは社長に報告し、その報告が価値のある情報として認めてもらわなければなりません。お金（給料、コンサルティングフィー）を払っても聞きたい情報であると思ってもらわないと困るわけです。

そのためには自分の状況定義能力の高さを訴求しなければなりません。

山本勘助は諸国の事情通として権威があった

山本勘助は諸国の事情通でした。諸国の状況定義能力が高かったのです。だから、

図表41

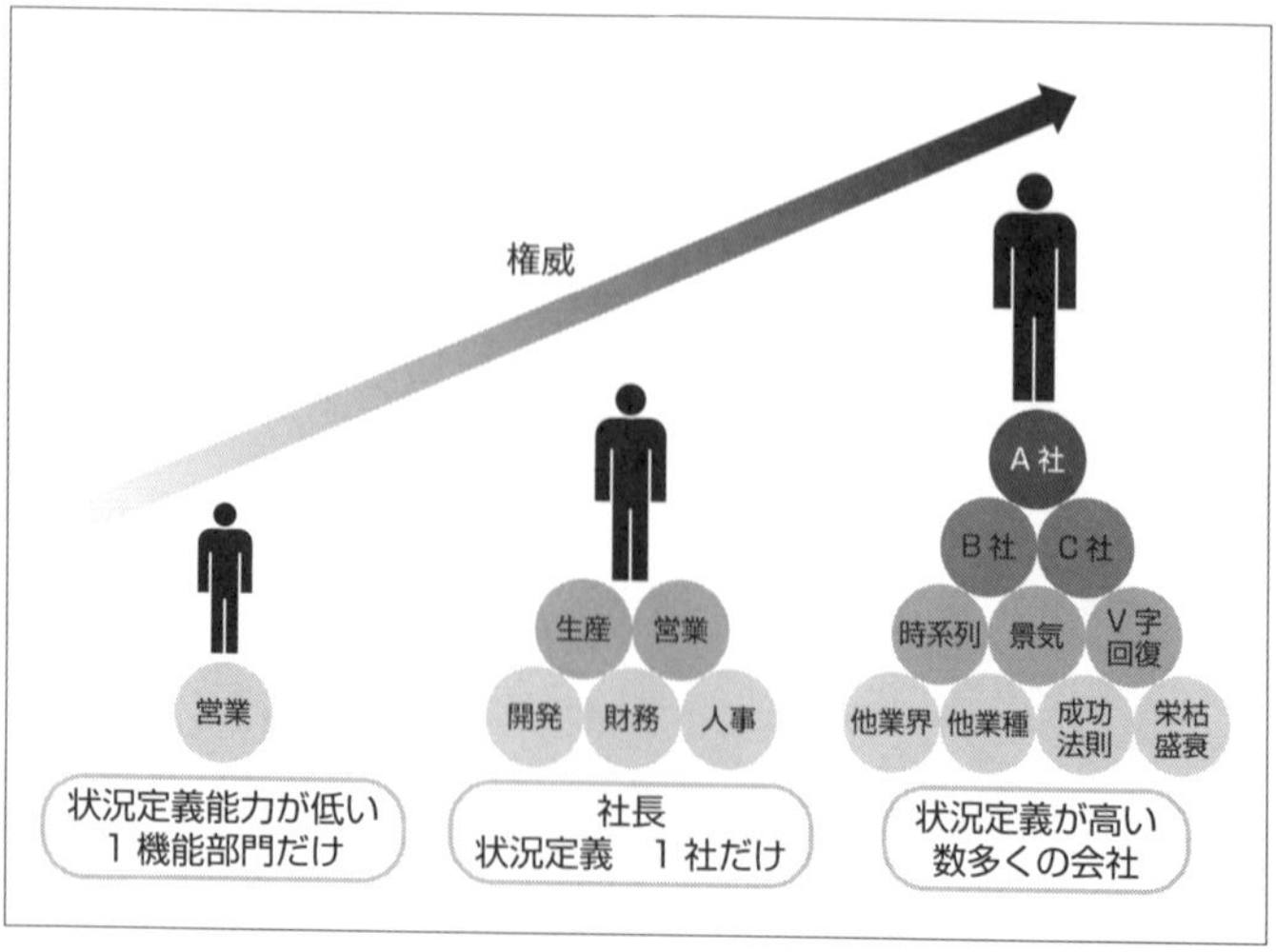

権威を持っていたのです。この権威こそ彼が禄を得た理由です。権威を持ってこそ、人はその情報をお金に換えられるのです。貴方は「状況定義能力が高い」という訴求をしていますか。訴求をしなければ、「へー、そうなの」で終わっています。

たとえ貴方がいかに価値のある情報を口にしていても、です。

状況定義能力の訴求はどうやってするか

実際に会社を経営して状況定義能力を身につけようとすれば、勘や経験に頼るしかありません。失敗と反省を繰り返し、自社を実験台にして、1つずつ獲得するのです。しかし、あなたが経営者でなければ、それすら困難になります。

ところで今、自分の勘や経験のみで十分、などと考えている社長はあまりいないでしょう。

企業を取り巻く環境や、その企業群、優秀な会社の実態や倒産した会社の失敗例の状況定義を使うのです。

円高、不況、金融危機の三重苦にあえぐ今日です。「鳥の目」では、金利動向が景気変動に影響を及ぼすことを説明することです。「虫の目」では、第6章第2節以下で示したように、他社の状況定義を示してください。

そうすれば、社長は自社のことしか知らない自分に気づき、他社の状況定義を正確に行う貴方に権威を感じてくれることでしょう。

貴方の能力を最大限に活かすために大切な下準備です。

あとがき

若い頃、公認会計士2次試験を合格し、監査法人に勤務しました。監査は毎日、会計帳簿の突合が多く、木の下へ行って、葉っぱを一枚一枚チェックしているようでした。１００枚に一枚は虫食いがありました。１０００枚に1枚は病気を見つけました。そんな毎日でした。

１日の長い時間「虫の目」で過ごさなければなりませんでした。

㈱ＳＰＬＥＮＤＩＤ21の会社を始め、沢山の企業を分析しました。高いところからあたりを見降ろす鳥になった気がします。見晴らしの良さが嬉しくて仕方がありません。今でも、「虫の目」で多くの時間を過ごし、違和感を覚える若者が沢山いるはずです。本書を読んでいただき、鳥のような、「見晴らしの良さ」を感じていただければ、うれしいです。

執筆にあたりいろいろご相談にのって下さった船井幸雄先生、㈱同友館の岩村信寿さん、営業創造㈱の古杉和美さん、励ましてくれた友人に感謝します。ありがとうございました。

また、マクロの構想を練ってくれた元ＴＡＣ公認会計士講座・経済学講師の夫（現㈱戦略経営研究所）、経済学も財務分析も知らない人代表として原稿を読んでくれた高校生の娘に感謝します。

渡り鳥のような「鳥の目」でした。機会があれば、もう少し低いところを飛ぶトンビやスズメの目で見たことも書いてみたいと思いました。

とはいえ、実務家として見ましても、よい本になったと思います。ぜひ企業人に上手に使ってほしいと希望しております。

２００９年　７月　山本純子

著者紹介

船井《ふない》　幸雄《ゆきお》

大阪に生まれる。
1956年　京都大学　卒業
㈱船井総合研究所の創業者、同社社長、会長を経て、現在、最高顧問。
また、㈱船井本社 会長。“経営のプロ”として有名。

<主要著書>
『経営のコツ』（ビジネス社）、『2009年　資本主義大崩壊』（ダイヤモンド社）、『有意の人』（徳間書店）など、約400冊。

山本《やまもと》　純子《じゅんこ》

株式会社SPLENDID21（スプレンディッド ニジュウイチ）
代表取締役社長
岐阜県出身。
奈良女子大学卒業。
公認会計士2次試験を合格後、大手監査法人勤務。
株式会社戦略経営研究所を経て、現職。
企業分析・成長ナビゲーターソフトSPLENDID21を企業・会計事務所・コンサルタント導入の普及活動をしている。

<URL>　http://sp-21.com/
mail：info@sp-21.com

2009年8月2日　初版第一刷発行
2009年8月24日　　　第二刷発行

トップコンサルタントの計数力

©著　者　船井幸雄
山本純子
発行者　脇坂康弘

発行所　株式会社　同友館
〒113-0033　東京都文京区本郷6-16-2
TEL.03(3813)3966
FAX.03(3818)2774
http://www.doyukan.co.jp/

落丁・乱丁本はお取り替えいたします。
ライラック／モリモト印刷／松村製本所
ISBN978-4-496-04555-4
Printed in Japan